Guide du CHASSEUR CUEILLEUR ÉGARÉ AU 21^E^ SIÈCLE

Édition originale : *A HUNTER-GATHERER'S GUIDE TO THE 21ST CENTURY: Evolution and the Challenges of Modern Life*, Portfolio, New York.

Traduit de l'anglais (États-Unis) par Christelle Souriau (chapitres 1 à 7) et Sylvain Griot (chapitres 8 à 13).

Mise en pages intérieure : Frédéric Voisin
Crédit illustration de couverture : Emmanuelle Pioli

ISBN : 978-2-36549-563-9
ISBN ebook : 978-2-36549-564-6
Dépôt légal : 2e trimestre 2022

Imprimé et façonné en France sur les presses de Dupliprint (Mayenne)

IMPRIM'VERT®

PEFC 10-31-1316

collection
ORIGINES

Guide du CHASSEUR CUEILLEUR ÉGARÉ AU 21E SIÈCLE

Heather Heying - Bret Weinstein

Sommaire

Introduction 7

Chapitre 1 La niche humaine 15
Chapitre 2 Une brève histoire de la lignée humaine 33
Chapitre 3 Corps anciens, monde moderne 55
Chapitre 4 La médecine 77
Chapitre 5 L'alimentation 93
Chapitre 6 Le sommeil 111
Chapitre 7 Sexe et genre 125
Chapitre 8 Parentalité et relation amoureuse 147
Chapitre 9 L'enfance 169
Chapitre 10 L'école 189
Chapitre 11 Devenir adultes 211
Chapitre 12 Culture et conscience 231
Chapitre 13 La Quatrième Frontière 245
Épilogue La Tradition et comment la remanier 265

Postface 267

Remerciements 271

Glossaire 275

Lectures complémentaires recommandées 281

Notes 281

Introduction

En 1994, alors que nous étions étudiants, nous avons passé notre premier été dans une minuscule station expérimentale de la région de Sarapiquí au Costa Rica. Heather étudiait les grenouilles à flèches empoisonnées et Bret s'intéressait aux chauves-souris qui dressent des tentes. Chaque matin, nous travaillions sur le terrain dans la forêt tropicale, verte, luxuriante et sombre.

Un après-midi du mois de juillet nous a laissé un souvenir particulier. Un couple d'aras passait au-dessus de nos têtes, se découpant dans le ciel. La rivière était fraîche, claire, et bordée de multiples orchidées. L'endroit était parfait pour supporter la chaleur humide qui nous écrasait ce jour-là. Généralement l'après-midi, nous traversions la route goudronnée qui mène à la capitale puis nous empruntions un petit chemin de terre et traversions le pont en acier qui enjambe le Río Sarapiquí, pour aller nous baigner sur la plage en contrebas.

Ce jour-là, nous nous sommes arrêtés sur le pont pour admirer la vue : la rivière se faufilait dans la forêt dense, un toucan prenait son envol entre les arbres, et nous entendions les cris lointains des singes hurleurs. Un homme de la région, que nous ne connaissions pas, s'est approché et a commencé à nous parler.

« Vous allez vous baigner ? » a-t-il demandé, en désignant le banc de sable vers lequel nous nous dirigions.

« Oui. »

« Aujourd'hui, il a plu dans les montagnes », a-t-il dit en montrant le sud. La source de la rivière était dans ces montagnes, dans la cordillère. Nous avons hoché la tête. Plus tôt, à la station expérimentale nous avions vu les nuages d'orage au-dessus des montagnes. « Aujourd'hui, il a plu dans les montagnes », a-t-il répété.

« Mais il ne pleut plus ici », a dit l'un de nous, avec un petit sourire. Nous n'étions pas vraiment à l'aise pour échanger des banalités dans une langue étrangère, sur un pont, et surtout nous étions impatients de nous baigner.

« Aujourd'hui, il a plu dans les montagnes », a-t-il répété une troisième fois, plus fermement. Nous nous sommes regardés. Il était peut-être temps d'y aller, de marcher jusqu'à la rivière et d'aller se baigner. Le soleil nous tapait directement sur la tête. Il faisait si chaud.

« Ok, à plus tard », lui avons-nous répondu puis nous l'avons salué et nous avons poursuivi notre chemin. Nous étions à moins de 15 mètres de l'eau.

« Mais la rivière », nous dit l'homme, cette fois avec une certaine urgence.

« Oui ? » lui avons-nous demandé, confus.

« Regardez la rivière », a-t-il dit en la montrant du doigt. Nous avons regardé en bas. La rivière était comme d'habitude. Le flot était rapide et régulier et l'eau était propre...

« Attends », nous a dit Bret. « Regarde, on dirait un tourbillon ? Il n'était pas là avant. » Nous avons regardé l'homme, l'air interrogateur. Il a de nouveau pointé son doigt vers le sud.

« Aujourd'hui, il a *beaucoup* plu dans les montagnes. » Il s'est de nouveau tourné vers la rivière. « Regardez l'eau maintenant. »

Pendant que nous regardions ailleurs, l'eau était montée. La rivière était devenue chaotique et bouillonnante. Elle avait aussi changé de couleur. L'eau qui était sombre et calme il y a quelques minutes, était devenue blanche et pleine de sable. En quelques secondes, elle était devenue complètement trouble.

Nous sommes restés tous les trois figés. Le niveau de la rivière avait monté de façon spectaculaire de plusieurs mètres en quelques minutes seulement. La plage disparut sous un puissant courant. Toute personne qui aurait été sur la plage à ce moment-là, aurait été emportée. Des débris, dont plusieurs troncs d'arbres, ont commencé à passer à toute vitesse. Tout ce qui entrait en contact avec ce nouveau tourbillon disparaissait, puis remontait à la surface au-delà du pont.

L'homme s'est retourné et a commencé à marcher dans la direction d'où il était venu. C'était un *campesino*, un fermier, mais nous ne savions pas d'où il venait, ni comment il savait que nous étions là, sur le point de descendre vers ce qui aurait pu facilement nous conduire à la mort.

« Attends », a appelé Bret, puis il a réalisé qu'on n'avait rien d'autre à lui offrir que de la gratitude. Nous n'avions littéralement rien sur nous à part nos vêtements. « Merci », avons-nous dit. « Merci beaucoup. » Et Bret a enlevé sa chemise et l'a donnée à l'homme.

« Vraiment ? » a demandé l'homme, alors que Bret lui tendait sa chemise.

« Vraiment », a confirmé Bret.

« Merci », a-t-il dit en prenant la chemise. « Bonne chance. Et n'oubliez pas de penser à la pluie dans les montagnes. » Sur ce, il est parti.

Nous vivions près de cette rivière depuis un mois, nous nous baignions presque tous les jours, parfois avec des gens du coin. Soudainement, nous nous sommes sentis comme des étrangers. Nous avions cru connaître réellement cet endroit alors que nous nous étions baignés dans la rivière quelques fois seulement. Comment avons-nous pu nous tromper à ce point ?

De nos jours, il est possible de se considérer comme habitant d'une région alors qu'on ne connaît pas suffisamment ce lieu et qu'on est incapable de se protéger des événements rares. Nous, les êtres humains modernes, avons du mal à comprendre qu'il nous manque des connaissances. Ces lacunes ont plusieurs explications. Pour commencer, nous ne sommes plus dépendants de communautés unies ni d'une connaissance approfondie de l'environnement local, comme ce fut le cas jusqu'à récemment. De nos jours, il est si facile de se déplacer d'un endroit à un autre que de nombreuses personnes ont tendance à ne pas rester longtemps au même endroit. Nos modes de vie individualistes et éphémères ne nous ont jamais paru étranges, tout simplement parce que nous n'avons jamais vu et nous ne pouvons pas imaginer un autre monde que celui dans lequel nous vivons actuellement : un monde dans lequel l'abondance et les choix sont omniprésents, un monde dans lequel nous dépendons de systèmes mondiaux trop complexes pour être compris et un monde dans lequel tout le monde se sent en sécurité.

Jusqu'à ce que ce ne soit plus le cas.

En réalité, la sécurité est trop souvent une façade. Les produits sur les rayons des supermarchés s'avèrent dangereux. Le diagnostic effrayant de notre système de santé montre ses failles dues à une orientation exagérée vers les symptômes et les profits. La récession économique renforce la dissolution du filet de protection sociale. Des préoccupations légitimes au sujet de l'injustice deviennent des excuses pour utiliser la violence et répandre l'anarchie alors que les dirigeants de la société civile font des promesses en l'air mais n'offrent pas de solutions.

Les problèmes auxquels nous sommes confrontés aujourd'hui sont à la fois plus complexes et plus simples que ne laissent entendre les experts. Selon la personne à qui vous posez la question, vous pouvez entendre dire que nous vivons la meilleure période de l'histoire de l'humanité, la période la plus prospère. Vous pouvez aussi entendre dire que nous vivons la période la plus dangereuse. Vous ne savez peut-être pas qui croire. Ce que vous savez, c'est que vous n'arrivez pas à suivre.

Au cours des dernières centaines d'années, les progrès de la technologie, de la médecine, de l'éducation et bien d'autres encore ont accéléré le rythme des changements de notre environnement, notamment géographiques, sociaux et interpersonnels auxquels nous sommes exposés. Certains de ces changements ont été extrêmement positifs, mais pas tous. D'autres changements semblent positifs mais leurs conséquences sont si dévastatrices que nous avons du mal à les conceptualiser, même lorsque nous en prenons conscience. Toutes ces évolutions ont encouragé la culture post-industrielle, high-tech et orientée vers le progrès dans laquelle nous vivons aujourd'hui. En tant que biologistes de l'évolution, nous estimons que cette culture est en partie responsable de nos problèmes collectifs, qu'il s'agisse des troubles politiques, des problèmes généraux de santé ou des failles des systèmes sociaux.

La meilleure façon de décrire notre monde est la suivante : notre monde est « super-nouveau ». Comme nous le montrerons tout au long de ce livre, les humains sont extraordinairement bien adaptés et équipés face au changement. Mais le rythme du changement est si rapide que nos cerveaux, nos corps et nos systèmes sociaux sont constamment désynchronisés. Pendant des millions d'années, nous avons vécu entourés de nos amis et de notre famille élargie, mais aujourd'hui, beaucoup de gens ne savent même pas le nom de leurs voisins. Certaines des vérités les plus fondamentales, comme l'existence de deux sexes, sont de plus en plus considérées comme des mensonges.

Nous essayons de vivre dans une société qui évolue plus rapidement que nous pouvons le supporter. Cela engendre une dissonance cognitive* et nous rend incapable de subvenir à nos propres besoins.

Pour faire simple, ça nous tue.

Ce livre vise notamment à appliquer ce message à tous les aspects de notre vie : quand il pleut dans les montagnes, ne vous approchez pas de la rivière.

Beaucoup de gens ont tenté d'expliquer l'effondrement culturel auquel nous sommes confrontés. Cependant, la plupart d'entre eux n'ont pas réussi à fournir une interprétation globale qui ne se contente pas d'examiner notre présent, mais qui se tourne également vers notre passé, dans son ensemble,

---

* Note de l'éditeur : en psychologie sociale, il s'agit d'une tension interne due à des contradictions du système de pensées, de valeurs… d'une personne.

et vers l'avenir. En tant que biologistes de l'évolution, nous avons réalisé des études expérimentales sur la sélection sexuelle et l'évolution de la socialité. Nous avons également effectué des travaux théoriques sur l'évolution des compromis, de la vieillesse et de la moralité. Nous sommes mari et femme, nous avons une famille, et nous avons souvent exploré de nombreuses parties du globe ensemble. Il y a plus de dix ans, alors que nous étions encore professeurs d'université, nous avons commencé à formuler l'idée de ce livre.

Nous nous sommes inspirés des plus grands, de nos mentors et de nos collègues chevronnés, ainsi que de nombreux ancêtres intellectuels que nous n'avons jamais rencontrés mais dont nous avons tout appris. Mais nous avons également innové en élaborant un programme d'études différent.

Nous avons ouvert de nouvelles voies et proposé de nouvelles explications aux anciens et aux nouveaux modèles. Nous avons appris à bien connaître nos étudiants de premier cycle. Lorsqu'ils suivaient les programmes que nous enseignions, ils posaient des questions qui relevaient de tous les domaines : que devrais-je manger ? pourquoi les rencontres sont-elles si difficiles ? comment créer une société plus juste et plus libre ? Ces conversations, dans les salles de classe et les laboratoires, dans les bars et autour des feux de camp, avaient pour fil conducteur la logique, l'évolution et la science.

La science est une méthode qui utilise à la fois l'association et la déduction d'idées. Nous observons des modèles, nous proposons des explications puis nous les testons pour savoir si ces modèles permettent de prévoir l'inconnu. Lorsque le travail scientifique est suffisamment rigoureux, nous générons ainsi des modèles du monde qui répondent à trois objectifs : ils permettent *davantage d'anticipation*, ils font *moins de suppositions*, et ils *s'accordent mutuellement* pour former un tout homogène. En définitive, dans ce livre et avec ces modèles, nous cherchons une explication unique, complète et cohérente de l'univers, qui ne repose pas sur des croyances et qui décrit rigoureusement chaque tendance à chaque échelle. Il est presque certain que cet objectif ne pourra pas être atteint, mais tout porte à croire que l'on peut s'en approcher. Nous pouvons apercevoir ce point de mire depuis notre trône moderne, pourtant nous sommes loin d'avoir atteint les limites de ce qui peut être connu.

Cela dit, nous sommes beaucoup plus proches du but dans certains domaines que dans d'autres. En physique, nous semblons très proches d'une « théorie du tout »[1], ce qui correspond à un modèle complet d'explications simples et fondamentales. À mesure que nous progressons dans la complexité, les choses deviennent de moins en moins prévisibles. Tout en haut, on trouve la biologie, où les processus les plus basiques qui se produisent à l'intérieur des cellules sont loin d'être entièrement compris. À partir de là les choses ne font que se complexifier. Lorsque les cellules commencent à fonctionner de manière coordonnée, et qu'elles deviennent ainsi des organismes constitués de tissus distincts, le degré de mystère s'amplifie. L'imprévisibilité se manifeste également chez les animaux, régis par des réactions neurologiques sophistiquées qui évaluent le monde et l'anticipent. Elle se manifeste à nouveau lorsque les animaux se socialisent et commencent à partager leurs compétences et à diviser le travail. Il n'y a pas de domaine qui nous déconcerte plus que la compréhension de nous-mêmes. En tant qu'*Homo sapiens*, nous sommes remplis de profonds mystères, et entourés de paradoxes créés précisément par ce qui nous distingue du reste du biote.

Pourquoi rions-nous, pleurons-nous ou rêvons-nous ? Pourquoi pleurons-nous nos morts ? Pourquoi inventer des histoires sur des gens qui n'ont jamais vécu ? Pourquoi chantons-nous ? Pourquoi tomber amoureux ? Faire la guerre ? Si tout est question de reproduction, pourquoi mettons-nous tant d'années à nous y mettre ? Pourquoi sommes-nous si exigeants avec les personnes avec qui nous choisissons de le faire ? Pourquoi sommes-nous fascinés par le comportement reproductif des autres ? Pourquoi choisissons-nous, parfois, d'altérer et de perturber notre propre cognition ? La liste des mystères humains est sans fin.

Ce livre aborde plusieurs de ces questions. Il fait l'impasse sur les autres. Notre principal objectif ici n'est pas de simplement répondre à des questions mais de vous présenter un cadre scientifique robuste qui permette de comprendre les humains, un cadre que nous avons développé au cours de décennies d'étude et d'enseignement sur le sujet. Vous ne trouverez pas ce cadre scientifique ailleurs. Nous l'avons développé autant que possible en travaillant à partir des premiers principes.

Les premiers principes sont les hypothèses qui ne peuvent être déduites d'aucune autre hypothèse. Ce sont les principes fondateurs (comme les axiomes, en mathématiques). Utiliser les premiers principes comme base de réflexion est un mécanisme puissant pour découvrir la vérité. C'est également une démarche intéressante si vous vous intéressez aux faits plutôt qu'à la fiction.

Les avantages d'une réflexion menée à partir des premiers principes sont nombreux. Cela permet notamment d'éviter d'être la proie du sophisme naturaliste[2], c'est-à-dire de l'idée selon laquelle « ce qui est » dans la nature est « ce qui devrait être ». Le cadre que nous présentons ici est construit pour nous libérer de ce genre de pièges. Il a pour but de nous permettre, à nous les humains, de donner suffisamment de sens à notre existence pour que nous puissions, au minimum, nous protéger contre les dommages que nous nous infligeons. Dans ce livre, nous identifierons les problèmes les plus importants de notre époque, non pas à travers le prisme limitatif et diviseur de la politique, mais à travers le prisme systématique de notre évolution. Nous portons l'espoir de pouvoir vous aider à voir au-delà de la cacophonie de notre monde moderne et à apprendre à résoudre plus facilement les problèmes.

L'*Homo sapiens* moderne, apparu il y a environ deux cent mille ans, est le produit de 3,5 milliards d'années d'évolution adaptative. Nous sommes, sous de nombreux aspects, une espèce générique. Notre morphologie et notre physiologie, bien qu'étonnantes et merveilleuses lorsqu'elles sont considérées isolément, ne sont pas spéciales lorsqu'on les compare à celles de nos ancêtres les plus proches. Mais nous sommes les seuls à avoir transformé le globe et à être devenus une menace pour la planète dont nous dépendons encore totalement.

On aurait pu appeler ce livre *Guide post-industriel pour le XXIe siècle* ou *Guide de l'agronome*, ou *Guide du singe*, ou *Guide du mammifère*, ou *Guide du poisson*. Chacune de ces propositions représente une étape de l'histoire de l'évolution à laquelle nous nous sommes adaptés, et dont nous portons le bagage évolutif : il s'agit de notre environnement d'adaptation évolutive, ou EEA, pour utiliser le terme exact. Dans ce livre, nous parlons donc des différents Environnements d'Adaptation Évolutive, pas seulement ceux évoqués dans le titre, comme les prairies, les forêts africaines et les côtes sur lesquelles nos ancêtres ont été chasseurs-cueilleurs pendant si longtemps, mais des nombreux autres EEA auxquels nous nous sommes adaptés. Nous avons émergé sur la terre ferme sous forme de tétrapodes primitifs puis nous sommes devenus des mammifères allaitants et à fourrure. En tant que singes, nous avons développé une dextérité manuelle et une acuité visuelle. En tant qu'agriculteurs, nous avons cultivé des plantes et récolté notre propre nourriture, et en tant que post-industriels nous avons vécu aux côtés de millions d'autres anonymes.

Nous avons choisi d'inclure *chasseurs-cueilleurs* dans le titre du livre parce que nos ancêtres récents ont passé des millions d'années à s'adapter à cette niche. C'est la raison pour laquelle tant de personnes idéalisent cette phase particulière de notre évolution. Mais il n'y a pas eu un seul mode de vie des chasseurs-cueilleurs, pas plus qu'il n'y a un seul mode de vie des mammifères ni une seule façon de cultiver. Nous ne nous sommes pas seulement adaptés au fait d'être des chasseurs-cueilleurs. Il y a longtemps, nous nous sommes également adaptés, au fait d'être des poissons, plus récemment, au fait d'être des primates, et plus récemment encore, au fait d'être des post-industriels. Tous ces éléments font partie de notre histoire évolutive.

Cette vue d'ensemble est nécessaire si nous voulons comprendre le plus grand problème de notre époque : le rythme des changements auquel notre espèce est confrontée dépasse désormais notre capacité d'adaptation. Nous créons de nouveaux problèmes à un rythme de plus en plus rapide, et cela nous rend malades, physiquement, psychologiquement, socialement et environnementalement.

Nous devons résoudre le problème de l'accélération de la nouveauté, pour éviter que l'humanité périsse, victime de son succès.

Ce livre n'aborde pas seulement la façon dont notre espèce menace de détruire le monde. Il explore également les merveilles qui ont été découvertes et créées par les humains et la manière dont nous pouvons les préserver. Ce livre s'appuie sur une vérité absolue de l'évolution : les humains sont parfaitement capables de répondre au changement et s'adapter à l'inconnu. Nous sommes des explorateurs et des innovateurs par nature. Les mêmes élans qui ont créé notre situation moderne inquiétante sont le seul espoir de la sauver.

Chapitre 1

La niche humaine

C'était le meilleur des temps, c'était le pire des temps, c'était... l'âge de la sagesse, c'était l'âge de la folie, c'était l'époque des croyances, c'était l'époque de l'incrédulité, c'était la saison de la lumière, c'était la saison des ténèbres, c'était le printemps de l'espoir, c'était l'hiver du désespoir, nous avions tout devant nous, nous n'avions rien devant nous.

CHARLES DICKENS, premières lignes de *Un conte de deux villes*, publié en 1859, année de la publication de *L'origine des espèces* par Charles Darwin

La Béringie était une terre d'opportunités, une prairie vaste et ouverte. C'était une masse continentale dont la surface représentait quatre fois celle de la Californie et qui reliait l'Alaska à l'est à la Russie à l'ouest, la Béringie n'était pas seulement un pont terrestre temporaire, un passage entre l'Asie et les Amériques.

Certes, les gens ne s'y précipitaient pas, les eaux montantes clapotant à leurs pieds, mais ce n'était pas non plus une plaine sans vie. La vie était sûrement difficile, mais pendant des milliers d'années, la Béringie a accueilli une population qui y a élu domicile.[1]

Les personnes qui sont venues en Béringie étaient tout à fait modernes génétiquement et physiquement. Elles sont arrivées de l'ouest, d'Asie, et pendant longtemps, il y a eu une barrière de glace à l'est de la Béringie. Ils se sont donc installés là, et de nombreuses générations se sont succédées. Mais avec le réchauffement de la planète, la glace a commencé à fondre, le niveau des mers à monter, et la Béringie à disparaître. Le littoral empiétait sur ce qui avait été une terre d'accueil. Où aller ?

Certains Béringiens sont sans doute partis à l'ouest, vers l'Asie, d'où venaient tous leurs ancêtres, vers une terre qui était présente dans les mythes et la mémoire collective. Peut-être qu'au cours des dernières années, les nouveaux arrivants qui venaient également de ces pays-là, avaient apporté les histoires les plus récentes de leur territoire d'origine à l'ouest.

Alors que le niveau de la mer montait sur les Béringiens, certains se sont dirigés vers l'est, vers une terre que les humains n'avaient jamais foulée. Ils étaient les premiers Américains. Il est probable que les Béringiens aient parcouru cette partie nord de la côte ouest en bateau.[2] Il y avait encore de la glace, mais il y avait probablement des parcelles sans glace le long de la côte, des endroits où les animaux de la région se concentraient, des endroits qui ont pu servir de tremplin à ces premiers Américains.[3]

Selon les meilleures estimations actuelles, c'était il y a au moins quinze mille ans,[4] et peut-être même il y a bien plus longtemps. Il est possible que cette couche de glace les ait empêchés de s'installer de façon permanente avant d'arriver au sud de ce qui est aujourd'hui la ville d'Olympia, dans l'État de Washington. C'est là que les glaciers ont pris fin. Au sud et à l'est d'Olympia, des territoires d'une étendue et d'une variété inimaginables, aux magnifiques paysages verdoyants et aux animaux fascinants et délicieux, mais sans habitants, étaient sur le point d'être explorés par les humains pour la première fois.

C'était un déplacement risqué. Tout était incroyablement risqué. Aucun choix ne semblait être le bon. Retourner à l'ouest, vers une terre déjà occupée par des gens qui avaient sans doute des opinions toutes faites sur les nouveaux arrivants ? Aller vers l'est, vers un pays dont personne n'avait entendu parler ? Ou rester sur place alors que la Béringie disparaissait sous la mer ? Aucun survivant n'a choisi la troisième option. Revenir sur un territoire que le peuple a connu autrefois, un lieu vétuste et abandonné par les ancêtres, un lieu connu pour être plein de concurrents… ou explorer un endroit complètement nouveau ? Les deux choix sont légitimes. Ils présentent des risques distincts ainsi que des avantages et des inconvénients distincts. Ce sont également les options de notre monde moderne.

Les descendants des Béringiens sont venus peupler l'Amérique alors qu'ils étaient totalement isolés de toutes les populations humaines de l'Ancien Monde. Ils sont arrivés avant l'invention du langage écrit ou de l'agriculture, sans aucune aide extérieure de leurs parents de l'Ancien Monde. Ils ont innové et sont partis de zéro. Leur descendance allait découvrir des centaines de nouvelles façons d'être humain, et atteindre une population estimée entre 50 millions et 100 millions d'individus avant que les conquistadors espagnols n'amènent les populations de l'Ancien et du Nouveau Monde à se reconnecter violemment plusieurs milliers d'années plus tard.

Nous ne savons pas à quoi ressemblait le voyage vers le Nouveau Monde. Peut-être que les premiers Américains sont arrivés encore plus tôt, qu'ils ne se sont pas du tout installés de façon permanente en Béringie, qu'ils ont plutôt fait le tour du Pacifique en bateau, dans le sens des aiguilles d'une montre.[5] Ce que nous savons, c'est que le Nouveau Monde a présenté des défis que les premiers Américains n'avaient jamais rencontrés auparavant. Et même si ce n'est qu'une métaphore, cette histoire de la Béringie représente ce qu'est l'être humain de façon pédagogique. Il s'agit d'une métaphore pertinente, bien qu'incomplète, de la situation dans laquelle se trouve l'humanité aujourd'hui. Nous nous trouvons nous aussi sur une terre en déliquescence. Nous aussi, nous devons chercher de nouvelles opportunités pour nous sauver. Et nous ne savons pas encore où l'exploration nous mènera.

Les premiers Américains se sont retrouvés dans un immense paysage rempli de dangers et d'opportunités inconnus. Avec des connaissances ancestrales peu appropriées, les défis de la navigation dans ce nouveau monde ont été immenses. Et pourtant, ils ont réussi de manière spectaculaire. La question que nous nous posons, et qui est la plus pertinente pour notre situation actuelle, est la suivante : *comment ?* La réponse se trouve, en grande partie, dans la compréhension de ce qu'est l'être humain.

Plusieurs générations plus tard, assis autour du feu, une nuit, un peu affamé parce que la saison des baies était terminée et que les cerfs s'étaient raréfiés, l'un de ces premiers Américains, appelé Bem, a pu observer que les ours semblaient se nourrir de poisson. Il s'est demandé : pourquoi pas nous ?[6] Bem ne connaissait pas grand-chose sur les poissons, certainement pas autant que Soo, qui avait passé de nombreux jours au bord de la rivière, à observer les poissons, et qui savait comment ils se comportaient. Jusqu'à présent Soo n'avait pas partagé ses connaissances sur les poissons. Il n'avait même pas envisagé qu'elles puissent avoir une quelconque valeur pour son peuple. Soo, quant à lui, n'avait peut-être pas de talent caché en ingénierie, comme Gol, et Gol n'avait peut-être pas le talent de Lok pour fabriquer des cordes. Lorsque tant de personnes aux talents et aux idées distincts se réunissent autour d'un feu de camp pour discuter d'un problème commun, l'étincelle de l'innovation peut se propager rapidement.

Les meilleures idées que notre espèce a générées, les idées les plus importantes et les plus puissantes, ont pour la plupart été le fruit du travail de plusieurs personnes qui avaient des idées différentes mais convergentes, des lacunes complémentaires, et une structure politique favorable à la nouveauté.

Rassemblés autour du feu, au seuil de deux nouveaux continents, de nombreux observateurs et ingénieurs perspicaces, fabricants d'outils et collecteurs d'informations, se sont réunis et ont appris, ou réappris, comment pêcher le saumon des rivières, quelles plantes pouvaient être consommées sans danger et comment les identifier, et comment utiliser les arbres pour en faire des abris. Ces populations avaient également des gardiens du savoir : des détenteurs de la tradition, des individus qui raconteraient l'histoire plus tard, peut-être lorsqu'un déplacement serait rendu nécessaire par l'échec d'une migration locale de saumons et que tous les innovateurs d'origine seraient partis.

Que faisaient exactement Bem, Soo, Gol ou Lok ? Ils innovaient car ils faisaient partie du peuple et ils innovaient pour leur peuple.

Ils testaient des hypothèses, créaient des récits, construisaient des matériaux et des traditions culinaires. Ils étaient humains.

Le paradoxe humain

Les populations du XXIe siècle sont confrontées à des opportunités et des dilemmes similaires à ceux des premiers habitants du Nouveau Monde. Les innovations technologiques et scientifiques nous ont permis d'accéder à des domaines nouveaux, jusqu'alors inimaginables. Mais contrairement aux Béringiens, nous n'avons pas de terre ancestrale où nous pourrions retourner, car nos actions affectent la planète entière. Nous avons chassé et cueilli, cultivé et construit notre chemin autour du globe, transformant la terre dans notre sillage, soumettant les paysages à nos volontés et poussant beaucoup d'entre eux au bord de l'effondrement.

Certains comparent les réussites de notre espèce à celles des Béringiens, et imaginent que nous pouvons maîtriser la nature, que nous sommes capables d'utiliser les ressources naturelles, que nous avons les moyens de les utiliser et que nous en avons le contrôle. Mais nous n'avons pas le contrôle, et nous ne l'aurons jamais.[7] Les conséquences de cette mauvaise hypothèse expliquent bon nombre de nos problèmes actuels. La seule façon de corriger le tir est de comprendre la véritable nature de ce que nous sommes, de ce que nous pourrions être, et de la manière dont nous pourrions utiliser cette sagesse à notre avantage.

L'espèce humaine est cérébrale et bipède, sociale et bavarde. Nous fabriquons des outils, cultivons la terre, produisons des mythes et de la magie. Nous nous sommes réinventés au fil du temps et de l'espace, encore et encore. Nous avons appris à dominer un habitat après l'autre. Les espèces se caractérisent par de nombreux éléments, leur forme et leur fonction, leurs gènes et leur développement, leur relation avec les autres espèces. Mais les espèces se caractérisent avant tout par leur niche, c'est-à-dire la façon particulière dont elles interagissent avec les autres espèces et assurent leur survie dans leur environnement.

Au vu de l'étendue de nos expériences et notre géographie, que représente exactement la niche humaine ?

Au fil de l'évolution de notre espèce, il semble que nous ayons échappé à une loi fondamentale de la nature : celui qui est touche-à-tout n'est maître de rien. Pour être dominante dans une niche donnée, une espèce doit typiquement se spécialiser, en sacrifiant l'ampleur et la généralité. C'est ce besoin de se spécialiser qui entrave l'action du touche-à-tout, un principe si universel qu'il est invoqué depuis plus de quatre siècles dans la presse écrite (l'un des premiers exemples étant une plaisanterie de 1592 à l'encontre de William Shakespeare, accusé alors d'être un médiocre touche-à-tout).[8] L'adage « celui qui est polyvalent n'est maître de rien » s'applique à tous les domaines, de l'ingénierie au sport en passant par les sciences écologiques. Les espèces sont, au moins à cet égard, comme des outils : plus elles font de choses, moins elles les font précisément.

Et pourtant, nous sommes là, adeptes de presque tous les métiers imaginables, et simultanément maîtres de presque tous les habitats sur Terre. Notre niche est presque sans limite, et lorsque nous sommes confrontés à des limites, nous essayons presque immédiatement de les tester. C'est comme si nous ne pouvions imaginer l'idée d'une frontière finale. *Homo sapiens* n'est pas seulement exceptionnel. Nous sommes exceptionnellement exceptionnels.[9] Inégalés par notre adaptabilité, notre ingéniosité et notre capacité d'exploitation, nous nous sommes spécialisés dans tous les domaines au cours de centaines de milliers d'années. Nous bénéficions de l'avantage concurrentiel d'être des spécialistes, sans payer les coûts habituels c'est-à-dire sans que notre champ d'expérience soit restreint.

C'est le paradoxe de la niche humaine.[10]

En science, un paradoxe est comme un X sur une carte au trésor. Il indique où creuser. L'ampleur inégalée de la spécialisation des humains est un paradoxe qui marque l'emplacement d'un trésor spectaculaire, constitué non pas de richesses, mais d'outils. En dévoilant le paradoxe humain, nous découvrons un cadre conceptuel qui nous permet de nous comprendre et de mener nos vies en sachant quelle direction prendre et comment y aller. Ce livre examine le paradoxe humain et décrit les outils que nous y découvrons ; c'est aussi un exercice de mise en pratique.

Feu de camp

Dans notre discussion sur les premiers Américains, nous avons déjà mentionné un outil de cette malle au trésor, mais il ne ressemble pas vraiment à un outil. C'est un feu de camp. Les humains utilisent le feu depuis des lustres. Nous l'avons utilisé pour avoir de la lumière et créer de la chaleur, pour augmenter la valeur nutritionnelle des aliments et pour tenir les prédateurs à distance. Nous avons utilisé le feu pour creuser des troncs d'arbres afin de fabriquer des canoës, pour transformer et modifier les paysages, pour ramollir et durcir le métal. Nous avons également utilisé le feu pour quelque chose d'encore plus important : le feu de camp est une forge à idées. Un endroit pour discuter des fruits sauvages, des rivières et des poissons. Un endroit où partager nos expériences, parler, rire, pleurer, analyser nos défis et partager nos succès. C'est de cette forge qu'émergent les idées qui font de l'homme une véritable super-espèce, une espèce qui surfe sur les règles de l'univers, soulevant des paradoxes dans son sillage.

Les échanges d'idées qui ont lieu autour des foyers depuis des millénaires sont plus qu'une simple communication. C'est le point de convergence d'individus ayant des expériences, des visions et des talents différents. L'union des esprits est à l'origine de la réussite de l'humanité. Peu importe l'intelligence d'un individu, et peu importe ses connaissances. Dans presque tous les cas, lorsque les esprits s'unissent, le tout est plus grand que la somme de ses parties. Pour résoudre les problèmes auxquels l'humanité est confrontée, qu'il s'agisse de savoir quelles plantes peuvent être consommées sans danger ou comment attraper des lapins, ou encore comment créer un monde juste et équitable tout en étant protégé des menaces existentielles, les réflexions individuelles isolées ne suffisent pas, nous avons besoin de plus que ça. Si nous voulons survivre, nous avons besoin d'une multitude de personnes qui se connectent et qui œuvrent ensemble. En unissant les esprits de cette manière, on augmente de façon exponentielle la capacité des humains à résoudre les problèmes.

Tout comme les humains ont brisé les frontières entre les niches comme aucun autre organisme ne l'avait fait, nous avons également complètement aboli les frontières entre les individus.

En ce qui concerne les niches, nous sommes une espèce généraliste dont les individus sont souvent des spécialistes. Un ancien Américain peut avoir eu un excellent sens de l'orientation, mais avoir été incapable d'entretenir le feu. Un homme moderne peut être très fort en escalade mais incapable d'organiser ses dossiers, ou très fort en calcul mais incompétent pour faire du pain.

Cependant, en tant qu'espèce, nous sommes extrêmement doués pour toutes ces choses. Ce sont les liens entre les individus qui nous permettent de dépasser nos limites individuelles. Souvent, nous pouvons nous concentrer sur notre métier car nous sommes soutenus par le travail spécialisé des autres.

Dépassant ces frontières individuelles, nous innovons et partageons des idées de manière consciente, puis nous réunissons les meilleures idées et les plus pertinentes pour le moment présent sous la forme d'une culture. Depuis des millénaires, cette magie s'opère autour du feu de camp partagé.

La conscience et la culture, thèmes sur lesquels nous revenons en profondeur dans l'avant-dernier chapitre de ce livre, sont en tension l'une avec l'autre, et les humains ont besoin des deux.

Les pensées conscientes sont celles que nous pouvons transmettre aux autres en communiquant. Par conséquent, nous définissons la *conscience* comme « cette partie de la cognition qui est prévue pour échanger ». Ce n'est pas un piège. Nous n'avons pas choisi une définition pour simplifier une question insoluble. Nous avons choisi une définition qui correspond à ce que les gens entendent lorsqu'ils décrivent une pensée comme « consciente ».

La compréhension de la conscience dévoile une vérité : il n'est pas logique de supposer que la conscience individuelle a évolué en premier, ou qu'elle est la forme la plus fondamentale de la conscience. Au contraire, notre conscience individuelle a probablement évolué en parallèle à la conscience collective, et ne s'est pleinement développée que plus tard au cours de l'évolution. La compréhension de ce qui se trouve dans l'esprit d'une autre personne, connue sous le nom de théorie de l'esprit, est d'une utilité stupéfiante. Nous observons les rudiments de cette capacité chez de nombreuses autres espèces, et nous l'observons sous une forme très élaborée chez quelques espèces très coopératives, comme les éléphants, les baleines à dents (comme les dauphins), les corbeaux et de nombreux primates non-humains. Nous, les humains, sommes de loin l'espèce la plus consciente qui a jamais existé, parce que nous sommes les seuls à pouvoir, si nous le souhaitons, transmettre des éléments cognitifs de manière explicite et avec une précision spectaculaire. Nous pouvons faire passer avec exactitude une abstraction complexe d'un esprit à un autre en faisant simplement vibrer l'air entre nous. C'est une magie quotidienne qui passe généralement inaperçue.

Pour que la théorie de l'esprit fonctionne, il faut qu'une émulation ait lieu chez l'autre personne, dans sa propre tête. Pour pouvoir comparer ce que je pense d'une part et ce que je comprends que vous pensez d'autre part, je suis obligé d'avoir une représentation subjective de vous et de moi. Cette subjectivité est nécessaire pour que les deux soient réunis sur la même longueur d'onde. La conscience partagée est un espace émergeant et intangible entre les personnes, où les concepts sont enregistrés et co-cultivés. Chaque participant a une perspective distincte sur cet espace, tout comme chaque témoin d'un événement physique aura un point de vue quelque peu différent, mais l'espace est une propriété du collectif.

Imaginez deux populations composées d'individus aussi intelligents les uns que les autres. Dans la première population, les individus ne doivent pas se contenter de proposer des idées, mais ils doivent également commenter les idées des autres et les modifier, puis élaborer des stratégies et planifier la manière d'agir en conséquence. Chaque individu contribue ainsi dans son propre domaine de spécialité. La seconde population est composée d'individus qui, bien qu'ils soient eux-mêmes pleins de bonnes idées, n'ont pas la capacité de conceptualiser ce que les autres pensent. Lorsque ces deux populations sont en compétition l'une avec l'autre, il n'y a tout simplement pas de concours possible.

Même une conscience collective rudimentaire, celle que peuvent partager les loups d'une meute, par exemple, lorsqu'ils chassent en coopération, offre un avantage stupéfiant. Chez les lions aussi, la troupe est bien plus grande que la somme de ses individus. La conscience collective, une innovation évolutive pareille à nulle autre, crée une émergence cognitive.

Culture et conscience

La conscience est précieuse pour résoudre des problèmes, mais elle n'est pas utile pour exécuter des tâches. Le gymnaste, le virtuose et le guerrier réussissent tous les trois en utilisant ce qu'ils ont découvert de manière consciente et en apprenant à l'utiliser sans délibération explicite.[11] Les idées et les perspectives transformatrices sortent du niveau de la conscience pour aller dans les zones de notre cerveau qui savent comment faire les choses. Quand on est *concentré*, l'esprit conscient est présent, mais en tant que spectateur qui se tient à l'écart pour ne pas perturber le déroulement des choses. Les comportements deviennent habituels et intuitifs. Chez un individu, on peut appeler cela une compétence ou un métier. Dans une famille ou une tribu, ces habitudes deviennent des traditions transmises efficacement d'une génération à l'autre. Si l'on va plus loin, on obtient la culture.

Homo sapiens va et vient entre deux modes dominants. Lorsque nous sommes confrontés à des problèmes qui n'ont pas été déjà compris dans le passé, alors nous devenons conscients. *Comment peut-on se nourrir dans ce nouveau pays ?* Nous connectons nos esprits dans un espace partagé de résolution de problèmes et nous partageons ce que nous savons. Puis nous procédons en parallèle, en proposant des hypothèses, en fournissant des observations, en proposant des défis, jusqu'à ce que nous arrivions à une nouvelle réponse, une réponse qu'un individu atteindrait rarement seul. Si le résultat fonctionne bien lorsqu'il est testé en conditions réelles, il est peaufiné et il passe ensuite à un niveau plus automatique et moins décisif de notre cerveau. C'est la culture. Appliquer la culture aux circonstances pour lesquelles elle est adaptée est l'équivalent au niveau de la population à un individu qui se trouve dans un état de concentration.

Ce modèle implique quelques éléments importants. Lorsque les temps sont bons, les gens devraient être réticents à remettre en question la sagesse ancestrale, leur culture. En d'autres termes, ils doivent être relativement conservateurs. Lorsque les choses ne vont pas bien, les gens devraient être prêts à supporter les risques liés au changement. On peut même dire qu'ils devraient être relativement progressistes ou libéraux.

Bien sûr, cela nous en apprend beaucoup sur le monde moderne. En effet, pour diverses raisons, il y a actuellement peu de consensus pour déterminer si les choses se passent bien. Quelques instants avant que le Titanic heurte l'iceberg, le navire était un merveilleux témoignage de la réussite humaine.

Quelques instants après, c'était un mémorial représentant les risques de l'orgueil démesuré. Trop souvent, ce n'est que rétrospectivement que l'arrangement des transats sur le pont du bateau paraît absurde. Le plus souvent, il n'y a pas d'iceberg, pas de démarcation claire entre l'avant et l'après, pas d'indication du moment où la conscience devrait devenir plus importante que la culture.

Les humains brisent...

1. les limites des niches en étant à la fois généralistes et spécialistes ;
2. les frontières interpersonnelles en oscillant entre culture et conscience.

L'effondrement financier de 2008, la marée noire de Deepwater Horizon et la catastrophe nucléaire de Fukushima Daiichi sont autant de symptômes d'un désordre de civilisation, un désordre qui n'a pas de nom. Appelons cela le piège du progrès : c'est la propension d'un avantage important à court terme, non seulement à masquer le risque et le coût à long terme, mais aussi à susciter l'acceptation même lorsque l'analyse nette est négative.[12] Ces événements sont la preuve que nous nous reposons sur nos lauriers culturels et que nous nous dirigeons à toute vitesse vers un désastre, bercés dans un faux sentiment de sécurité, sans aucune conscience collective, et aveuglés par l'opulence de notre environnement. Plus tôt nous le reconnaîtrons, plus grandes seront les chances de détourner le navire vers un cap sûr, un casse-tête sur lequel nous reviendrons dans le dernier chapitre de ce livre.

À notre question précédente *Quelle est la niche humaine ?* voici une réponse : les humains n'ont pas de niche, pas dans le sens standard de ce terme. Nous avons échappé au paradigme en maîtrisant des nouvelles règles de jeu. Nous avons découvert comment échanger nos logiciels et les remplacer au besoin en oscillant entre culture et conscience. *La niche humaine est le changement de niche.*

L'humanité est le maître de tous les métiers. Si nous étions des machines, nous serions celles qui sont compatibles avec de nombreux logiciels. Le chasseur inuit connaît l'Arctique, mais il ne possède pas les compétences nécessaires pour survivre dans le désert du Kalahari ou en Amazonie. Les humains peuvent être bons dans presque tous les domaines, s'ils disposent des outils et des logiciels appropriés, et les populations humaines peuvent être bonnes dans de nombreux domaines grâce à la division du travail, mais chaque individu devra soit se limiter, soit accepter les coûts liés au fait d'être généraliste. Cependant, à mesure que notre monde devient de plus en plus complexe, le besoin de généralistes augmente. Nous avons besoin de personnes qui ont des connaissances dans plusieurs domaines et qui peuvent établir des liens entre eux : pas seulement des biologistes et des physiciens, mais des biophysiciens ; des personnes qui ont changé d'orientation et qui ont découvert que les outils qu'elles ont acquis dans leur ancien métier leur sont utiles dans le nouveau. Nous devons trouver les moyens d'encourager le développement des généralistes. Dans ce livre, nous affirmons qu'un moyen essentiel d'y parvenir est d'encourager une compréhension attentive et nuancée de ce qu'est l'évolution, de ce qu'elle a fait de nous et de la manière dont nous pouvons défier ses objectifs. À cette fin, dans la suite de ce chapitre, commençons par quelques mises à jour sur la théorie de l'évolution. Les modifications que nous suggérons ouvrent la voie vers une compréhension plus approfondie de l'évolution, ainsi que de nous-mêmes, de nos cultures et de notre espèce.

Adaptation et lignée

L'évolution adaptative améliore « l'aptitude » des créatures vis-à-vis de leur environnement. Ceci est bien établi. Cependant, afin de faire de la biologie de l'évolution une science empirique, les biologistes se sont pressés de définir le terme *aptitude* de manière à ce qu'il puisse être facilement mesuré. Nous, les biologistes, nous avons élaboré une définition qui est presque synonyme de *reproduction*. Comme c'est le cas pour de nombreuses hypothèses qui finissent par échouer, les termes *aptitude* et *succès reproductif* étaient au départ considérés comme quasi-synonymes. Cette croyance était si répandue que des générations de biologistes ont fait de grandes avancées scientifiques en estimant simplement qu'il s'agissait d'un seul et même concept. Lorsque tous les autres paramètres sont identiques, une créature qui possède une meilleure aptitude pour l'environnement a tendance à produire plus de descendants, et les biologistes disposent alors d'excellents outils conceptuels pour décortiquer le processus évolutif qui y conduit. Mais que se passe-t-il lorsque tous les autres paramètres ne sont plus identiques et que la créature qui a le plus de descendants a fait des concessions dans sa quête de fécondité à court terme ? Dans ces conditions, les biologistes ont des difficultés pour comprendre l'histoire. Si le tort fait à l'aptitude se manifeste rapidement, si un animal donné produit de nombreux descendants qui périssent tous en hiver, les scientifiques finiront probablement par comprendre qu'il a échoué sur le plan de l'évolution. Si, en revanche, les descendants prospèrent pendant une période assez longue, mais meurent lors de la prochaine sécheresse ou de la prochaine période glaciaire, il y a de fortes chances que les biologistes bâclent leur analyse et concluent qu'il s'agit d'un « succès ».

En effet, l'aptitude est souvent liée à la reproduction, mais elle est *toujours* liée à la persistance. Une population prospère peut fluctuer au fil du temps. Mais une population prospère ne peut pas s'éteindre. L'extinction est un échec. La persistance est synonyme de succès, et la reproduction des individus n'est qu'un des facteurs de l'équation de la persistance.

Mais que signifie *persister* ? Est-ce que nous recherchons la persistance de l'espèce ? Est-ce que nous comptons chaque population séparément au sein de l'espèce ? Est-ce que ce sont les descendants d'un individu que nous devons compter ? Logiquement, tous ces éléments doivent être pris en compte, et d'autres encore.

L'évolution adaptative se produit lorsque les individus se disputent les ressources. Chaque individu est le début d'une lignée, et la période pendant laquelle ses descendants persistent est un bon indicateur de son aptitude. Si les descendants de Bem périssent lors du retour des glaciers, mais que les descendants de Soo parviennent à survivre jusqu'à la prochaine période interglaciaire, nous pouvons conclure que ces derniers étaient dotés de meilleures aptitudes vis-à-vis de leur environnement, que nous soyons ou non capables de mesurer la différence.

Mais ces deux individus n'étaient pas seulement les points de départ des descendances à venir. Chacun d'entre eux appartenait également à de nombreuses lignées de descendants parallèles et chevauchantes qui partagent un ensemble d'ancêtres et pour lesquels nous pourrions dire la même chose. Donc si l'aptitude est une question de persistance, alors il convient de se poser la question suivante : la persistance de quoi ?

C'est ici que nous devons éliminer notre sentiment d'obligation de mesurer les choses. L'évolution adaptative, le processus qui augmente « l'aptitude » des créatures vis-à-vis de l'environnement, concerne tous les niveaux de descendance à la fois. L'évolution adaptative est donc fractale (ou indéfiniment morcelée), et le terme qui la résume est le terme *lignée*.

Un individu et l'ensemble de ses descendants constituent une lignée. Une espèce est une lignée descendant de l'ancêtre commun le plus récent de cette espèce. De même, dans les clades les plus importants, tels que les mammifères, les vertébrés, les animaux, les lignées descendent des ancêtres communs les plus récents de ces clades.[13] En tant que biologistes de l'évolution, notre travail consiste à comprendre comment l'évolution adaptative fonctionne sachant que la sélection se produit simultanément à tous les niveaux de la lignée. Dans ce livre, nous partirons du principe que les lignées sont en compétition et que celle qui sont les mieux adaptées à leur environnement à long terme sont favorisées par la sélection. Cela nous permet d'éclairer les paradoxes de la nature humaine, mais c'est loin d'être suffisant. Nous devons également reconnaître que, contrairement à la pensée évolutionniste conventionnelle, les gènes ne sont pas la seule forme d'information héréditaire.

La culture évolue. En outre, la culture évolue en même temps que le génome, et vise le même objectif. Nous n'avons pas besoin de savoir si, par exemple, les comportements sexuels typiques, tels que la préparation du nid chez les femelles ou la fanfaronnade des mâles, sont transmis culturellement ou génétiquement. Le mode de transmission ne dit rien sur la signification de ces profils. Qu'ils soient culturels, génétiques ou un mélange des deux, les rôles sexuels hérités d'une longue lignée d'ancêtres sont des solutions biologiques à des problèmes évolutifs. En bref, ce sont des adaptations qui ont pour fonction de faciliter et d'assurer la persistance de la lignée dans le futur.

C'est une pilule dure à avaler pour de nombreuses personnes, pourtant en réalité, la culture est au service des gènes. Les traits culturels de longue date sont aussi adaptatifs que les yeux, les feuilles ou les tentacules.

En effet, au XXIe siècle, presque tout le monde accepte l'idée selon laquelle nos membres et nos foies, nos cheveux et nos cœurs ont été créés par l'évolution. Pourtant, de nombreuses personnes s'opposent encore à ce que la théorie de l'évolution soit invoquée pour expliquer le comportement ou la culture.[14] Même pour de nombreux scientifiques, cette position est motivée par la conviction que certaines questions ne devraient pas être posées si les réponses à ces questions peuvent être sinistres. Cela a conduit à une censure idéologique des idées et des programmes de recherche, ce qui a ralenti le rythme auquel nous avons approfondi notre compréhension de ce que nous sommes, et pourquoi.

Certains des produits de l'évolution sont en effet sordides : l'infanticide, le viol et le génocide sont tous des produits de l'évolution. Il est également vrai qu'une grande partie de ce que l'évolution a produit est beau : le sacrifice d'une mère pour son enfant, l'amour romantique durable, et les soins de la société pour ses citoyens, jeunes et vieux, en bonne santé ou non.

De nombreuses personnes s'inquiètent lorsque le concept d'évolution est abordé car le terme « évolution » est généralement mal compris.

Beaucoup de gens craignent que ce qui est *évolutif* soit *immuable*. Si c'était le cas, alors, nous serions impuissants face à un acte horrible qui serait le produit de l'évolution, et nous serions forcés de subir la cruauté du destin évolutionnaire pour toujours. Heureusement, cette crainte est erronée. Certains éléments de l'évolution sont presque immuables : les humains ont deux jambes, un cœur, un gros cerveau. Mais les variations entre les individus sont également évolutives et dépendent fortement des interactions avec notre environnement : quelle est la longueur de nos jambes, quelle est la force de notre cœur, comment les neurones de notre cerveau sont-ils connectés ? De même, reconnaître la vérité évolutive selon laquelle les femmes sont à la fois plus agréables que les hommes, en moyenne, et plus anxieuses, n'est ni un diagnostic individuel ni un destin immuable. Les individus ne sont pas les mêmes que les populations.[15] Nous sommes des individus membres de populations, et ces populations, hommes et femmes, jeunes et vieux, d'un continent ou d'un autre, ont de réelles différences psychologiques, mais nous avons plus de points communs que de différences. Ces différences sont le résultat d'interactions entre plusieurs niveaux d'évolution. De plus, les humains ont la capacité de se connecter directement les uns aux autres et de modifier leur culture, pour le meilleur et pour le pire.

En réponse à l'énorme confusion qui règne autour de l'évolution culturelle et génétique, nous, les biologistes, avons développé un modèle simple pour comprendre la nature hiérarchique des forces en jeu. Nous l'avons appelé le principe Oméga.

Le principe Oméga

Épigénétique signifie « au-dessus du génome ». La première fois que l'un de nous a rencontré ce terme, c'était à l'université, au début des années 1990. À cette époque, il était parfois utilisé par les biologistes évolutionnistes pour placer la culture dans un contexte évolutionniste rigoureux.

La culture se situe « au-dessus » du génome car elle façonne la manière dont le génome est exprimé. Les gènes codent pour les protéines et pour les processus qui construisent le corps. La culture, chez les créatures qui en ont une, a une influence puissante sur la destination des corps et sur leurs utilisations. De cette façon, la culture est un régulateur de l'expression du génome.

Au cours des dernières décennies, le terme épigénétique a pris une tournure différente. Le terme est désormais presque exclusivement utilisé pour désigner les mécanismes qui régulent l'expression du génome, directement au niveau moléculaire, en exprimant certains caractères tout en en supprimant d'autres, créant ainsi les schémas d'expression génétique qui confèrent au corps une forme et une fonction cohérentes. Ces mécanismes de régulation, que les scientifiques commencent tout juste à comprendre, sont la clé de la compréhension de la vie multicellulaire. Sans ces mécanismes, toutes les cellules dotées d'un génome donné seraient identiques, et tout ensemble de cellules ne pourrait exister que sous la forme d'une colonie de cellules indifférenciées. Ce n'est que grâce à une régulation épigénétique étroite de l'expression des gènes que nous pouvons avoir un animal ou une plante composée de tissus multicellulaires distincts et bien coordonnés.

La signification du terme épigénétique a subi une transformation radicale : auparavant utilisé pour décrire les comportements héréditaires, il est désormais utilisé pour décrire uniquement les interrupteurs moléculaires. Cependant, il y a de très bonnes raisons pour affirmer que les phénomènes épigénétiques comprennent en fait les deux types de régulation : les interrupteurs moléculaires correspondent au sens étroit du terme épigénétique *sensu stricto* (au sens strict), tandis que les interrupteurs moléculaires ET les comportements héréditaires correspondent au terme épigénétique *sensu lato* (au sens large).

Les deux processus étant épigénétiques, cela signifie qu'une seule règle d'évolution régit à la fois les régulateurs moléculaires et les régulateurs culturels de l'expression génétique.

Prenons l'exemple d'un berger tibétain. Il a hérité de sa culture, ce qui contraint son comportement. Ses cellules prennent différentes formes et font différentes choses en fonction des modèles hérités d'expression génétique. Il serait absurde d'imaginer que les gènes de son génome et les régulateurs moléculaires qu'il contient sont en opposition. Si le berger est en bonne santé, ses cellules servent ses intérêts évolutifs en tant que créature. La régulation de ses gènes a évolué pour améliorer ses aptitudes. Ses yeux, composés de plusieurs types de cellules réparties de manière particulière, voient les dangers et les opportunités. Les dangers qu'il voit sont des menaces pour son aptitude évolutive, et les opportunités qu'il rencontre sont des moyens susceptibles de permettre de l'améliorer. En d'autres termes, les gènes et leurs régulateurs s'accordent sur le travail à accomplir et ne montrent aucun signe de tension à ce sujet. Quel est le rôle de ces gènes et de leurs régulateurs ? Il est vraisemblablement évolutif, son but étant d'inscrire des copies des gènes du berger dans le futur. Aucune personne sérieuse ne soutiendrait le contraire.

Mais de nombreuses personnes tout à fait respectables ne voient pas ce lien lorsqu'il s'agit de la culture des bergers. Le berger peut adopter des rôles de genre qui remontent à des milliers d'années dans sa lignée, mais, dans les milieux scientifiques, il est fréquemment affirmé que ces modèles culturels ne sont pas susceptibles d'être évolutifs, qu'ils sont « juste culturels », comme si c'était une catégorie concurrente.

Le problème vient de la présentation initiale, en 1976, de l'évolution mémétique par Richard Dawkins dans *The Selfish Gene* (Le gène égoïste). La mémétique utilise le concept de mème (élément de comportement transmis par imitation) pour étudier les évolutions de la culture dans une approche darwinienne étendue. Dawkins décrit donc les mèmes, et pose ainsi les bases de l'étude de l'adaptation culturelle avec une rigueur darwinienne, mais il commet une erreur fatale. Il décrit la culture humaine comme un nouveau bouillon primitif,[16] dans lequel les traits culturels se propagent comme le font les gènes, et non comme un outil du génome qui a évolué pour améliorer l'aptitude du génome.

Ce malentendu n'a jamais été résolu correctement, et la confusion entre nature et culture qu'il engendre continue de bloquer les progrès analytiques et sociétaux. Se demander si un caractère particulier est dû à la nature ou à l'acquis implique une fausse dichotomie entre la nature, les gènes et l'évolution d'une part, et l'acquis et l'environnement d'autre part. En fait, tous ces éléments sont évolutifs.

La clé qui permet de comprendre pourquoi la culture doit servir les gènes et être un outil d'amélioration de l'aptitude, exactement comme les régulateurs moléculaires, se trouve dans la logique des compromis, un concept sur lequel nous reviendrons tout au long de l'ouvrage.

Dans la perspective du génome, la culture est tout sauf gratuite. En fait, rien n'est plus coûteux. Le cerveau qui gère la culture est gros et coûteux en énergie. Le processus de transmission de la culture est sujet à l'erreur. Le contenu de la culture humaine bloque fréquemment les opportunités d'amélioration de l'aptitude : tu ne tueras pas, tu ne voleras pas, tu ne convoiteras pas, tu ne coucheras pas avec, etc. Tentons d'anthropomorphiser le génome pour un instant : si la culture ne remboursait pas le génome pour ses dépenses astronomiques, le génome aurait raison d'être furieux. La culture semble gaspiller du temps, de l'énergie et des ressources qui pourraient être à la disposition du génome. On pourrait avoir l'impression que la culture parasite effectivement le génome.

Pourtant c'est le génome qui conduit. La capacité de se cultiver est presque universelle chez les oiseaux et les mammifères. Elle a été élaborée, améliorée et étendue par l'évolution génomique au fil du temps et elle est à son maximum chez l'homme. Quelle est l'espèce la plus largement répandue et la plus dominante sur le plan écologique dans le monde ? L'humain. Ces faits nous indiquent que, quoi que fasse la culture, cela ne se fait pas au détriment des aptitudes génétiques. Au contraire, la culture améliore les aptitudes de façon spectaculaire. Si la culture n'avait pas d'intérêt, les gènes dont elle modifie l'expression disparaîtraient ou deviendraient aussi insensibles à la culture qu'un chêne.

Dans notre enseignement de l'évolution aux étudiants, nous avons codifié notre compréhension de la relation entre les phénomènes génétiques et épigénétiques dans ce que nous appelons le principe Oméga. Il comporte deux éléments[17] :

Le principe Oméga

1. Les régulateurs épigénétiques, tels que la culture, sont supérieurs aux gènes car ils sont plus flexibles et peuvent s'adapter plus rapidement.
2. Les régulateurs épigénétiques, tels que la culture, évoluent pour servir le génome.

Nous avons choisi d'utiliser le symbole Ω (oméga) pour rappeler π (pi), et indiquer ainsi le caractère obligatoire de la relation. Les éléments adaptatifs de la culture ne sont pas plus indépendants des gènes que le diamètre d'un cercle n'est indépendant de sa circonférence.

Du principe Oméga découle un concept puissant : tout caractère culturel coûteux et durable (comme les traditions transmises au sein d'une lignée pendant des milliers d'années) doit être présumé adaptatif.

Tout au long de ce livre, nous discuterons de ces caractéristiques, des fêtes de la moisson à la construction des pyramides, à travers cette optique évolutionniste. Nous utiliserons les premiers principes pour extrapoler ce qui rend les humains si spéciaux, et pour expliquer pourquoi la nouveauté de l'ère moderne a été nocive mentalement, physiquement et socialement. Pour découvrir ces principes, nous devons chercher des indices. Dans le prochain chapitre, nous explorerons notre histoire profonde, en faisant le tour des nombreuses formes qui ont été adoptées, des nombreux systèmes et capacités que nos ancêtres ont développés, et des éléments humains universels qui nous unissent tous.

Chapitre 2

Une brève histoire de la lignée humaine

Plusieurs éléments humains sont universels.[1] Tous les humains ont un langage. Nous pouvons distinguer le *soi* des *autres* et distinguer le soi en tant que sujet (« j'ai cuisiné pour elle ») du soi en tant qu'objet (« elle a cuisiné pour moi »). Nous utilisons des expressions faciales à la fois générales et nuancées, qui expriment le bonheur, la tristesse, la colère, la peur, la surprise, le dégoût et le mépris. Nous ne nous contentons pas d'utiliser des outils. Nous utilisons des outils pour fabriquer d'autres outils.

Nous vivons dans un abri ou sous un abri. Nous vivons en groupe, généralement en famille, et les adultes sont censés aider les enfants à se socialiser. Les enfants observent les aînés, et les imitent. Nous apprenons aussi en faisant des essais et des erreurs.

Nous avons un statut, régi par des règles qui dépendent de la parenté, de l'âge, du sexe, et d'autres paramètres. Nous avons des règles de succession et des marqueurs de hiérarchie. Nous divisons le travail. La réciprocité est importante, à la fois dans le sens positif, construire un garage pour les voisins, échanger des cadeaux, et dans le sens négatif, par exemple les représailles pour des torts perçus. Nous effectuons des échanges.

Nous prédisons et planifions l'avenir, ou du moins nous essayons de le faire. Nous avons des lois et des dirigeants même s'ils peuvent être éphémères et varier selon les situations. Nous avons des rituels, des pratiques religieuses et des normes sexuelles. Nous admirons l'hospitalité et la générosité. Nous avons un sens de l'esthétique, que nous appliquons à notre corps, à nos cheveux et à notre environnement. Nous dansons. Nous faisons de la musique. Nous jouons.

Il nous a fallu si longtemps pour devenir ce que nous sommes aujourd'hui. Si vous vous penchez sur l'histoire de la vie sur notre planète, vous pouvez voir comment ces éléments universels ont émergé au cours de centaines de millions d'années. Une fois que vous aurez compris cela, vous verrez pourquoi le changement, en particulier le changement rapide, n'est pas toujours une bonne chose. Il y a 3,5 milliards d'années, à quelques centaines de millions d'années près, la vie est apparue sur Terre. Ce premier organisme était l'ancêtre commun de toute vie sur notre planète, et nous lui devons énormément, même si nous ne lui ressemblons pas beaucoup aujourd'hui.

Le premier organisme unicellulaire n'avait pas de noyau. Il n'avait pas de sexe. Il fabriquait sa propre énergie, peut-être en transformant la lumière du soleil en nourriture, comme le font les plantes modernes, peut-être en transformant des molécules inorganiques, comme l'ammoniac ou le dioxyde de carbone, en nourriture. À mesure que nous avançons dans l'histoire, que nos ancêtres se rapprochent de nous dans le temps, ils nous ressemblent de plus en plus.

Il y a 2 milliards d'années, notre matériel de réplication a été encapsulé dans des noyaux, ce qui a permis à l'ADN de s'organiser, afin qu'un déballage minutieux effectué au bon moment, puisse déclencher des événements en cascade. Une grande complexité se cache dans la synchronisation et le codage des événements, et dans la façon dont les choses sont emballées. L'emballage correct de l'ADN s'avère bien plus important que celui des valises et des conteneurs d'expédition.

À cette époque, nous avons évolué de très nombreuses façons afin de diviser le travail : les organites à l'intérieur des cellules ont permis de séparer les fonctions cellulaires les unes des autres et les microtubules et les protéines motrices ont commencé à transporter le matériel cellulaire.

Puisque nous avions désormais des cellules avec des noyaux, nous étions des eucaryotes, mais nous vivions toujours seuls, sous forme de cellules uniques. Longtemps après, nous avons commencé à nous associer de manière plus durable les uns aux autres, à réunir nos forces, à devenir des individus multicellulaires, plutôt que des grappes de cellules agrégées.[2] La spécialisation est alors passée à un niveau supérieur. À l'intérieur des cellules, les organites étaient très spécialisés depuis longtemps : les chloroplastes réalisaient la photosynthèse, les mitochondries produisaient de l'énergie, mais la spécialisation s'était arrêtée à la frontière de la cellule. Maintenant, avec les organismes multicellulaires, la vie montait en grade.

Tous ceux qui connaissent notre histoire profonde ont des préférences pour certaines transformations, celles qui semblent particulièrement importantes parce qu'elles ont probablement eu des effets notables. Vous considérez peut-être que l'origine des cerveaux, du sang ou des os, est *le* point de transformation évolutive dont dépendent toutes les innovations ultérieures. À l'exception de la plus ancienne, toutes les innovations dépendent de conditions déjà créées, aucune d'elles n'était destinée à exister sous la forme que nous connaissons. Au début, il y a eu l'évolution de ceux qui génèrent leur propre énergie. Ce qui a ensuite permis l'évolution de ceux qui utilisent l'énergie générée par d'autres : les hétérotrophes, qui, comme nous, utilisent l'activité énergétique des plantes et d'autres photosynthétiseurs. La façon particulière dont nous avons évolué pour devenir hétérotrophes, pour prendre l'énergie des autres et l'utiliser pour nous, n'avait rien d'inévitable.

Les organismes, nous y compris, ont besoin de respirer, d'absorber des nutriments et d'excréter des déchets, pour se reproduire. Plus l'organisme est grand, plus d'autres éléments sont nécessaires : un système de plomberie pour déplacer les éléments à l'intérieur du corps, un ou plusieurs centres de contrôle où les informations sont collectées, échangées et traitées.

Il y a plus de 600 millions d'années, nous sommes devenus des organismes multicellulaires qui volent l'énergie que d'autres organismes ont produit à partir du soleil : nous sommes devenus des animaux.

Dans notre lignée, l'évolution a vu apparaître le sexe, et il n'a jamais disparu. Certains caractères apparaissent et disparaissent au cours de l'évolution : les oiseaux ont développé le vol, puis certains d'entre eux ont fait marche arrière et sont devenus des pingouins, des kiwis, des autruches.[3] Les serpents ont perdu les membres que leurs ancêtres et les nôtres avaient développés au cours de dizaines de millions d'années. Même les yeux, qui constituent le sens le plus dominant chez l'homme, s'éteignent chez certaines espèces de poissons des cavernes. Ils vivent dans des eaux si sombres que les yeux ne leur sont plus utiles, bien au contraire. Rien que chez les poissons des cavernes mexicains, il existe des dizaines de populations distinctes de poissons sans yeux, qui vivent près de leurs cousins voyants à la surface.[4]

D'autres caractères n'évoluent qu'une fois et sont ensuite maintenus, ce qui suggère que leur valeur est presque universelle. Aucun organisme ayant développé un squelette interne osseux n'a évolué depuis vers un mode de vie sans squelette. Il en va de même pour les neurones et pour les cœurs. L'apparition du sexe au cours de l'évolution, c'est-à-dire l'évolution de la reproduction sexuelle, n'est pas une histoire aussi propre, mais presque. On ne connaît qu'une seule lignée eucaryote sur terre qui a connu la reproduction sexuée et qui l'a perdue depuis. Ce sont les rotifères bdelloïdes,[5] qui sont très inhabituels à plusieurs égards, notamment leur capacité à survivre à la fois à une dessiccation extrême et à de fortes doses de rayonnement ionisant.[6] Mais la lignée à laquelle nous appartenons est une longue chaîne ininterrompue de reproduction sexuée qui date d'au moins 500 millions d'années.[7] Au début de notre histoire en tant qu'animaux multicellulaires, certaines lignées sont devenues des formes sessiles (Je me protège sur place) tandis que d'autres sont devenues des formes mobiles (Je parcours le milieu dans lequel je suis, à la recherche de ce dont j'ai besoin, pour échapper à ceux qui me poursuivent). La plupart d'entre nous présentent également une symétrie bilatérale : nous avons un côté gauche et un côté droit et la ligne médiane est un point d'inflexion, les vues de chaque côté étant presque une image miroir de l'autre. Comme nous, les insectes ont un côté gauche et un côté droit. Pourtant nous sommes plus proches des étoiles de mer que des insectes. Cela montre que même un élément absolument utile comme la symétrie bilatérale n'est pas universel : les étoiles de mer adultes ont apparemment renoncé à avoir un côté gauche et un côté droit : elles présentent une symétrie radiale.[8]

Il y a 500 millions d'années, nous avons commencé à organiser nos activités internes, nous avons évolué et nous avons été dotés d'un cœur et d'un cerveau uniques et centralisés. Auparavant il y avait plusieurs centres pour pomper et pressuriser le sang, et de nombreux centres pour gérer le traitement des informations nerveuses. Avec un seul cerveau pour organiser les données, nous avons également développé de plus en plus de moyens de percevoir le monde.

Très vite, à l'échelle des temps géologiques, nous sommes devenus des crâniates, des individus intelligents, grâce à nos précieux cerveaux soigneusement protégés dans des crânes. L'os n'était pas encore apparu, ni les mâchoires, donc nous étions encore limités dans ce que nous pouvions accomplir. Pourtant, des organismes correspondant à cette description subsistent aujourd'hui : les lamproies sont toujours vivantes et se portent toujours bien. Elles sont les « représentantes » modernes de ces premiers crâniates. Sans mâchoires et sans os, leur petit cerveau travaille dur pour trouver des hôtes sur lesquels se greffer pour les parasiter.

Arbre phylogénétique

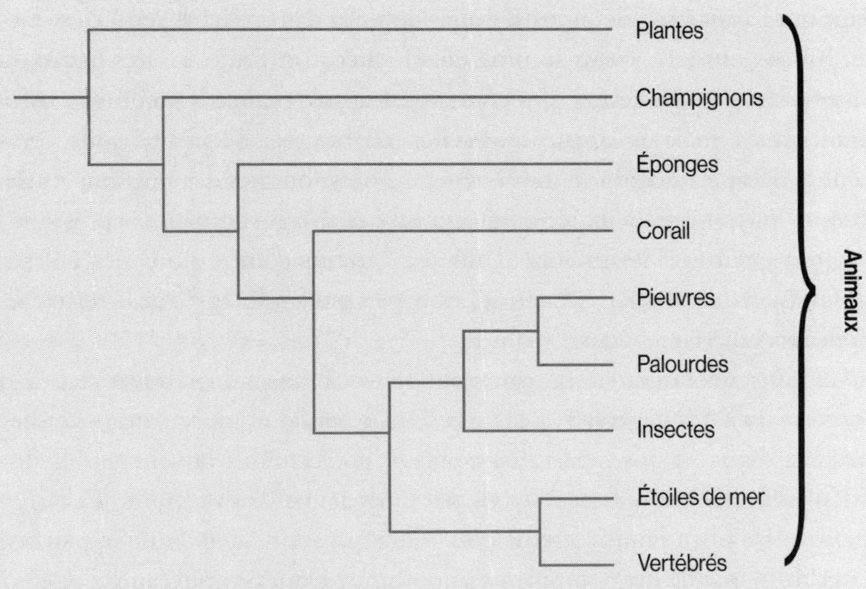

Cet arbre évolutif reflète notre compréhension actuelle des relations entre plusieurs taxons existants.[9] De nombreux taxons sont exclus, mais la nature des arbres évolutifs est telle que l'on peut exclure des taxons sans que l'arbre devienne faux. Il est simplement moins complet.
Cet arbre ne suggère pas que les vertébrés sont « plus évolués » que les autres éléments de l'arbre. Cet arbre suggère, entre autres, que:

- les vertébrés et les étoiles de mer sont plus proches entre eux que les autres éléments de l'arbre;
- les palourdes et les pieuvres sont les plus proches parents sur cet arbre. Les insectes sont étroitement apparentés aux palourdes et aux pieuvres. Les animaux sont plus proches des champignons que des plantes et les champignons sont plus proches des animaux que des plantes.

Les dents et les mâchoires sont apparues au fil de l'évolution, et toutes deux se sont avérées utiles. Il en est de même pour la myéline, qui recouvre l'extérieur des neurones et permet la transmission des signaux neurologiques : grâce à cette protéine, notre capacité à bouger, à ressentir et à penser s'est accélérée.

Il y a 440 millions d'années, de nombreux poissons étaient dotés de plaques d'os à l'extérieur de leur corps, mais personne sur Terre n'avait encore de squelette osseux interne. Il apparaît que les requins et les raies sont les descendants modernes de ces poissons, qui n'avaient pas d'os mais des mâchoires et des dents.[10] Les requins, responsables de cauchemars de beaucoup de gens, n'ont pas un seul os dans leur corps. Il y a tellement de façons d'être fort, d'être intelligent, de réussir.

Lorsque l'os, un cousin moléculaire des dents, est apparu en tant que matériau du squelette interne, plutôt que comme armure, et qu'il a remplacé le cartilage qui l'avait précédé, nous sommes devenus des ostéichthyens, c'est-à-dire des poissons osseux. Nous sommes aussi, encore et toujours, des eucaryotes, des animaux, des vertébrés, des crâniates. L'appartenance à un groupe ne disparaît jamais, mais un organisme essaiera de changer d'identité, si un certain nombre de ses caractères se transforment. Nous sommes des poissons nucléés, hétérotrophes, vertébraux, cérébraux et osseux. Nous sommes des poissons.[11]

Il y a environ 380 millions d'années, certains d'entre nous, les poissons, ont fait quelques tentatives dans des eaux peu profondes, près de la terre. Nous étions alors des tétrapodes.

Certains de nos ailerons ont commencé à ressembler davantage à des membres qu'à des nageoires. Les extensions osseuses et musculaires sont devenues nos mains et nos pieds, nos doigts et nos orteils. Mais il est difficile de se déplacer sur la terre ferme. La vie sur terre demande des efforts. La terre est un territoire vaste et prometteur pour ceux qui sont capables de la parcourir, mais cela demande des compromis importants. Dans ce nouveau monde, tout

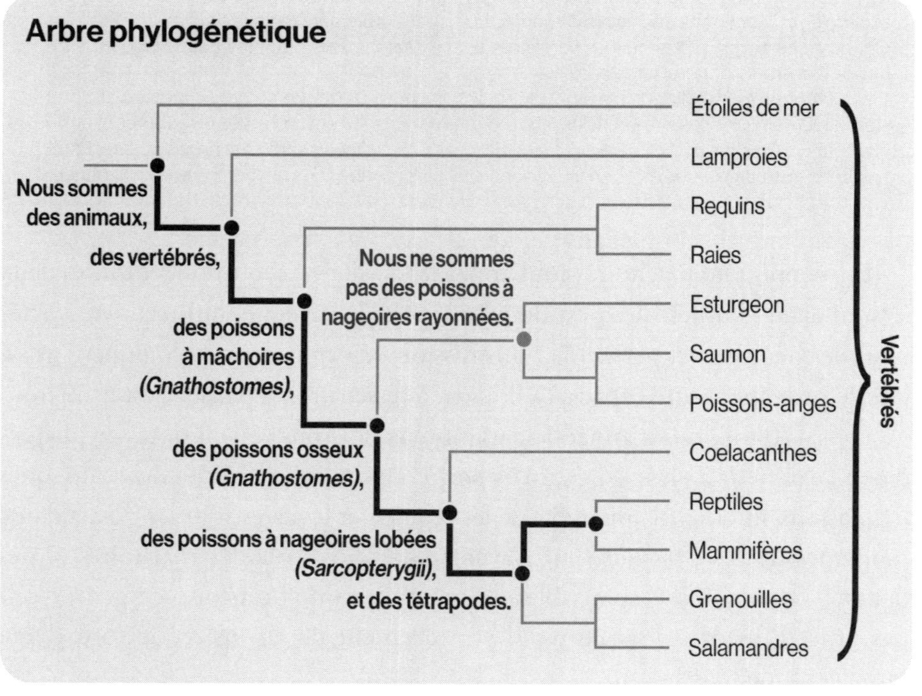

devait être remanié : le fait de se tenir debout sans être anéanti par la gravité, les déplacements différents de la lumière, du son et des odeurs dans l'air par rapport à l'eau. Presque tous les systèmes ont dû être réorganisés. Pendant longtemps, nous avons conservé une relation étroite avec l'eau. Nous nous prélassions dans l'eau pour que notre peau, le principal organe respiratoire, conserve ses fonctions, et nous y retournions pour nous reproduire. De nombreux individus ont fait des erreurs, des erreurs coûteuses, des erreurs mortelles. Tout aurait pu se passer si différemment.

Rétrospectivement, il s'est avéré que les erreurs de nos ancêtres n'ont pas entravé notre survie et parfois elles se sont révélées si utiles qu'on ne peut plus les qualifier d'erreurs. Il semble que nous étions presque prédestinés à découvrir notre propre histoire, et à l'écrire. Rien ne laisse supposer qu'une version « différente de l'évolution » aurait pu conduire les dauphins, les éléphants ou les perroquets ou des organismes encore plus éloignés tels que les abeilles, les pieuvres ou les girolles à découvrir leur propre histoire et à y réfléchir comme nous le faisons.

La plupart du temps, ces premiers tétrapodes, tous amphibiens, restaient près de l'eau. Les individus qui s'aventuraient loin de l'eau prenaient des risques importants, et la plupart d'entre eux sont probablement morts. Ils étaient tous des explorateurs à leur manière. Comme beaucoup d'explorateurs, la plupart d'entre eux ont pris des risques mais leur exploration n'a pas abouti. En revanche, ceux qui n'ont pas péri ont trouvé des paysages inhabités par d'autres vertébrés, et une nourriture abondante. Nos ancêtres amphibiens se sont ainsi répandus sur la terre. Les premières forêts du monde se sont formées dans ce territoire chaud et humide, et des mille-pattes géants et des scorpions ont déambulé et échoué dans de nombreux coins marécageux.

Il y a 300 millions d'années, tous les continents étaient regroupés en une seule masse continentale connue sous le nom de Pangée. Ils s'emboîtaient comme des morceaux de puzzle. La Pangée était un monde chaud et luxuriant dans lequel foisonnaient des plantes et des insectes géants. Les pôles de la planète n'avaient pas encore de glace. Dans ce monde, un nouvel œuf est apparu. L'ancien œuf était simple et fragile, c'est celui qu'utilisent encore les saumons et les salamandres, les grenouilles et les limandes. Ce nouvel œuf, l'œuf amniotique, avait tellement de couches protectrices et nourricières que les individus ont pu s'éloigner de l'eau douce. Enfin, nous n'avions plus besoin d'une aussi grande quantité d'eau. Nous étions les premiers reptiles. Nous étions des amniotes. Nous sommes aussi, toujours et pour toujours, des poissons.

Il y a 300 millions d'années, nous étions sur la terre ferme, avec des poumons et un nouvel œuf. Nous, les amniotes, avons évolué à partir des reptiliomorphes, en gros, des reptiles, donc en tant qu'amniotes, nous sommes aussi des reptiles. Les reptiles se sont divisés et ramifiés, comme le font les clades. Au début de notre vie d'amniotes, une ramification s'est produite entre la lignée qui allait se diversifier pour devenir des reptiles et celle qui allait devenir des mammifères.

Certains reptiles ont perdu leurs dents et ont développé une carapace, et nous les appelons des tortues. Certains reptiles ont développé des langues fourchues et des pénis doubles, et la plupart d'entre eux sont devenus des lézards. Plus tard, certains lézards ont perdu leurs pattes, et certains d'entre eux sont devenus ce que nous appelons aujourd'hui des serpents. Mais même sans pattes, les serpents restent des tétrapodes. En effet, ce n'est pas parce que leur forme change que leur histoire change. Certains reptiles sont devenus des dinosaures, et certains dinosaures sont devenus des oiseaux. (Donc, oui : les dinosaures ne sont pas éteints. Les oiseaux sont des dinosaures. Et les oiseaux sont aussi des poissons).

Les oiseaux et les mammifères ont un ancêtre commun récent qui se trouve à la base de l'arbre des reptiles. Cet ancêtre qui est aussi le nôtre était lent, près du sol, à sang froid et asocial, et n'avait pas beaucoup d'aptitudes cognitives. La lignée qui allait devenir les oiseaux et celle qui allait devenir les mammifères ont toutes deux évolué, indépendamment l'une de l'autre et sans apport de l'autre. Ainsi, ces oiseaux sont devenus des êtres qui courent vite, se tiennent bien droits, se déplacent rapidement et ont de gros cerveaux hyperconnectés. Le fait d'avoir le sang chaud et un gros cerveau est une voie plus coûteuse. Les oiseaux et les mammifères ont géré cette dépense, et ses problèmes de manière différente, mais pour chacun de ces deux groupes, cela a bien fonctionné.

L'apprentissage culturel et la complexité sociale des oiseaux et des mammifères sont plus développés que ceux des autres organismes.

Dans la version particulière de l'histoire que nous avons connue, le fait de courir vite et bien semble avoir contribué à l'évolution de la culture. De nombreuses espèces d'oiseaux vivent longtemps, ont de longues périodes de développement, des taux élevés de monogamie et des liens entre individus qui durent plusieurs saisons, voire toute une vie. Certains couples d'oiseaux se côtoient si étroitement qu'on peut difficilement distinguer leurs chants. On peut dire la même chose de certains couples d'humains.

Arbre phylogénétique

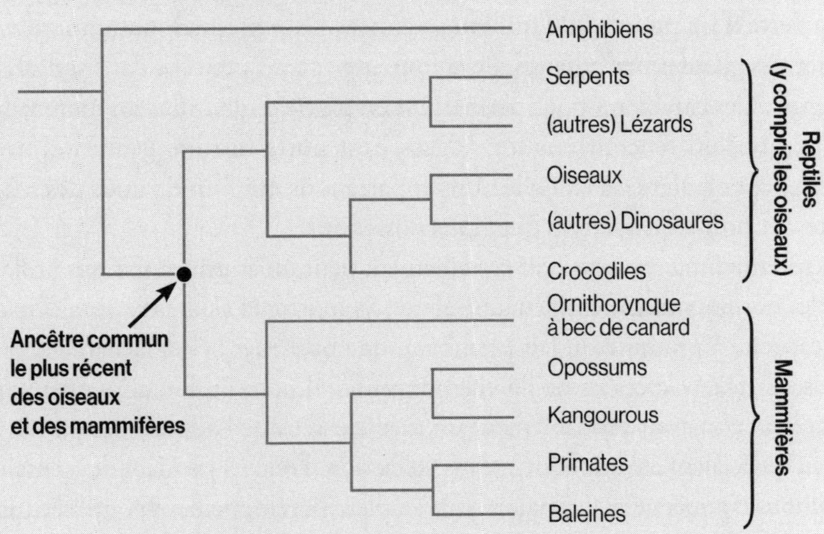

Les relations entre les tétrapodes sont représentées ici. Parmi les reptiles, trois sont dignes d'une attention particulière:

- les serpents sont le plus grand clade de lézards sans pattes ;
- les oiseaux sont le seul clade de dinosaures qui ne s'est pas éteint il y a 65 millions d'années ;
- les tortues (« Testudines ») sont sans ambiguïté des reptiles, mais on ne sait toujours pas qui sont leurs parents les plus proches, ils sont donc exclus de cet arbre.

À la base de l'arbre des reptiles, nos ancêtres ont bifurqué, et les mammifères ont développé une caractéristique éponyme : les glandes mammaires. À l'exception de quelques ornithorynques à bec de canard et d'échidnés qui se trouvent à la base de l'arbre des mammifères, nous, les mammifères, avons également une gestation et une naissance vivante. Les soins parentaux, au moins les soins maternels, sont maintenant devenus inévitables. La communication entre la mère et l'embryon *in utero* prend de nombreuses formes, principalement chimiques. Après la naissance, certaines mères mammifères se contentent de fournir du lait, lui-même source de riches informations immunologiques, développementales et nutritionnelles, mais la plupart d'entre elles protègent leur progéniture et lui enseignent l'essentiel. Une fois que l'anatomie et la physiologie ont imposé certains soins parentaux, d'autres soins ont suivi.

Pourtant nous ne sommes pas des mammifères parce que nous avons des glandes mammaires, ou de la fourrure, ou trois petits os dans notre oreille moyenne. Nous sommes des mammifères parce que nous descendons, sur des dizaines de millions de générations, du tout premier mammifère, qui parcourait la Terre il y a près de 200 millions d'années.[12] Ce premier mammifère avait en effet des glandes mammaires, de la fourrure et trois petits os dans son oreille moyenne. Ces caractères nous permettent en partie d'identifier un mammifère lorsque nous en rencontrons un.[13] Mais c'est notre histoire évolutive, notre ascendance et la lignée à laquelle nous appartenons qui font de nous des mammifères, et non les caractères que nous possédons.

Ce premier mammifère était certainement petit, nocturne et pas très brillant, selon les normes modernes des mammifères. Sa fourrure l'aidait à rester au chaud, et sa capacité à produire du lait permettait de nourrir les bébés facilement et en toute sécurité. Avec ces os de l'oreille moyenne, il pouvait entendre mieux que ses ancêtres et il avait probablement un meilleur sens de l'odorat. Les parties du cerveau qui avaient été impliquées dans l'olfaction (l'odeur) pendant des centaines de millions d'années étaient maintenant en plein développement et utilisées dans de nouvelles fonctions : la mémoire, la planification, l'élaboration de stratégies.

Le cerveau des mammifères est un ensemble de petites parties rusées qui agissent parfois indépendamment des autres, tout en étant intégrées dans une structure plus large qui supervise l'ensemble. Nos hémisphères cérébraux n'étaient pas séparés en deux, comme c'est le cas aujourd'hui, mais la latéralisation permettait des activités asymétriques des côtés gauche et droit. Chez les mammifères, une épaisse bande de fibres nerveuses, le corps calleux, reliait les deux côtés. Ainsi nos cerveaux illustraient la tension qui existe entre la spécialisation et l'intégration des parties.

Le premier mammifère possédait également un cœur à quatre chambres, qui permet de séparer le sang qui vient d'être enrichi en oxygène dans les poumons du sang de celui qui a été appauvri en oxygène lors de son parcours dans le corps. Cela permet d'avoir un système cardio-vasculaire plus efficace et plus performant. Les mammifères sont devenus endothermes (à sang chaud, ils produisent leur chaleur en interne plutôt que de dépendre de sources extérieures). Ils ont développé de nouveaux types d'isolation et ont commencé à expérimenter le sommeil paradoxal. (Et encore une fois, les oiseaux ont eux aussi évolué de manière indépendante, bien que parfois sous une forme différente, par exemple en développant des plumes à la place de la fourrure).

Les premiers mammifères ont également résolu un problème qui se posait à nous depuis notre arrivée sur terre. Lorsque les premiers tétrapodes sont devenus terrestres, leur locomotion latérale, que les salamandres et les lézards utilisent encore, a comprimé leurs poumons, de sorte qu'il était impossible de se déplacer et de respirer en même temps.[14] Cette locomotion d'un côté à l'autre imposait une contrainte de hauteur et limitait la vitesse et la distance que l'on pouvait parcourir avant de devoir se reposer. Quiconque a passé du temps à observer des lézards dans la nature a pu observer les mouvements rapides qui les caractérisent, suivis d'une respiration rapide. Les mammifères ont résolu ce problème en changeant l'axe sur lequel ils ondulent : ils ondulent de haut en bas, plutôt que d'un côté sur l'autre. Nous avions désormais la liberté de courir et de respirer en même temps. C'est une compétence utile.

Ajoutez à cela un autre caractère nouveau des mammifères, le diaphragme, le gros muscle situé sous nos poumons qui coordonne la respiration, et les mammifères pouvaient alors se déplacer plus rapidement, et pendant plus longtemps, que leurs ancêtres. Tout cela a un coût bien sûr, un coût métabolique : il faut beaucoup plus de calories pour faire vivre un mammifère qu'un lézard de la même taille.

Tandis que nous étions désormais en train de courir plus vite et que nous avions plus chaud que jamais, nos capacités de calcul se sont également multipliées. Les premières adaptations des mammifères ont permis une plus grande efficacité dans la circulation sanguine, la respiration, la locomotion et l'audition. Très tôt dans l'histoire des mammifères, nous sommes également devenus plus efficaces pour ronger les objets et nous débarrasser des déchets sous forme d'urine.[15]

En tant qu'êtres humains, nous avons bénéficié de ces innovations évolutives qui datent de plusieurs dizaines de millions d'années, tout comme nos chats, nos chiens et nos chevaux, ainsi que les écureuils, les wombats et les carcajous.

Certaines étapes étaient nécessaires pour que nous devenions ce que nous sommes, mais si l'histoire se répétait, combien d'entre elles seraient nécessaires pour obtenir de tels organismes conscients ? Et si nous pouvions recommencer depuis le début et tenter une fois de plus cette expérience historique qu'est... *la vie sur Terre* ?

Si l'histoire se répétait, il est peu probable que les organismes les plus conscients de la planète auraient un cœur à quatre chambres, cinq doigts, et des yeux construits à l'envers. Mais si l'histoire se répétait, et que des êtres conscients émergeaient à nouveau, la sélection trouverait certainement un moyen, quels que soient les détails, de contourner ses propres défaillances, en créant des cerveaux capables d'envisager l'avenir, même lorsque la sélection elle-même en est incapable.

Il y a 65 millions d'années, la météorite Chicxulub a frappé la Terre près de la péninsule du Yucatán. Son impact a soulevé tellement de poussière que le soleil a été masqué pendant des années. La photosynthèse s'est arrêtée. De l'autre côté de la planète, peut-être suite à Chicxulub, certaines des plus grandes structures volcaniques de la planète, les Trapps du Deccan indien, se sont formées, en rejetant de grandes quantités de gaz qui ont modifié le climat.[16] Des extinctions massives ont suivi, notamment celle de tous les dinosaures (non-aviaires), qui s'étaient plutôt bien débrouillés pendant plusieurs dizaines de millions d'années.

Il n'y a toujours pas de consensus sur le temps qu'il a fallu aux mammifères pour commencer à se diversifier, pour devenir le grand fouillis chaotique de près de 5 000 espèces de mammifères qui existent aujourd'hui sur la planète. La moitié sont des rongeurs, un autre quart des chauves-souris, et le dernier quart est composé de formes aussi variées que des dauphins et des kangourous, des éléphants de mer et des antilopes, des rhinocéros et des lémuriens.

À l'époque où les dinosaures régnaient encore, les primates ont émergé des rangs des mammifères.[17] Contre toute attente, nos ancêtres primates ont réussi à survivre aux extinctions de masse survenues il y a 65 millions d'années, comme l'ont fait tous les ancêtres des autres organismes qui vivent aujourd'hui sur terre.

Il y a 100 millions d'années, bien avant Chicxulub, l'ancêtre commun de tous les humains était un petit primate nocturne vivant dans les arbres. Il était mignon et duveteux[18] et vivait au sein de petits groupes familiaux. En tant que primates, nous avons développé agilité, dextérité et sociabilité. Nous sommes des primates mais nous sommes toujours des eucaryotes, des animaux, des vertébrés, des crâniates, des poissons osseux, des amniotes et des mammifères. Au lieu de renier toute appartenance à un groupe antérieur, chaque groupe successif devient plus spécialisé et apporte davantage de précision. Les primates ont développé des pouces et des gros orteils opposés, ont acquis des coussinets au bout des doigts et des orteils, et des ongles ont remplacé les griffes. Nos mains et nos pieds sont devenus plus adroits et plus adaptés aux activités de motricité fine.

Les premiers primates sont également devenus d'excellents grimpeurs, grâce aux os longs des jambes et des bras qui sont devenus moins figés et moins attachés les uns aux autres. La capacité d'escalade est apparue au prix de la stabilité sur le sol plat, ce qui donnait une raison de plus de traîner dans les arbres.

En tant que primates, nous sommes devenus plus visuels et moins olfactifs. Nos nez ont rétréci, et nos yeux ont grandi. Les primates ne sont pas aussi doués pour les sens chimiques, l'olfaction et le goût, que les autres mammifères. De même que les mammifères qui nous ont précédés sont devenus plus intelligents que leurs ancêtres, nous, les primates, sommes devenus plus intelligents que les autres mammifères. En parallèle, la durée de la gestation s'est allongée, les bébés sont restés plus longtemps dans le ventre de leur mère avant de naître. La taille des portées a diminué, de sorte que les mères avaient moins d'enfants à s'occuper à la fois. La période d'investissement parental après la naissance s'est allongée et intensifiée, et le développement sexuel s'est produit de plus en plus tard, donnant toujours plus de temps aux jeunes primates pour apprendre à ressentir, à penser, à être.

Les singes (*sensu lato*), un sous-ensemble de primates auquel nous appartenons, ont poursuivi ces tendances. Nous sommes devenus presque exclusivement diurnes, et de plus en plus dépendants de la vue. Nos nez ont encore rétréci, et nos yeux se sont agrandis.

Les singes avaient un seul bébé ou des jumeaux plutôt que des portées, par conséquent, les mamelons supplémentaires qui n'étaient pas nécessaires pour nourrir les bébés ont disparu à l'exception de ceux des mâles. Ayant de moins en moins de bébés à s'occuper à la fois, les mères singes, et beaucoup plus rarement les pères singes, passaient plus de temps avec chaque enfant, et lui apprenaient à devenir un singe.

Au lieu de saisons de reproduction, durant lesquelles chaque femelle est fertile, les singes se reproduisaient selon des cycles individuels. On s'accouplait quand les conditions étaient bonnes. Les humains ont transformé le récit en affirmant : « On s'accouple quand on le veut. ». Bien sûr, il est possible de choisir quand et avec qui s'accoupler, mais il existe également des conditions sous-jacentes qui rendent la grossesse plus ou moins probable, et elles sont très certainement liées à nos sentiments, notre désir et nos choix, que nous le sachions ou non. Certaines de ces conditions s'appliquent à l'échelle de la population : en période de famine, presque personne ne se reproduit, car les individus n'ont pas les ressources nutritionnelles et physiologiques nécessaires pour mener une grossesse à terme et le nourrir après sa naissance.

D'autres conditions, en revanche, sont propres à chaque individu : votre corps est-il prêt pour sa première grossesse ? Si vous avez déjà des enfants, quel âge a votre plus jeune enfant ? Est-il sevré ? Avez-vous des enfants plus âgés pour vous aider ? Des sœurs ou des ami(e)s ? Votre compagnon ? Lorsque

Arbre phylogénétique

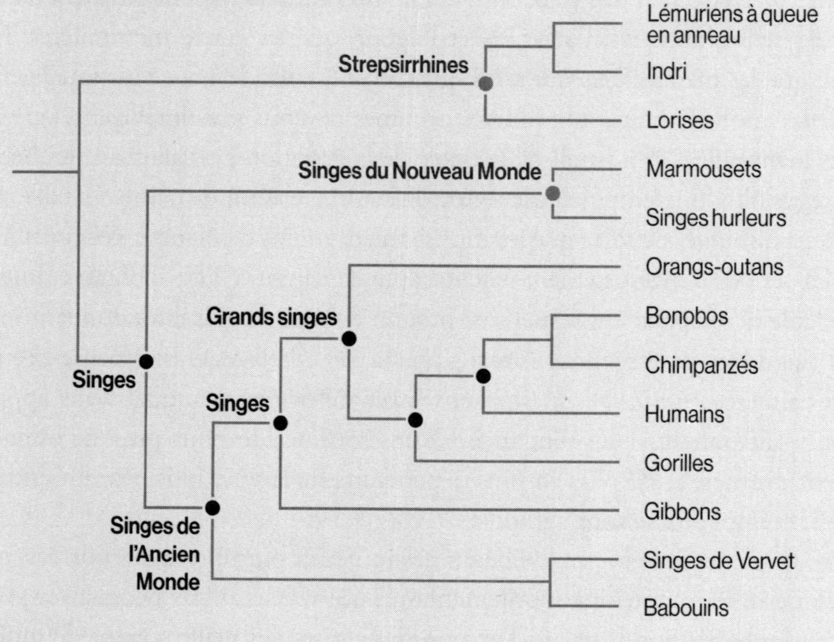

De même que nous sommes des animaux, des vertébrés, des poissons à mâchoires, des poissons osseux, des poissons à nageoires lobées, des poissons à nageoires jaunes et des tétrapodes, nous sommes également des primates, des singes, des singes de l'Ancien Monde et des grands singes.

les saisons de reproduction étaient la règle, le calendrier de reproduction était synchronisé, et les réponses à ces questions variaient moins. Avec les saisons de reproduction, il était également plus facile, pour un seul mâle, de monopoliser les efforts de reproduction de plusieurs femelles. Avec les cycles individuels, la monopolisation de la reproduction des femelles par les mâles est plus difficile, ce qui prépare le terrain pour l'évolution des relations entre les mâles et les femelles, pour l'évolution de la monogamie et des soins biparentaux.

Il y a 25 à 30 millions d'années, les grands singes ont évolué à partir des singes[19], et nous sommes apparus. Parmi ceux qui vivent aujourd'hui, on distingue la catégorie des autres grands singes qui correspondent aux espèces de gibbons. Selon la plupart des observateurs, il s'agit des plus beaux grands singes vivants. Ce sont des individus à fourrure épaisse. Ils vivent en couple dans les forêts tropicales humides d'Asie du Sud-Est. Certaines espèces communiquent entres elles en chantant à l'aube et au crépuscule, pour transmettre leur localisation, certes, mais, peut-être aussi pour transmettre des informations (*Cet arbre a des fruits délicieux.*), des préoccupations (*Vous avez les enfants ?*), ou des intentions (*Je rentre à la maison maintenant. À bientôt.*).

L'une des innovations des singes est la brachiation. Effectivement, nous nous balançons très bien. Les singes que nous avons vus se balancer bras dessus bras dessous à travers les arbres dans les dessins animés étaient en réalité des gibbons, des chimpanzés, ou tout simplement nous-mêmes. Les autres singes, ceux qu'on appelle les grands singes, étaient moins beaux, mais encore plus intelligents. Comme les gibbons, les orangs-outangs vivent dans les forêts tropicales humides d'Indonésie et à proximité. Les gorilles, les chimpanzés et les bonobos sont tous limités à l'Afrique sub-saharienne.

Il y a plus de 6 millions d'années, nos ancêtres (*Homo*) se sont séparés des ancêtres des chimpanzés et des bonobos (*Pan*), qui sont nos plus proches parents vivant aujourd'hui.[20] Des millions d'années se sont ensuite écoulées avant que l'homme moderne évolue, ou que le chimpanzé ou le bonobo moderne évolue, mais on ignore toujours à quoi ressemblait notre ancêtre commun le plus récent. On peut seulement imaginer qu'il ressemblait soit au chimpanzé, soit au bonobo.

Certains imaginent que nous avons des antécédents de chimpanzés, sans le reconnaître. C'est le cas de Thomas Hobbes, philosophe du XVIIe siècle, qui a déclaré que les humains, dans leur « état naturel » (c'est-à-dire sans gouvernement), sont destinés à vivre une vie « solitaire, pauvre, médiocre, brutale et courte ».[21] De la même manière, plus récemment, des sommités intellectuelles, de Sigmund Freud à Steven Pinker, ont imaginé que les humains avaient besoin de la civilisation pour nous sauver de nos instincts les plus bas. Il est vrai que les chimpanzés sont plus enclins à la guerre qu'à la paix et qu'on les retrouve souvent en train de se battre pour leurs territoires.

Les bonobos, en revanche, préfèrent la paix à la guerre, et lorsqu'ils rencontrent d'autres troupes, ils sont plus enclins à partager leur nourriture qu'à se battre.

Mais les humains s'engagent à la fois dans la guerre et dans la paix. Que nous prenions les armes lorsque des étrangers se présentent à notre porte, ou que nous leur distribuions l'aumône et que nous les invitions à partager notre nourriture, nos comportements varient énormément selon les cultures et les contextes. Étant donné que nous avons exactement le même degré de parenté avec les chimpanzés et les bonobos, il n'est guère logique de se tourner vers l'un plutôt que l'autre pour comprendre ce que sont les humains. Nous avons beaucoup à apprendre des deux.

Les chimpanzés et les bonobos, nos plus proches parents vivants, communiquent entre eux grâce aux expressions faciales et aux gestes. Leurs visages n'ont pas la même expressivité que les nôtres, cependant, nous avons plus de contrôle musculaire, et nous avons du blanc dans les yeux*. Leurs gestes sont expressifs et nombreux : un chimpanzé peut demander à un autre de venir avec lui, lui donner un objet ou se rapprocher de lui. Si les chimpanzés émettent également des sons, ceux-ci ne peuvent en aucun cas égaler les capacités linguistiques des humains compte tenu de l'anatomie de leur larynx. Les gestes et les onomatopées concernent avant tout le monde matériel. Au fur et à mesure de l'expansion de leur arsenal linguistique, les humains ont pu explorer l'abstraction plus facilement.

Les êtres humains vivent longtemps et comme plusieurs générations se chevauchent, ils apprenent non seulement de leurs parents mais aussi de leurs grands-parents. Nous avons des grands groupes sociaux permanents, une culture, une communication complexe, des deuils, des émotions et la théorie de l'esprit. Commencez par observer les babouins, les perroquets, les chimpanzés, les éléphants, les chiens de compagnie, les corvidés (corbeaux et geais) et les dauphins. Vous trouverez également ces caractères chez d'autres espèces. Tous ces organismes n'ont pas de lien de parenté proche. Cela montre que cet ensemble de caractères d'apparence humaine a évolué de manière convergente, à plusieurs reprises, au cours de l'histoire.

Il y a 3 millions d'années, l'Amérique du Nord et l'Amérique du Sud se sont réunies pour former l'isthme de Panama, fermant ainsi la connexion entre les océans Pacifique et Atlantique. À l'époque, aucun hominidé ne se trouvait à proximité de l'hémisphère occidental. Ainsi, sans aucune intervention de notre part, la flore et la faune des Amériques ont commencé à s'échanger. Les camélidés se sont déplacés vers le sud et se sont finalement transformés en lamas et en alpagas des Andes. Les marsupiaux se sont déplacés vers le nord, mais la plupart ont aujourd'hui disparu, en ne laissant qu'une petite lignée d'opossums pour représenter les marsupiaux dans l'ensemble du Nouveau Monde.

---

* Note de l'éditeur : il a été montré que les humains sont les seuls à avoir du blanc dans les yeux, ce qui facilite la communication.
https://pursuit.unimelb.edu.au/articles/why-we-show-the-whites-of-our-eyes

Quelque temps après que nos ancêtres aient divergé de *Pan* (chimpanzés et bonobos), ils sont descendus des arbres. Ils y étaient depuis plusieurs dizaines de millions d'années, bien avant même d'être des primates. Peu de temps après être sortis des arbres, nos ancêtres se sont mis debout sur leurs deux jambes. Peu à peu, les membres postérieurs sont devenus dominants, et les gros orteils préhensibles ont été perdus, ce qui a permis à nouveau la stabilité sur un sol plat. La forme du bassin a été modifiée ainsi que la musculature qui l'entoure. L'environnement dans lequel vivaient ces ancêtres n'était pas uniforme. C'est pourquoi le fait de se tenir en hauteur leur permettait de mieux voir au-dessus des hautes herbes africaines et de mieux respirer en se dandinant dans des eaux peu profondes.[22] La nouvelle démarche bipède a modifié la biomécanique du corps ce qui a également permis de se déplacer sur le territoire de manière plus efficace. Ainsi, il est possible que la bipédie ait pu faciliter le développement de nouveaux modes d'acquisition de nourriture : aussi bien la chasse sur de longues distances que la pêche en eaux peu profondes.[23]

À plusieurs reprises, les changements de démarche ont ouvert de nouvelles niches, et donc de nouveaux mondes, à nous et à nos ancêtres. Dans le cas de la bipédie, les mains sont également devenues libres pour porter des objets[24], par exemple des outils. Les corbeaux, les chimpanzés et les dauphins sont connus pour fabriquer et utiliser des outils, mais ils sont tous limités par leur capacité à les transporter. Les humains, eux, peuvent transporter des outils dans le monde sans être freinés dans leurs déplacements. Ils peuvent même utiliser certains outils pendant leurs déplacements (selon les outils).

En outre, le fait de se tenir sur deux jambes a eu des répercussions multiples sur tout le corps, et a finalement permis la restructuration du conduit vocal humain. En effet, nous pouvons maintenant créer plus de sons que n'importe quel autre animal doté de capacités cognitives similaires. Il est possible que la bipédie ait été un précurseur nécessaire à l'acquisition de la parole.[25]

Il y a 200 000 ans, le corps et le cerveau de notre ancêtre commun étaient ceux d'un humain tout à fait moderne. Prenez un ancien *Homo sapiens* de la vallée du Rift africaine, rasez-le, coupez-lui les cheveux (et donnez-lui des vêtements modernes), placez-le dans une rue bondée et animée du XXIe siècle, et il est probable que personne ne le remarque. Bien sûr, il n'aurait aucune idée de ce qui se passe autour de lui. Son matériel serait le même que celui d'un humain du XXIe siècle, mais son logiciel ne le serait pas.

Il y a 200 000 ans, ces humains anatomiquement modernes, étaient des chasseurs-cueilleurs vivant en groupes avec une dynamique de fission-fusion* dans la savane africaine, dans des habitats forestiers ouverts ou sur la côte. Ils vivaient de la cueillette de plantes, de la chasse et de l'abattage d'animaux sauvages et, dans de nombreux endroits, de la pêche. Ils étaient itinérants et ne restaient jamais longtemps au même endroit, bien que beaucoup effectuaient des migrations annuelles régulières. Par exemple, ils retournaient dans des prairies particulièrement fertiles, au moment opportun pour chasser les mammifères herbivores, tels que des gnous et des antilopes, qui étaient revenus pour la même raison.

Aujourd'hui, ce mode de vie est limité à quelques populations humaines, notamment les pygmées Mbuti, les Bushmen, les Kung et les Hadza.

L'histoire des premiers humains est complexe, riche en hypothèses et en interprétations qui s'entremêlent. Nous nous sommes probablement séparés de nos semblables, et puis nous nous sommes réunis de temps à autre pour nous reproduire. Ces histoires, notamment celles des Denisoviens, des Néandertaliens et des hobbits de l'île de Flores, ont été racontées maintes fois.

Les humains ont tendance à entrer en compétition les uns avec les autres : alors que les premiers humains collaboraient de plus en plus pour maîtriser leur environnement, leurs plus grands concurrents sont rapidement devenus les autres. Nous avons réussi à dominer notre environnement grâce à la collaboration, ce qui nous a permis ensuite de nous concentrer sur la concurrence avec les autres membres de notre propre espèce. Nous coopérons pour rivaliser, et cette compétition intergroupe est devenue de plus en plus élaborée, directe et continue, jusqu'à devenir finalement presque omniprésente à l'époque moderne.[26]

Nous passons sans cesse d'un défi à l'autre, nous oscillons entre la dominance écologique et la concurrence sociale, nous sommes devenus experts dans l'exploration de nouvelles niches. Nous sommes les ultimes changeurs de niche.

Il y a 40 000 ans, de nombreuses populations pratiquaient la chasse et la cueillette de manière plus coopératives et durables. À partir de cette époque,

---

* Note de l'éditeur : alternance de regroupement et de séparation. https://fr.wikipedia.org/wiki/Soci%C3%A9t%C3%A9_%C3%A0_dynamique_de_fission-fusion

les archives archéologiques commencent à montrer des traces d'enterrement des morts, d'ornementation personnelle, y compris en utilisant des pigments cutanés, d'art pariétal (art 2D gravé sur des surfaces rocheuses) et d'art mobilier, notamment des instruments de musique.[27] Les preuves archéologiques se sont concentrées sur l'Eurasie, cependant l'art récemment découvert en Indonésie est au moins aussi ancien que l'art rupestre, connu en Europe depuis plusieurs décennies.[28] De nouvelles découvertes se produisent constamment, et nombre d'entre elles bouleversent nos hypothèses sur ce qui fait la spécificité de l'être humain : en Europe, certaines œuvres d'art rupestre datant d'il y a 65 000 ans ont été attribuées à l'homme de Néandertal plutôt qu'à *Homo sapiens*.[29]

Il y a 17 000 ans, lorsque la grotte de Lascaux, dotée de l'art rupestre le plus célèbre d'Europe, était en cours de création, les Béringiens étaient probablement devenus des Amérindiens et se dispersaient sur deux vastes continents.

Il y a 10 000 à 12 000 ans, les gens commençaient à cultiver la terre.

Il y a 9 000 ans, des installations permanentes se sont formées. Au Moyen-Orient, Jéricho pourrait être la première ville de la planète.

Il y a 8 000 ans, à Chobshi, dans les Andes de l'Équateur actuel, des gens se sont réfugiés dans une grotte peu profonde et ils chassaient en faisant tomber des cochons d'Inde, des lapins et des porcs-épics d'une petite falaise. Ils récupéraient les cadavres au fond de la grotte, et les utilisaient pour avoir de la nourriture et fabriquer des vêtements.[30]

Il y a 3 000 ans, une grande partie du paysage de la Terre a été modifiée par les activités humaines, par les chasseurs-cueilleurs, les agriculteurs et les pasteurs.[31]

Il y a 700 ans, de nombreux humains qui se trouvaient en Europe sont morts de famine. Peu d'années plus tard, beaucoup d'autres ont succombé à la peste noire. En Chine, des humains vivaient sous le règne de Kublai Khan, dont l'empire a eu une portée géographique plus grande qu'aucun autre empire auparavant. Certains humains se trouvaient en Mésoamérique, hors de portée de Khan, et participaient à l'édification des Mayas.[32] À travers la planète, les humains vivaient dans une multitude de cultures, de systèmes politiques et de systèmes sociaux. La plupart des populations en savaient peu sur ce qui se passait au-delà de leurs frontières, ils connaissaient seulement leurs plus proches voisins. Il y a 700 ans, seules quelques rares personnes entraient en contact avec d'autres personnes à l'autre bout du monde, et partageaient des idées, de la nourriture, une langue. Les déplacements de ces quelques personnes étaient limités par la vitesse des voiles et des chevaux, plutôt que par une vitesse proche de celle de la lumière.

Les humains ont conservé la grande majorité de ces innovations acquises au cours de notre histoire : du cerveau aux os, de l'agriculture aux bateaux. Nous respirons de l'air et produisons de la chaleur. Nous avons des cœurs efficaces, qui parfois nous font défaut. Nous avons des membres, des mains et des pieds. Nous sommes adroits, agiles et sociaux. Nous marchons debout, ce qui nous permet de porter des objets sur de longues distances.

Nous n'avons que quelques enfants à la fois, et ces enfants apprennent grâce à leurs aînés, et grâce aux uns et aux autres. Nos expressions faciales peuvent nous unir, notre langage un peu moins. Nous utilisons des outils pour fabriquer des outils plus complexes.

Nous vivons en groupes et nous avons une hiérarchie. Nous nous impliquons dans des échanges réciproques, nous échangeons à la fois des cadeaux et des coups. Nous coopérons pour être compétitifs. Nous avons des lois et des dirigeants, des rituels et des pratiques religieuses. Nous admirons l'hospitalité et la générosité. Nous admirons la beauté, dans la nature et chez les autres. Nous dansons et chantons. Nous jouons.

Nos différences sont fascinantes, et nos similitudes font de nous des êtres humains. Maintenant que nous comprenons notre histoire profonde et le temps qu'il a fallu pour devenir humain, nous pouvons commencer à explorer les innovations modernes, et mieux comprendre les implications de notre histoire ancienne et la façon dont elle façonne notre lien avec la modernité. Nous vivons des changements dans tous les domaines : notre corps, notre alimentation, notre sommeil, et bien d'autres encore. Nombre de ces changements sont intervenus de manière si rapide et si marquée qu'il n'est pas surprenant de constater qu'ils créent des dommages difficiles à réparer.

Chronologie

Clé
bya = milliard d'années
mya = million d'années
kya = millier d'années
ya = années auparavant

Toutes les dates sont approximatives, et l'espacement entre les lignes est imprécis.

3,5 milliards d'années	La vie commence
2 bya avant notre naissance	Nous sommes des eucaryotes
600 millions d'années	Nous sommes des animaux
500 mya	Nous sommes des vertébrés
380 mya	Nous sommes des tétrapodes
300 mya	Nous sommes des amniotes
200 mya	Nous sommes des mammifères
100 mya	Nous sommes des primates
25-30 mya	Nous sommes des singes
6 mya	Division de *Pan* et *Homo*
200 kya	Nous sommes des humains
40 kya	Nous sommes des artistes
10-12 kya	Nous sommes des agriculteurs
9 kya	Nous sommes des citadins
150 ya	Nous sommes des industriels

Chapitre 3

Corps anciens, monde moderne

Les Bochiman San d'Afrique du Sud, dont la plupart ont été des chasseurs-cueilleurs jusqu'à ces dernières dizaines d'années, n'avaient guère de soucis avec les illusions d'optique qui posent problème aux Occidentaux.

Considérez deux lignes identiques en tous points, sauf aux deux extrémités où figurent deux pointes de flèches allant dans des directions opposées. Elles nous paraissent être de longueurs différentes, pourtant elles sont égales. Nos yeux et notre cerveau nous induisent en erreur. Lorsqu'on nous demande d'effectuer une tâche simple, évaluer quelle file d'attente est la plus longue, nous avons tendance à échouer. Les San n'ont pas ce problème.[1]

L'illusion de Müller-Lyer

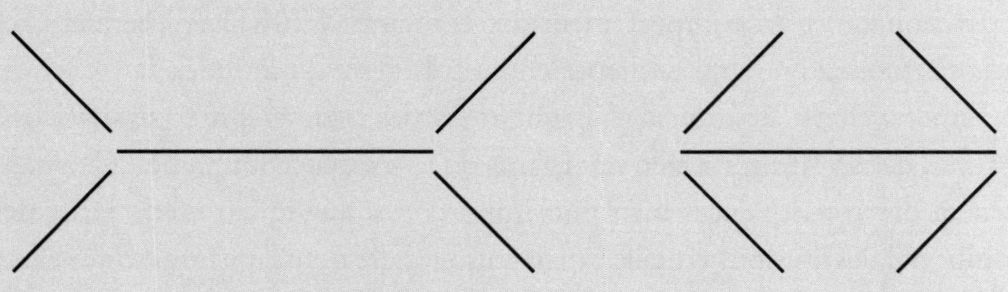

Si vous éleviez un bébé américain parmi les San, ce bébé, une fois adulte, n'aurait pas le même problème d'illusion d'optique que ses parents. De même, élevez un enfant San à Manhattan, et il sera trompé par l'illusion. Dans ce cas, les capacités sensorielles sont déterminées par les différences d'expérience et d'environnement *et non* par des différences génétiques.

La plupart des lecteurs de ce livre vivent probablement dans des pays « WEIRD » (BIZARRES en français) : il s'agit des pays Occidentaux (***W****estern* en anglais) ; leur population est Instruite (***E****ducated* en anglais) ; leur économie est **I**ndustrialisée ; et ils sont plutôt **R**iches et **D**émocratiques. En tant que sociétés, nous avons bénéficié de l'industrialisation et de la démocratie, qui ont amélioré la qualité de vie de presque tous les habitants de ces pays, mais les changements à l'échelle de la société ont de nombreuses conséquences négatives et involontaires. S'il est clair pour la plupart des gens que l'environnement WEIRD du XXIe siècle a élargi le menu des expériences possibles que nous avons à notre disposition, il est moins évident qu'elle limite d'autres expériences, souvent à notre détriment. Pourquoi nous laissons-nous berner par une simple série de lignes, alors que cela n'arrive pas aux San ? Cette illusion est liée à la modification de notre sphère visuelle : nos maisons sont propres, climatisées et géométriques. Il a été montré que priver les chatons de certains apports visuels altère leurs capacités visuelles à l'âge adulte.[2] De la même façon, il est possible que notre confort et nos commodités modernes dépossèdent effectivement nos organismes WEIRD et que nous perdions des capacités. Ou peut-être que notre capacité visuelle est adaptée à notre environnement uniformément géométrique. Quoi qu'il en soit, la modernité nous affecte de manière profonde, et le fait de ne pas le comprendre est inquiétant.

Nous avons cependant une certitude : les modèles de comportement humain et de psychologie, souvent réalisés à partir d'études empiriques menées par des étudiants de premier cycle, sont probablement des analyses exactes de la psychologie et du comportement des étudiants WEIRD de premier cycle, mais ces modèles ne sont pas représentatifs du reste du monde.

En effet, il est désormais clair que nous, les habitants des pays WEIRD, sommes des absurdités à bien des égards de l'expérience humaine.[3] Ce phénomène a des conséquences bien plus importantes que le fait d'être facilement trompé par des illusions visuelles, mais comprendre pourquoi nous sommes sensibles à de telles illusions peut donner un aperçu des risques de l'hyper-modernité. Il est probable que nos maisons et nos terrains de jeu très géométriques, qui constituent une grande partie de ce que nous voyons pendant notre petite enfance, calibrent nos yeux de telle sorte que nous souffrons beaucoup plus de ces illusions que le reste du monde. Cette géométrie, que nous considérons généralement comme acquise, est en partie née de la possibilité de couper le bois dans des scieries et d'obtenir du bois rectiligne et calibré.

Lorsque les populations ont commencé à couper le bois dans des scieries et à construire des maisons avec du bois rectiligne et calibré, personne n'a pensé à s'interroger sur les éventuelles conséquences de cette avancée sur notre expérience et nos capacités humaines. Le bois rectiligne et calibré et les angles droits qui en résultent sont des caractères nouveaux de l'environnement de l'homme moderne. Comment ont-ils changé notre perception du monde ? Un des objectifs de ce livre est de redéfinir votre approche du monde, de manière à ce que vous vous posiez ces questions, même si vous ne connaissez pas les réponses.

Comparons le changement provoqué par les angles droits avec un exemple de changement évolutif qui est de nature génétique : la persistance de la lactase chez les Européens adultes.

La plupart des adultes dans le monde ne peuvent pas tolérer le lactose (le sucre présent dans le lait) dans leur alimentation, car ils ont cessé de produire de la lactase, l'enzyme qui décompose le lactose. Le lactose est un sucre étrange que l'on trouve uniquement dans le lait des mammifères. Aucune autre espèce de mammifère ne continue à boire du lait après le sevrage. Même parmi les humains, les Occidentaux sont une exception. La plupart des Asiatiques et des Amérindiens, ainsi que de nombreux Africains, ne boivent pas de lait. Ainsi, le caractère qui nous intéresse n'est pas l'« intolérance au lactose » qui se produit chez la majorité des humains, mais plutôt la « persistance de la lactase » observée chez une minorité d'entre nous qui continue à apprécier les produits laitiers à l'âge adulte.

La valeur adaptative de la possibilité de manger des produits laitiers à l'âge adulte varie selon les populations. Les pasteurs d'origine européenne ont domestiqué plusieurs espèces de mammifères, et ils tiraient de nombreux avantages de ces animaux, par exemple, la viande, la laine et les peaux, et le lait en faisait partie. L'invention de techniques culinaires permettant de conserver les produits laitiers pour une consommation ultérieure, par exemple sous forme de fromage et de yaourt, a encore augmenté la quantité et la fréquence des produits laitiers dans l'alimentation des adultes.

De même, les habitants des hautes latitudes (par exemple les Scandinaves) tirent un avantage adaptatif de l'association du lactose et du calcium présents dans le lait. Beaucoup d'entre nous connaissent le rôle que la vitamine D est censée jouer pour faciliter l'absorption du calcium, lui-même essentiel à la croissance et à la solidité des os, mais la vitamine D est peu synthétisée aux pôles du fait du manque de soleil. Il s'avère que le lactose est un substitut fonctionnel de la vitamine D car il facilite l'absorption du calcium. Le lait joue donc un rôle protecteur contre le rachitisme. Enfin, chez les peuples du désert, l'un des plus grands risques est la déshydratation. Être capable de digérer le lait fournit deux avantages : à la fois un apport nutritionnel et un apport hydrique.[4]

Quel mécanisme explique donc la persistance de la lactase dans certaines populations humaines telles que les pasteurs européens, les Scandinaves, les peuples sahariens comme les Bédouins ? L'explication a plusieurs facettes, mais elle est relativement simple : la plupart des personnes qui consomment du lait et leurs descendants présentent une variante génétique qui confère la capacité à digérer le lactose à l'âge adulte alors que cette variante est rarement observée chez les populations qui ne consomment pas régulièrement de lait après le sevrage.[5]

Élevez un bébé d'origine japonaise en France comme s'il avait été élevé dans son pays, il y a peu de chances que cet enfant puisse apprécier un chou à la crème. Élevez un bébé d'origine française au Japon et cet enfant pourra consommer des produits laitiers, mais ils seront probablement peu disponibles. La persistance de la lactase provient de conditions environnementales particulières mais ce caractère s'est ensuite implanté au niveau génétique, permettant alors d'être transmis d'une génération à l'autre. Il apporte un avantage dans certains environnements, mais pas dans tous. Cependant, le fait de se trouver dans une partie du monde qui apprécie les produits laitiers ou qui les rejette n'affecte pas la capacité à les digérer.

Après la découverte de la double hélice de l'ADN, on a commencé à confondre les caractères évolutifs avec les caractères génétiques. Les termes *évolutionniste* et *génétique* ont commencé à être utilisés de manière interchangeable. Ainsi, au fil du temps, il est devenu de plus en plus difficile de parler d'un changement évolutif qui ne soit pas génétique. Si Darwin avait eu connaissance des travaux de Gregor Mendel sur les pois, ou s'il avait été là pour assister à la découverte de l'ADN, il aurait été heureux de connaître un mécanisme d'adaptation par sélection naturelle, mais nous pensons qu'il n'aurait pas supposé que c'était le seul mécanisme de ce type. L'amalgame entre les caractères évolutifs et génétiques s'est ancré dans la culture populaire, comme dans la dichotomie entre « inné versus acquis ». Une fois encore, souvenez-vous du principe Oméga (les gènes et les phénomènes épigénétiques tels que la culture sont inextricablement liés, et ils ont évolué ensemble pour améliorer les gènes). La question « inné versus acquis » n'a aucun sens non seulement car la réponse est presque toujours « les deux », ou car les catégories elles-mêmes sont imprécises, mais aussi parce que la question essentielle est plutôt de comprendre pourquoi un caractère donné est apparu.

Une fois que vous avez compris que l'évolution a un objectif commun, le mécanisme précis d'apparition de ce caractère importe peu.

La fausse dichotomie entre l'inné et l'acquis est perturbante, car elle interfère avec une compréhension plus nuancée de ce que nous sommes et des forces évolutives qui nous ont amenés là où nous sommes. La modification de la sensibilité aux illusions d'optique observée dans les pays WEIRD n'est pas moins évolutive que la modification de la capacité à digérer les produits laitiers chez les peuples européens et bédouins. Cette dernière modification a une composante génétique, et nous n'avons aucune raison de penser que la première a également une composante génétique. Pourtant, ces deux caractères sont aussi évolutifs l'un que l'autre.

Si les maisons pleines d'angles droits nous ont rendus plus sensibles à certains types d'illusions d'optique[6], et ont altéré notre capacité visuelle, quels pourraient être les autres coûts de notre mode de vie WEIRD ? Dans les années 1990, vous auriez été considéré comme un fou si vous aviez suggéré que passer vos journées de travail assis à un bureau pouvait avoir des effets à long terme sur la santé cardiovasculaire ou le risque de diabète de type 2. Plus maintenant.[7]

Les angles droits créent une plus grande susceptibilité à certaines illusions d'optique. Une dépendance excessive à l'égard des chaises engendre toutes sortes d'effets négatifs sur la santé.

Quelle influence ont eu les déodorants et les parfums sur notre capacité à sentir les signaux émis par notre corps ? Quelle influence nos vies remplies d'horloges ont eu sur notre sens du temps ? Quelle influence ont eu les avions sur notre sens de l'espace ? Quelle influence a eu Internet sur nos sens des compétences ? Quelle influence ont eu les cartes sur notre sens de l'orientation ? Quelle influence a eu l'école sur notre sens de la famille ? Vous avez compris.

Dans ce livre, nous ne plaidons pas pour un abandon de la technologie. Il n'y a pas de solution simple aux nombreux problèmes qui se posent dans un monde hyper-moderne. Au contraire, nous préconisons une application prudente du principe de précaution.

Face à une question d'innovation, le principe de précaution tient compte du risque de s'engager dans une activité particulière et recommande la prudence lorsque le risque est élevé. Dans les cas où il y a une grande incertitude sur les résultats d'un système, c'est-à-dire lorsque ce que l'on peut en attendre n'est pas clair, le principe de précaution invite à entreprendre les modifications des structures existantes lentement, voire à ne pas les entreprendre du tout.

Il s'agit par exemple des effets négatifs susceptibles d'apparaître si la société commence, par exemple, à charpenter des angles ou à alimenter le réseau électrique avec des réacteurs nucléaires.

En d'autres termes, ce n'est pas parce que vous *pouvez* adopter une innovation que vous *devez le faire.*

L'adaptation et la clôture de Chesterton

À l'université, Bret avait une amie qui a eu une appendicite et qui a été emmenée d'urgence à l'hôpital juste avant que son appendice n'éclate. C'était une expérience traumatisante et effrayante, pour elle et pour ses amis. Beaucoup d'entre nous connaissent des histoires similaires, et nous savons tous que c'est un risque : notre appendice peut éclater, alors pourquoi un tel risque dans notre corps ? Pourquoi avons-nous cet organe reconnu comme étant ancestral ?

Au début du XXe siècle, les médecins se posaient la même question. Nombre d'entre eux sont arrivés à la conclusion que non seulement l'appendice, mais aussi l'ensemble du gros intestin, constituaient un danger pour l'homme et que « leur suppression serait accompagnée d'heureux résultats ».[8] C'était une voix rare qui suggérait que nos structures pouvaient être adaptatives et qu'il pouvait y avoir, au contraire, une inadéquation entre nos corps et les changements qui s'accélèrent rapidement, conséquences de notre vie dans un contexte post-industriel.[9]

L'appendice, nous dit-on maintenant, est ancestral. Mais *ancestral* est le terme souvent utilisé qui sous-entend « nous ne savons pas quelle est sa fonction ». L'évolution nous a-t-elle vraiment laissé un organe qui n'est rien d'autre qu'un coût, qui présente des risques pour notre santé et qui peut être facilement retiré par voie chirurgicale ?

Il s'avère que la réponse est non. Bien sûr que la réponse est non.

Il y a de nombreuses années, Bret a mis au point une grille d'évaluation en trois parties pour déterminer si l'on doit présumer qu'un caractère donné est une adaptation. Il s'agit d'un test prudent, dans la mesure où il identifie correctement certains caractères comme des adaptations, alors qu'il ne fournit pas de diagnostic pour d'autres caractères qui sont pourtant des adaptations. (Dans le langage des tests d'hypothèses, le test peut donc produire des faux négatifs, des erreurs de type II, mais pas de faux positifs, des erreurs de type I). Ce test révèle donc la preuve suffisante, mais non nécessaire, qu'un caractère est une adaptation.

Test d'adaptation en trois parties

Si un caractère :
1. est complexe ;
2. a des coûts énergétiques ou matériels, qui varient selon les individus,
3. et, est durable au cours de l'évolution ;
alors on peut supposer qu'il s'agit d'une adaptation.

Prenons l'exemple du mouvement, la natation nécessite une coordination considérable des systèmes anatomiques, physiologiques et neurologiques (entre autres), et peut donc être considérée comme complexe. En comparaison, la dérive, qui est par définition ce que fait le plancton, est simple. Bien que la nage du saumon et la dérive du plancton soient probablement toutes deux adaptatives, ce test d'adaptation ne permet pas de conclure que la dérive planctonique est une adaptation, car il échoue à la composante « complexité ». De nombreuses pages pourraient être consacrées à déterminer la complexité, les variations et la durabilité mais l'essentiel est de considérer ce test comme une grille d'évaluation et non comme un test quantifiable.

Il existe clairement des caractères adaptatifs qui ne répondent pas aux normes rigoureuses de cette grille d'évaluation. Par exemple, l'absence de pigment dans la fourrure d'un ours polaire et la perte de poils chez un rat-taupe nu sont deux cas dans lesquels le caractère en question implique une économie plutôt qu'un coût.[10] En revanche, lorsque cette grille d'évaluation révèle qu'une caractéristique est une adaptation, il s'agit réellement d'une adaptation. Associé au principe Oméga, cela signifie que lorsque nous observons un modèle comportemental complexe, comme le catholicisme, la musique ou l'humour, nous n'avons pas besoin de savoir si ce caractère est basé sur les gènes. Même si un caractère est transmis partiellement ou entièrement en dehors du génome, il est raisonnable de présumer que son objectif global est l'amélioration de l'aptitude génétique.

Essayons d'utiliser cette grille d'évaluation pour l'appendice humain. L'appendice est une excroissance du gros intestin, que l'on trouve chez quelques mammifères, notamment chez les primates, les rongeurs et les lapins. Il abrite des micro-organismes intestinaux avec lesquels nous entretenons une relation mutualiste. Le microbiote que nous hébergeons et que nous nourrissons nous permet de lutter contre les maladies infectieuses et facilite la digestion et le développement de notre système immunitaire. De plus, l'appendice n'est pas constitué comme l'intestin environnant, il contient du tissu immunitaire[11] (*la première composante est validée*). Sa croissance et son entretien nécessitent également des ressources énergétiques et physiques, et sa taille et sa capacité varient à la fois entre les individus et entre les espèces (*la deuxième composante est validée*). Enfin, l'appendice a une histoire. Il existe depuis plus de cinquante millions d'années chez les mammifères[12] (*la troisième composante est validée*).

L'appendice humain est donc vraisemblablement une adaptation.

Cependant, conclure que l'appendice est une adaptation, ne nous donne pas d'informations sur le *rôle* de cette adaptation. Le fait que l'appendice contienne du tissu immunitaire et qu'il héberge le microbiote intestinal mutualiste est un bon indice de sa fonction. Une hypothèse récente suggère qu'il s'agit d'un « refuge » pour la flore intestinale avec laquelle nous vivons, c'est-à-dire que l'appendice offre un abri pour que la flore se réfugie lorsque nous souffrons d'une maladie gastro-intestinale et que notre corps purge les pathogènes en nous donnant la diarrhée.[13] La diarrhée, aussi désagréable soit-elle, est généralement une réponse adaptative. Cependant, elle a aussi des effets négatifs, elle entraîne notamment une déshydratation et une perte de la flore intestinale mutualiste et bénéfique. Après une telle maladie, l'appendice repeuple l'intestin avec la « bonne » flore intestinale.

Jusqu'à récemment, tous les humains souffraient probablement d'épisodes fréquents de ces maladies. Le fait que la plupart des lecteurs puissent probablement se souvenir, avec détails, d'un épisode de cette maladie qui les a laissés épuisés et les a littéralement vidés est révélateur. Nous souffrons si rarement de maladies gastro-intestinales qu'elles nous paraissent inhabituelles. En revanche, les maladies diarrhéiques sont courantes dans les pays non-WEIRD, les pays non-occidentaux, et constituent une cause importante de mortalité, notamment chez les enfants.[14]

Plus de 5 % des habitants des pays WEIRD auront une inflammation de l'appendice à un moment donné de leur vie, et sans intervention médicale 50 % d'entre eux mourront.[15] Pourtant, l'appendicite est presque inconnue dans les pays non industrialisés, sauf dans les régions où le mode de vie occidental a été adopté.[16] À l'inverse, dans les endroits où la diarrhée est encore courante, l'appendicite est beaucoup plus rare. Peut-être que l'appendice, qui est devenue un fardeau pour les personnes du XXIe siècle vivant dans les pays industrialisés, continue d'avoir de la valeur pour ceux qui vivent dans des pays où ils sont davantage exposés aux agents pathogènes.

Ainsi, l'appendicite est un trouble du monde WEIRD, le monde occidental. Il en va de même pour de nombreuses allergies et de nombreux troubles auto-immuns pour lesquels il existe des preuves solides, et de plus en plus nombreuses, en faveur de l'« hypothèse hygiéniste ». La thèse hygiéniste postule qu'étant donné que nous vivons dans un environnement de plus en plus propre et que nous sommes donc de moins en moins exposés à des micro-organismes, notre système immunitaire n'est pas suffisamment préparé et développe donc des problèmes de régulation, tels que des allergies, des troubles auto-immuns et peut-être même certains cancers.[17] Selon l'hypothèse hygiéniste, notre système immunitaire ne fonctionne pas comme prévu par l'évolution, parce que nous avons trop nettoyé notre environnement.

Notre appendice semble avoir subi le même sort que nos systèmes immunitaires. L'appendice était un important réservoir de bonnes bactéries pour compenser les épisodes de diarrhée, au cours desquels le corps se débarrasse des bactéries intestinales pathogènes. En l'absence de diarrhées fréquentes, il devient un handicap.

Il y a une parabole importante à évoquer ici, c'est la clôture de Chesterton, nommée d'après le philosophe et écrivain du début du XXe siècle G. K. Chesterton, l'homme qui a été le premier à la décrire. La clôture de Chesterton incite à la prudence lorsqu'il s'agit d'apporter des changements à des systèmes qui ne sont pas entièrement compris. Ce concept est lié au principe de précaution.

Voici ce que raconte Chesterton à propos d'une « clôture ou d'une porte érigée en travers d'une route » :

> Un réformateur moderne s'en approche gaiement et dit : « Je ne vois pas l'utilité de tout cela ; débarrassons-nous-en ». Des réformateurs plus intelligents et bien inspirés répondent : « Si vous n'en voyez pas l'utilité, je ne vous laisserai certainement pas la retirer. Partez et réfléchissez. Ensuite, quand vous pourrez me dire que vous en voyez l'utilité, revenez et je pourrai vous autoriser à la détruire. »[18]

Chesterton a écrit cet article à l'époque où certains médecins avaient décidé que le gros intestin était un gaspillage d'espace dans le corps humain. Si la clôture de Chesterton suggère qu'une clôture ne doit pas être enlevée avant d'avoir un aperçu de sa fonction, l'appendice et le gros intestin pourraient être appelés « les organes de Chesterton ». Soyez vigilants sur les autres choses que les humains modernes essaient de supprimer sans avoir suffisamment compris leur rôle. Pas seulement sur les organes de Chesterton, mais aussi ses dieux et son lait maternel, sa cuisine et ses jeux.

Les compromis

La clôture de Chesterton nous rappelle que les choses qui ont été construites par des humains, ou qui ont été sélectionnées sur de nombreuses générations, sont susceptibles d'avoir des avantages cachés. Au moment où les médecins du début du XXe siècle déclaraient que l'appendice et le gros intestin étaient non seulement inutiles, mais aussi dangereux, les personnes qui connaissaient la théorie de Darwin, ou celle des compromis (ou les deux), auraient dû être capables de freiner ce processus. Quel que soit le problème perçu concernant le gros intestin, il aurait été intelligent d'essayer de comprendre quel avantage il apportait avant de le mettre au rancard et de le jeter.

Il y a toujours des compromis à faire. Il existe des centaines voire des milliers d'intérêts opposés distincts dans un organisme donné, alors comment savoir où commencer à chercher les relations de compromis ? En fait, choisissez deux caractères quelconques, et vous avez une relation de compromis. Les compromis existent, comme les pics d'un paysage adaptatif, qu'ils aient été découverts ou non.[19]

De manière générale, il existe deux types de compromis.[20]

Les compromis d'*attribution* sont les plus évidents, les plus étudiés et les plus connus. Ce sont ceux auxquels les gens pensent quand vous dites simplement « compromis ». Étant donné qu'en biologie de nombreuses choses sont équilibrées (c'est-à-dire qu'il existe une quantité finie de ressources dans lesquelles puiser, la taille du gâteau ne change pas), il est facile de comprendre que, si un cerf souhaite obtenir une plus grande paire de bois, il faut que quelque chose lui en donne. Pour obtenir de plus grands bois, il faut en emprunter ailleurs : peut-être perdre de la densité osseuse ou dépenser d'autres réserves. Dans certaines conditions, le cerf pourrait peut-être commencer à manger davantage et à faire pousser ses bois, mais cela soulève la question suivante : si c'était si simple, et que manger plus apportait cet avantage, qu'est-ce qui empêchait le cerf de le faire auparavant ? En supposant que quelque chose contraigne le régime alimentaire et qu'il ne puisse simplement pas être augmenté, faire pousser de plus grands bois signifie avoir moins de quelque chose d'autre.

Le deuxième type de compromis est la *contrainte de conception*. Contrairement aux compromis d'attribution, les compromis des contraintes de conception sont insensibles aux suppléments. Vous ne pouvez pas simplement ajouter plus de quelque chose pour résoudre le problème. Par exemple, la robustesse (en gros, le fait d'avoir de gros os et d'être musclé) est précieuse, tout comme l'efficacité de la locomotion, mais on ne peut pas maximiser les deux en même temps. Encore une fois, il faut faire des compromis et le problème ne peut pas être résolu avec plus de ressources. De même, si vous êtes un oiseau (ou une chauve-souris, ou un avion), vous pouvez voler rapidement ou avec agilité, mais si vous essayez d'optimiser les deux, vous ne serez que moyennement rapide et adroit. Un autre oiseau sera plus rapide, un troisième oiseau sera plus agile, mais vous, vous pourrez être un généraliste, ce qui a aussi des avantages.

Le compromis entre vitesse et agilité est facilement visible dans la forme des poissons.[21] Par exemple, le corps en forme de disque des Pterophyllums (scalaires) leur permet de faire du sur-place et de tourner à angle droit pratiquement sans bouger. C'est utile sachant que l'une des principales activités de leur vie est de grignoter sur les coraux. Comparez cependant la forme des Pterophyllums à celle de la sardine. Avec un corps long et fin, la sardine est plus adaptée à la vitesse en ligne droite. Elle peut probablement faire un bon virage avant l'attaque d'un prédateur, mais elle ne peut pas rester immobile.[22]

Les compromis de contraintes de conception révèlent donc qu'on ne peut pas être à la fois le plus rapide et le plus agile ou bien être à la fois le plus robuste et le plus efficace.

Plus concrètement, on ne peut pas non plus être le plus rapide et le plus discret.[23]

Bien sûr, les humains parviennent très bien à éviter certains compromis. Par exemple, nous avons résolu le compromis entre rapidité et impénétrabilité en construisant pour élargir notre périmètre. Nous avons étendu nos phénotypes.[24] La domestication des chevaux et l'avènement des châteaux ont permis à certains humains d'être à la fois rapides et impénétrables. Et comme nous l'avons évoqué au chapitre 1, il semble que nous avons également surmonté les obstacles du compromis entre spécialistes et généralistes.

L'être humain est une espèce très généraliste. Les individus et les cultures sont capables d'approfondir et de se spécialiser dans une multitude de contextes et de compétences. Près du cercle polaire, se spécialiser dans la chasse aux phoques est un moyen de survie, mais cela n'a aucun intérêt à Sydney, à Oxford ou à Ouagadougou. Les environnements difficiles ont tendance à exiger une spécialisation culturelle. Dans des environnements moins difficiles, les cultures et leurs populations peuvent s'épanouir si elles sont globalement prévoyantes, tout en encourageant la spécialisation des individus. À leur apogée, les Mayas comptaient de nombreux agriculteurs, mais aussi des scribes et des astronomes, des mathématiciens et des artistes. Si l'on avait demandé à l'un de ces artistes ou astronomes de justifier sa part de la récolte, ils auraient eu des difficultés à le faire. Les généralistes, c'est-à-dire les personnes qui sont capables de voir la valeur du travail physique et celle du travail intellectuel, celles qui ont peut-être essayé les deux types de travail mais ne sont probablement pas les meilleures dans l'un ou l'autre, sont souvent nécessaires pour révéler la valeur d'un type de spécialisation à un autre.

Mais malgré toute notre ingéniosité, nous ne pouvons pas échapper à tous les compromis. Présumer que nous le pouvons est l'une des erreurs du cornucopianisme. Cette croyance imagine que le monde contient tellement de ressources et d'ingéniosité humaine que, comme par magie, les compromis ne sont plus nécessaires (ce sujet est à nouveau abordé dans le dernier chapitre du livre). La folie des crédules peut créer l'illusion que nous avons vaincu les compromis. Cette vision est liée au cornucopianisme, et il est même possible qu'elle le renforce. Pourtant nous sommes aveuglés par la richesse et l'opulence de nos gains à court terme. C'est un mirage. Les compromis sont toujours là, et le coût de toute cette richesse sera payé, soit par ceux qui vivent ailleurs, soit par nos descendants.

Les compromis sont inévitables, mais ils ont des conséquences remarquables : ils sont le moteur de l'évolution de la diversité. Les multiples solutions alternatives développées par les plantes en sont un bon exemple : la photosynthèse, le processus par lequel les plantes transforment la lumière du soleil en sucre, se produit chez la grande majorité des plantes sous une forme connue sous le nom de photosynthèse en C3. Ce type de photosynthèse fonctionne mieux dans des conditions favorables aux plantes, c'est-à-dire lorsque les températures et l'ensoleillement sont modérés, et que l'eau est abondante. La photosynthèse en C3 nécessite que les pores des feuilles, les stomates, qui permettent l'absorption de dioxyde de carbone, soient ouverts au moment où la lumière du soleil alimente la photosynthèse. Ce type de photosynthèse en C3 s'accompagne donc d'une importante perte d'eau par les stomates. Par conséquent, les plantes en C3 ne se portent pas bien dans les endroits où l'eau est limitée. Lorsque les plantes ont commencé à s'implanter dans des environnements plus marginaux, tels que les déserts, la photosynthèse en C3 a posé un problème particulier, et deux nouvelles formes de photosynthèse sont apparues grâce à l'évolution. L'une d'entre elles est la photosynthèse CAM[25], qui permet aux plantes de séparer le moment où elles ouvrent leurs stomates pour absorber le dioxyde de carbone de celui où la lumière du soleil alimente la photosynthèse. L'ouverture des stomates a lieu la nuit, lorsque les températures sont plus faibles, ce qui limite l'évaporation et permet aux plantes CAM, comme les cactus et les orchidées, de conserver l'eau.

La photosynthèse CAM a toutefois un coût : son fonctionnement nécessite en effet plus de ressources métaboliques que la photosynthèse en C3. Mais dans les environnements où la lumière du soleil est abondante mais pas l'eau, la photosynthèse CAM l'emporte haut la main sur la photosynthèse en C3. La réponse biochimique n'est pas la seule solution au problème de la perte d'eau : une modification morphologique peut également se produire. Lorsqu'un organisme diminue son rapport surface/volume, et devient de plus en plus sphérique, la quantité d'eau perdue en surface est réduite. Il n'est pas nécessaire de faire des calculs mathématiques : les cactus plus sphériques perdent moins d'eau que les cactus longs et maigres parce que leur surface, le siège de la perte d'eau, est réduite par rapport à leur volume. Ainsi de nombreuses plantes ont recours à de multiples stratégies et développent notamment des voies métaboliques alternatives, sous la forme de photosynthèse CAM, et des changements morphologiques pour réduire la perte d'eau.

Tout au long de cet ouvrage, nous verrons les compromis qui existent dans les systèmes qu'il s'agisse de préoccupations anatomiques et physiologiques ou de préoccupations sociétales et nous montrerons comment le fait de ne pas les reconnaître peut être désastreux.

Les coûts et les plaisirs quotidiens

Est-ce que le fromage sent bon ?

Les Français ont décrit le spectre aromatique des fromages en le comparant avec la distance des « toilettes au fond du jardin ».[26] Les fromages piquants sont les plus proches, les plus doux sont les plus éloignés. Pourtant, la proximité d'un fromage donné avec les toilettes de la métaphore n'indique pas s'il est recommandé par la personne qui le décrit. En fait, les fromages les plus prisés sont souvent ceux qui présentent les odeurs des toilettes les plus fortes. Ainsi, si de nombreux fromages ont une mauvaise odeur, la connotation positive ou négative de cette odeur est une question de goût, qu'on ne peut mesurer avec des chiffres.

À moins que ce soit possible ?

De tous nos sens, l'olfaction a été le sens le plus difficile à expliquer. Il s'est avéré le plus résistant au réductionnisme du laboratoire[27], et le plus déroutant pour élaborer les synthèses dont les théoriciens raffolent. L'expérience subjective de l'odeur est encore moins bien comprise. Les sentiments qu'une personne éprouve à l'égard d'une odeur particulière varient considérablement. Les différences sont parfois arbitraires, et en grande partie liées à la culture et l'expérience. En outre, même les individus ne sont pas cohérents avec eux-mêmes au cours de leur vie d'adulte. Les réponses à une odeur donnée varient en fonction du contexte, de l'expérience et parfois même de la connotation narrative.

Si vous lisez ce livre, vous êtes probablement désavantagé lorsqu'il s'agit de comprendre la situation difficile de nos ancêtres. Il est probable que vous n'ayez jamais eu *vraiment* faim. Nous pouvons dire presque le contraire de la grande majorité de nos ancêtres. La plupart des créatures ont faim la plupart du temps. Toute population qui dispose de plus de ressources qu'il n'en faut aura tendance à croître jusqu'à ce qu'il n'y ait plus de surplus. Toute population qui dispose de trop peu de ressources déclinera naturellement. Cela implique que les populations ont tendance à trouver leur limite supérieure, également appelée capacité de charge puis à osciller autour. Ainsi, si vous vous intéressez à un ancêtre au hasard, il y a de fortes chances pour que vous observiez qu'il désire plus de nourriture qu'il n'en possède.

Comme vous n'avez probablement jamais eu vraiment faim, il vous est difficile de comprendre à quel point la nourriture est précieuse. En effet, vous avez probablement accès à *plus* de nourriture que vous en avez besoin. Nous, les individus modernes, avons du mal à imaginer les risques qu'il vaut la peine de prendre pour trouver plus de nourriture, les efforts que l'on peut raisonnablement faire pour protéger ce que l'on a, et l'intérêt des éventuelles innovations technologiques qui permettent aux gens d'augmenter la valeur de la nourriture qu'ils ont déjà acquise. Il est raisonnable d'affirmer qu'*une calorie préservée est une calorie trouvée*. Une unité de nourriture a encore plus de valeur si vous pouvez la capturer en période d'abondance et la consommer en période de disette.

Alors que nous avons tendance à penser que le but de la cuisine est de rendre les aliments plus savoureux, une grande partie des nombreuses traditions culinaires du monde ont des objectifs plus pratiques : détoxifier les aliments, améliorer leur valeur nutritionnelle et les protéger des concurrents microbiens lorsque nous les transportons dans un autre lieu ou que nous les conservons dans le temps. Nous salons et fumons les viandes pour que les micro-organismes qui tentent de les attaquer meurent de déshydratation. Nous faisons des conserves de fruits avec des concentrations élevées de sucre pour la même raison. Nous pasteurisons et congelons les légumes périssables pour tuer les microbes qui s'y trouvent déjà et éliminer tous les nouveaux venus. Ce ne sont pas les seules techniques à notre disposition, de nombreuses cultures ont appris l'art de combattre les micro-organismes à la mandoline. En effet, nous faisons pourrir les aliments en toute sécurité, afin qu'ils ne puissent pas pourrir dangereusement.

Lorsque vous vous trouvez devant un pot à lait après que les bactéries de l'environnement ont commencé à envahir son contenu, votre nez vous donne des indications claires sur ce que vous devez faire ensuite. Même si cette bouteille à moitié pleine a encore une valeur nutritionnelle considérable, le coût potentiel de sa consommation dépasse celui de sa mise au rebut. C'est pour ça que ça pue. La puanteur est une manière que la nature utilise pour vous dire qu'il faut éviter à tout prix de boire ce lait. Cette observation donne un aperçu du risque lié à la consommation du lait des animaux domestiques. Le lait a évolué pour nourrir les bébés directement à partir des glandes mammaires de leur mère. En tant que tel, le lait est plein de nutriments. Mais comme le lait est destiné à être consommé immédiatement, avec peu ou pas de contact avec le monde extérieur, il n'a aucune défense contre les bactéries de l'environnement, et nous, les modernes, devons recourir à des conditions extrêmes, telles que la pasteurisation et la fermeture hermétique suivie d'une réfrigération, juste pour conserver le lait pendant une semaine ou deux. Il est clair qu'un ancêtre qui devait conserver du lait pendant un hiver long et maigre avait besoin d'une meilleure solution.

Le fromage est une des solutions. En faisant pourrir le lait avec précaution, le lait peut être conservé indéfiniment grâce à des bactéries et des champignons cultivés artificiellement et non pathogènes pour l'homme. Le fromage est une solution si élégante à ce problème qu'une fois fabriqué, même un bloc de fromage colonisé par de mauvaises bactéries à l'extérieur peut être débarrassé d'une fine couche en surface pour révéler le fromage frais et non contaminé qui se trouve en dessous.

Le hic, c'est que l'homme est programmé pour être dégoûté par l'odeur du lait avarié car, en général, c'est une mauvaise idée de consommer tout produit qui a été envahi par des microbes. Comment passer outre l'ancienne sagesse, afin de profiter, sur le plan métabolique et culinaire, de la consommation de fromage ? Notre nez et notre cerveau travaillent-ils en tandem pour nous aider à éviter l'odeur et le goût du lait avarié ?

Si vous êtes né dans une culture qui a perfectionné l'art de la fabrication du fromage, être repoussé par *tous* les types de lait avarié est coûteux. Nous avons besoin d'un moyen de distinguer ce qui est bon et ce qui est mauvais. Le fait que quelque chose sente un peu comme des toilettes au fond du jardin n'est pas un guide suffisant.

Quand Heather faisait des recherches sur une petite île au large des côtes de Madagascar dans les années 1990, elle dormait dans une tente, se douchait dans une cascade et son régime alimentaire était presque entièrement composé de riz. Au milieu d'une saison sur le terrain qui a duré plusieurs mois, elle et son assistant ont reçu un gros bloc de fromage. Se pâmant pratiquement d'avance, ils ont préparé des simples macaronis au fromage et les ont offerts aux deux agents de conservation malgaches avec lesquels ils partageaient l'île.

Les hommes se sont penchés pour sentir ce qui était proposé, puis ont littéralement reculé et se sont bouchés le nez. Il n'y a pas de fromage dans la cuisine malgache.

Pour nous, individus modernes, le fait qu'un fromage soit vendu dans un magasin est un indicateur assez fiable de son innocuité, nous savons ainsi qu'il ne va pas déclencher une guerre microbienne dans nos intestins. Chez un ancêtre, le comportement des membres de sa famille fournirait le même genre de renseignements. En fin de compte, c'est le résultat qui fait foi. Si l'on goûte un produit laitier qui a été contaminé avec soin et que l'on ne tombe pas malade dans les heures et les jours qui suivent, alors ce produit est sans danger. Cette découverte s'ajoute aux informations que la bouche et l'appareil digestif ont acquises sur le contenu nutritionnel. Si la bouche et l'appareil digestif sont satisfaits, comme c'est le cas avec le fromage, l'odeur, quelle qu'elle soit, indique que l'aliment à une grande valeur. C'est vrai, même si ça pue un peu.

Nous pourrions raconter une histoire similaire sur les « œufs de mille ans », la choucroute, le kimchi ou sur de nombreux autres produits alimentaires conservés avec soin dans le monde entier.

Voici ce que nous avons appris jusqu'à présent : nous sommes tous nés avec des règles de base sur ce que nous devons ou ne devons pas manger. Une pêche sent bon. Une palourde qui est restée au soleil sent mauvais. La viande grillée sent bon. La charogne sent mauvais. Ces règles permettent une première estimation de la valeur nette d'un aliment potentiel, mais si l'on s'arrête là, nous passerons à côté de beaucoup de produits nutritifs et comestibles. Or, pour une créature affamée, ce qui est le cas de presque toutes les créatures, ce n'est pas une mince affaire. Un système secondaire a donc évolué pour nous permettre de réévaluer les aliments en fonction d'informations empiriques qui peuvent être recueillies auprès de nos proches (via la culture), ou découvertes dans un désarroi motivé par la faim (via la conscience). Nous réexaminons constamment les aliments en fonction de leur valeur réelle, au lieu de se baser uniquement sur nos réactions initiales. Nous pouvons acquérir un goût pour le café parce qu'il nous stimule, et aimer la bière parce qu'elle nous apporte autant d'énergie que le pain et qu'elle se conserve plus longtemps que ce dernier. Si c'était la fin de l'histoire, nous pourrions être tranquilles.

En règle générale, les personnes des pays WEIRD ont beaucoup de nourriture, elles peuvent définir et redéfinir leurs préférences comme elles le souhaitent, et une personne n'a pas besoin d'aimer ce qu'une autre personne aime.

À notre époque moderne, les goûts et les préférences sont devenus de plus en plus arbitraires car nos normes culturelles sont devenues génériques, mondiales et axées sur le marché.

Mais ce n'est pas la fin de l'histoire. La nouveauté évolutive met également son nez dans l'histoire de l'odorat. Est-ce que les solvants sentent bon ? Malheureusement, beaucoup d'entre eux ont des odeurs agréables. Bien sûr, ils sont toxiques, nous le savons et nous devons donc clairement redéfinir leur place dans nos intérieurs pour éviter de les ingérer. Mais cette mise à jour ne va pas assez loin. La plupart des mauvaises odeurs de notre monde ancestral sont des avertissements pour nous alerter sur le danger d'une interaction avec un élément : il vaut mieux ne pas entrer en contact avec du vomi, par exemple, ou de la chair en décomposition. Cependant, l'*odeur* de vomi, de charognes ou de cadavre humain ne constitue pas un danger en soi.

Ce n'est pas le cas pour de nombreuses odeurs auxquelles nous sommes désormais trop souvent exposés. Non seulement de nombreux solvants ont une odeur agréable, mais le simple fait de les sentir est en soi dangereux. Notre système d'alerte donnait le message suivant : si ça sent mauvais, méfiez-vous. Mais il a évolué au fil du temps et il n'est pas fiable pour deux raisons : (1) de nombreux solvants sentent bon pour certaines personnes, et (2) leur odeur est suffisante pour causer des dommages physiologiques. Parmi les solvants qui sentent bon pour certaines personnes et qui sont toxiques, citons l'acétone, largement utilisé comme dissolvant pour vernis à ongles, le toluène, qui était utilisé dans les marqueurs magiques jusqu'à récemment et qui est encore présent dans de nombreuses marques de ciment caoutchouc, et dans l'essence. Si nous n'essayons pas d'éviter de respirer lorsque ces odeurs parfois agréables sont présentes dans l'air, nous nous faisons du mal.

Pire encore, certaines substances véritablement toxiques et dangereuses que l'on trouve dans le monde moderne n'ont aucune odeur détectable. C'est le cas du gaz naturel et du propane, et chacun d'entre eux est capable d'atteindre de telles concentrations que la moindre étincelle, même l'arc électrique qui suit l'activation d'un interrupteur, peut créer une explosion massive. Aucun de nos ancêtres n'a eu à se préoccuper du problème de l'accumulation et de l'inflammation des gaz explosifs, et la sélection n'a donc pas développé de réaction naturelle de dégoût ou d'alarme.

Le danger est si grand que les post-industriels modernes ont bricolé une solution : ils ont exploité un circuit conçu pour le dégoût parce qu'il attire et retient efficacement notre attention. Avant que le propane et le gaz naturel ne soient acheminés dans votre maison ou livrés dans un réservoir situé à l'extérieur, on leur ajoute du tétrahydrothiophène. Ce composé donne à ces gaz discrets une odeur sulfureuse unique, semblable à celle des chaussettes sales ou des choux pourris. Nous reconnaissons facilement cette odeur et nous nous sommes désormais adaptés pour la trouver préoccupante.

Considérons le dioxyde de carbone (CO_2), qui déclenche une profonde alarme lorsque les concentrations augmentent dans un espace confiné. Ce n'est pas une substance toxique, mais il entraîne une asphyxie s'il est présent à forte concentration. Nos détecteurs de CO_2 sont si anciens et si profondément ancrés en nous que même les personnes ayant des lésions cérébrales à l'amygdale, ces personnes qui ne paniquent jamais dans d'autres circonstances effrayantes, se retrouvent prises de panique lorsque les concentrations en CO_2 sont élevées.[28]

Par comparaison avec le CO_2, le monoxyde de carbone (CO) est extrêmement dangereux : il se lie à l'hémoglobine, déplace l'oxygène et provoque un sommeil tranquille dont on ne se réveille pas.

Pourquoi, alors, avons-nous un détecteur interne pour le CO_2 qui est dangereux à haute concentration mais non toxique, alors que nous n'avons pas de détecteur pour le monoxyde de carbone, une substance toxique mortelle ?

La réponse est liée à la nouveauté de l'évolution. Les animaux absorbent de l'oxygène et expirent du CO_2.

Il est possible que nos ancêtres se soient parfois retrouvés dans des espaces clos qui leur apportaient temporairement une protection et une sécurité, mais que la respiration humaine transformait en espaces mortels au fil du temps. Un détecteur qui rend un animal nerveux et anxieux, et qui lui donne envie d'aller ailleurs pendant que sa grotte se remplit de CO_2 est un équipement essentiel. Disposer d'un tel détecteur pour le monoxyde de carbone serait formidable mais ce besoin est avant tout moderne car il est une conséquence de la combustion industrielle. Il n'y a pas de raison de penser qu'un détecteur de CO est plus difficile à créer qu'un détecteur de CO_2 par la sélection naturelle, mais il est tout simplement trop récent pour faire déjà partie de notre équipement.

Lorsque Harry Rubin, le grand-père maternel de Bret, était ingénieur chimiste chez RCA dans les années 1940, il a été exposé à des substances dont l'innocuité pour les humains n'était pas garantie (l'OSHA, agence américaine de la sécurité et de la santé au travail n'existait pas encore). Lorsqu'Harry devait traverser des nuages de gaz de nature inconnue, il retenait sa respiration, ce qui lui valait une réputation de peureux. Au Pléistocène, les hommes ont probablement appris à être courageux, et ils ont développé les compétences nécessaires pour être productifs, en partie en se moquant les uns des autres lorsqu'ils faisaient preuve de lâcheté. Le monde post-industriel super-nouveau rend cependant cette stratégie dangereuse. Au Pléistocène, les grands risques pour la survie de l'homme étaient les autres personnes et de temps en temps les hippopotames. Ainsi, les modèles développés avec les sens et les tendances de l'évolution, et l'aide des pairs, étaient suffisants. Toutefois, lorsque les risques comprennent des produits chimiques qui n'ont jamais été expérimentés par un autre être humain, la situation est très différente. Harry était un aventurier. À 60 ans, il a appris à skier et il a escaladé le Mont Whitney avec Bret, mais il était également conscient de ce qu'il ne savait pas, et ne pouvait pas savoir. Il a survécu à ses collègues chimistes, qui sont morts précocement et il a vécu jusqu'à l'âge de 93 ans.

La leçon à tirer de tout cela est claire. La sélection nous a équipés d'une capacité à sentir une large gamme de composés dans notre environnement. Nous sommes également nés avec un guide approximatif des types d'odeurs qui doivent nous attirer et de celles qui doivent nous rebuter. Ce guide est grossier et imparfait, basé sur des environnements passés qui ne correspondent plus tout à fait aux circonstances actuelles.

La capacité humaine à remodeler notre monde olfactif en fonction des informations glanées auprès d'autres personnes ou dans l'environnement lui-même serait suffisante si le progrès technologique n'avait pas modifié notre environnement à une vitesse démesurée. Aujourd'hui, nous créons et nous amassons des objets mortels que nos ancêtres n'auraient jamais rencontrés, et que nous sommes donc incapables de détecter. L'odorat n'est plus un système efficace de détection des dangers par anticipation, car la détection et les dommages sont désormais associés dans de nombreux cas. Comme nous le verrons à plusieurs reprises, le problème auquel l'homme moderne est confronté est la multitude des nouveautés. Bien que nous soyons faits pour gérer la nouveauté, le XXIe siècle se caractérise par plus de nouveautés que nous n'en avons vues dans le passé. Nous sommes confrontés à de nouveaux niveaux de nouveauté, et la sélection ne peut tout simplement pas suivre.

UN NOUVEAU REGARD

- **Soyez sceptique vis-à-vis des solutions nouvelles conçues pour répondre à des problèmes anciens**, en particulier lorsque ces nouveautés sont difficiles à inverser si vous changez d'avis plus tard. Les technologies nouvelles et audacieuses, de la chirurgie expérimentale à la fission nucléaire, en passant par l'arrêt du développement humain par des hormones, peuvent être merveilleuses et sans risque. Mais il est probable qu'il y ait des coûts cachés (ou pas si cachés que ça).

- **Reconnaissez la logique des compromis et apprenez à vous y adapter.** La division du travail permet aux populations humaines de faire des compromis que les individus ne peuvent pas faire. En se spécialisant dans différents habitats et niches, l'espèce humaine réussit à faire des compromis qu'aucune population ne peut faire seule.

- **Apprenez à reconnaître vos propres tendances.** Examiner vos habitudes et votre corps. Qu'est-ce qui vous incite à manger ? À faire de l'exercice ? À consulter les réseaux sociaux ? Comprendre les schémas de vos comportements vous donne une meilleure chance de les contrôler.

- **Cherchez la barrière de Chesterton** et invoquez le principe de précaution lorsque vous touchez à des systèmes ancestraux. Souvenez-vous de ceci : « ce n'est pas parce que tu *peux* faire quelque chose que tu *dois le faire.* »

Chapitre 4

La médecine

Quand Heather était petite, elle avait souvent des angines. À l'âge adulte, les streptocoques ont disparu, mais elle a commencé à avoir des laryngites au moins une fois par an, parfois même plusieurs fois par an. C'était si intense qu'elle perdait régulièrement sa voix et ne pouvait plus faire de conférences. Une fois, en 2009, elle a fait la brève présentation suivante à ses étudiants, par le biais d'un texte qu'elle a présenté sur un écran.

> La réponse de la profession médicale à mes fréquentes laryngites est que je dois absolument prendre des médicaments contre les laryngites, puis d'autres médicaments pour neutraliser les effets secondaires des premiers médicaments. Pourquoi ces médicaments-là ? Car dans certains cas, ils réduisent l'inflammation qui est à l'origine de la laryngite. Quels sont les symptômes communs entre ces cas et le mien ? Les professionnels de la santé ne savent pas. De plus, ils ne semblent pas s'en soucier. Ils me conseillent juste de prendre les médicaments.
>
> Je ne suis pas leurs recommandations.
>
> Le traitement de la grande majorité des problèmes médicaux par des médicaments, plutôt que par un véritable diagnostic, affaiblit la capacité du système médical à poser un diagnostic. Cela nuit également à la diffusion des informations : comment savoir qui est malade, ce qu'il/elle a, et d'où cela vient, si tant de personnes prennent des traitements pharmaceutiques dont les effets secondaires sont inconnus.

> Quand je me présente à la porte de l'établissement médical avec une nouvelle laryngite, on me demande : « Vous prenez nos médicaments ? » Quand je leur dis non, ils refusent de prendre toute responsabilité. Ils estiment ne pas pouvoir m'aider parce que je ne suis pas leurs instructions.

Suivre des instructions alors que les personnes qui les donnent semblent n'avoir aucune idée de ce qu'elles font, ni pourquoi, n'est ni honorable ni intelligent. Le système médical s'est montré réticent à adopter la pensée évolutive. Il choisit plutôt des solutions médicamenteuses qui créent trop souvent de nouveaux problèmes et masquent les difficultés sous-jacentes au lieu de les guérir.

S'il y avait un véritable « problème » à résoudre et s'il suffisait d'actionner un simple interrupteur biochimique sans déclencher des compromis inacceptables, le prétendu problème aurait déjà été « résolu » par la sélection.[1]

Le monde moderne est rempli de tellement de nouveautés qu'émettre un diagnostic est devenu de plus en plus difficile. Ajoutez à cela la solution miracle que les produits pharmaceutiques promettent de fournir, l'omniprésence de réponses simples et souvent erronées diffusées sur Internet et les tendances commerciales qui poussent les professionnels de la santé à consacrer de moins en moins de temps aux patients. Alors, il ne faut pas s'étonner que de nombreuses personnes se sentent invisibles, oubliées ou rejetées par la médecine moderne. Une maladie chronique, des maux de tête constants et inexplicables, une vague douleur là où il ne devrait pas y en avoir, trop de gens en viennent à vivre avec une ou plusieurs de ces affections, dont certaines s'avèrent être bien plus que de simples affections. Dans ce chapitre, nous souhaitons vous fournir quelques outils qui vous aideront à comprendre et à améliorer votre propre santé.

En ce qui concerne les laryngites récurrentes de Heather : quelques années plus tard, elles ont pratiquement disparu sans qu'elle ait eu recours aux médicaments. Il n'y a jamais eu de diagnostic ni d'explication.

Des arguments contre le réductionnisme

Lorsque des papillons monarques sont élevés en captivité, ils ne savent pas comment migrer.[2] Les indris sont des grands lémuriens qui mangent constamment des dizaines d'espèces de feuilles.[3] Essayez de les garder en captivité, et vous découvrirez que vous ne pouvez pas reproduire leur régime alimentaire ni leur apporter suffisamment de feuilles pour les maintenir en vie. À Hawaï, les rats posent problème car ils dévorent les récoltes de canne à sucre (c'est un problème créé par les humains). On a pensé avoir trouvé une solution en faisant venir des mangoustes pour manger les rats. Cependant, peu après, les habitants se sont retrouvés dans un paysage où les oiseaux, les reptiles et les mammifères indigènes avaient disparu, alors qu'il y avait toujours beaucoup de rats.

Rien de tout cela ne devrait nous surprendre : les systèmes complexes sont tout à fait complexes. Les réduire à quelques éléments facilement observables et mesurables peut donner l'impression d'avoir réussi, mais le réductionnisme revient généralement à la charge pour ceux qui le pratiquent. Ajoutez à cela la possibilité récente de pouvoir isoler et synthétiser des molécules qui provoquent des changements physiologiques, et nous avons une recette pour médicaliser le monde. Cette médicalisation nuit souvent à notre santé, sans l'améliorer.

L'approche moderne de la médecine, que l'on peut qualifier de réductionniste, se révèle clairement dans le scientisme, un concept mal nommé mais important, introduit par Friedrich Hayek, un économiste du XXe siècle.[4] Il a observé que des institutions et des systèmes non engagés dans la science, reproduisent et utilisent trop souvent les méthodes et le langage de la science pour obtenir des résultats qui ne sont généralement pas scientifiques du tout. Non seulement nous voyons des mots comme *théorie* et *analyse* utilisés pour des idées clairement non théoriques et non analysées (et souvent non analysables), mais, pire encore, nous assistons à la multiplication d'une sorte de faux calculs, dans laquelle tout ce qui peut être compté l'est. Or, une fois que les calculs sont faits, la tendance est de renoncer à toute autre analyse.

Lorsque nous parvenons à identifier une approximation de quelque chose, une catégorie, nous pensons la connaître. C'est particulièrement vrai si l'indicateur est quantifiable, c'est-à-dire si des chiffres peuvent y être associés, même s'ils sont erronés. En outre, une fois cette catégorie identifiée, nous cessons souvent de chercher du sens hors des catégories, car notre système formel de carottes et de bâtons n'existe qu'au sein des catégories.

Appeler cela « scientisme » est une erreur. De même qualifier les programmes eugéniques du début et du milieu du XXe siècle en Europe et en Amérique de « darwinisme social » est une erreur. Le scientisme est une dégradation des outils de la science, tout comme le darwinisme social est une dégradation des idées de Darwin et une mauvaise compréhension de la théorie de l'évolution.

L'erreur du scientisme est aggravée par l'impression que nous sommes simplement des machines, avec des règles et des codes fixes, plutôt que des personnes. C'est l'approche de l'ingénieur appliquée aux humains (par opposition à l'approche du biologiste), et elle sous-estime complètement la complexité et la variabilité de l'être humain. Tout le monde est susceptible de commettre cette erreur : nous cherchons des paramètres, et une fois que nous en avons trouvé un qui est à la fois mesurable et pertinent pour le système sur lequel nous essayons d'agir, nous imaginons par erreur qu'il s'agit du seul et unique système de mesure pertinent. Les calories sont devenues la mesure à suivre en matière d'alimentation, surtout pour ceux qui essaient de perdre du poids. Pourtant, les calories issues des glucides, des protéines, des graisses et de l'alcool ont des effets différents sur l'organisme. Les produits pharmaceutiques sont devenus le traitement préféré des troubles mentaux. Il est également vrai que de nombreuses formes de détresse mentale ont été diagnostiquées par erreur comme des troubles.

Prenons l'exemple de Laura Delano, la femme qui a fait l'objet d'un article écrit par Rachel Aviv et publié dans un excellent numéro de *New Yorker* en 2019, après avoir reçu des prescriptions abusives de médicaments psychotropes pendant des années. Laura était douée dans de nombreux domaines. Elle était jolie, et vue de l'extérieur, elle avait tout pour réussir. Soudain, alors qu'elle étudiait à Harvard, son monde intérieur a commencé à se décomposer. Les psychiatres sont intervenus en posant une série de diagnostics, dont un trouble bipolaire et un trouble de la personnalité et ils lui ont prescrit plus de dix-neuf médicaments psychiatriques différents en quelques années seulement. Ses médecins considéraient ses médicaments comme des instruments de précision, mais aucun d'entre eux ne la soulageait de ses sentiments chroniques de vide et de désespoir. Elle les a même utilisés une fois pour tenter de se suicider. « Je prenais des médicaments comme si j'étais une machine calibrée avec précision. La moindre erreur pouvait me déstabiliser », écrit Laura.[5]

Finalement, Laura a trouvé suffisamment de ressources, aussi bien internes qu'externes, pour se sevrer des médicaments et pour considérer ses émotions et ses humeurs comme fondamentalement humaines, plutôt que comme des problèmes à résoudre. Certaines affections justifient sans aucun doute une intervention pharmaceutique. Cependant, une approche moins réductrice du corps humain, comme celle que Laura a finalement adoptée, nécessite de reconnaître ce que nous avons été et ce que nous faisons depuis la plus grande partie de notre histoire.

Nous ne sommes pas des « machines calibrées avec précision ». Nous sommes des êtres incarnés, avec des systèmes de rétroaction entre le cerveau et le corps, les hormones et l'humeur, qui ne peuvent pas être expliqués ni réglés avec de simples interrupteurs. Le fait de bouger notre corps, comme nos ancêtres l'ont toujours fait sans avoir besoin d'y penser, a des effets positifs sur la santé mentale.[6] C'est une première approche plus efficace que les ordonnances pour traiter les troubles de l'humeur. Le rôle de l'exercice physique régulier dans l'amélioration des résultats des patients hospitalisés en psychiatrie fait de plus en plus l'objet de recherches, et les résultats sont prometteurs.[7] Les programmes modernes d'exercice physique ont tendance à décomposer nos activités, par exemple : activité cardiovasculaire, musculation, souplesse. Toutefois, la pratique d'activités plus anciennes, qu'il s'agisse de marche ou de sport d'équipe, de jardinage ou de chasse, comprend souvent tous les aspects de l'activité physique sans qu'il soit nécessaire de planifier ou de compter.

En outre, nous sommes tous différents, ce qui fonctionne pour une personne peut ne pas fonctionner pour une autre. Cette variation entre les individus est peut-être l'observation la plus importante des observations évolutives. Heather avait l'habitude d'enseigner l'anatomie comparée aux étudiants de premier cycle, ce qui consistait en dix semaines de dissections de requins et de chats. Chaque étudiant apprenait à bien connaître ses échantillons en étudiant les systèmes viscéral, musculaire, circulatoire et nerveux. Il y avait toujours un ou deux étudiants qui voulaient éviter les laboratoires et apprendre la matière dans un livre ou en ligne. Pourtant, apprendre l'anatomie dans un livre ne remplacera jamais le fait d'être dans une pièce avec vingt échantillons d'une même espèce. L'anatomie comparée consiste en principe à mener des comparaisons entre les espèces, mais la comparaison de différents individus d'une même espèce est, d'une certaine manière, encore plus intéressante. Par exemple, pourquoi les points d'attache des muscles ne varient-ils jamais entre les individus d'une même espèce, alors qu'il peut y avoir de grandes différences dans l'anatomie circulatoire ? En effet, même des vaisseaux importants comme les veines jugulaires peuvent emprunter des chemins différents. L'explication est simple : la fonction d'un muscle change s'il est connecté à un point final différent, alors que la voie particulière empruntée par un vaisseau circulatoire importe peu. L'essentiel étant que le vaisseau arrive à destination. Cette variation entre les individus contribue également à la difficulté de déterminer à l'avance si une solution qui a fonctionné pour une personne fonctionnera pour une autre.

Avoir conscience des risques du réductionnisme lorsque nous choisissons ce que nous mangeons

La vanilline est-elle la même chose que la vanille ? Le THC est-il identique à la marijuana ? Non. Dans les deux cas, une seule molécule n'est pas représentative de l'ensemble, même si elle est active et importante pour l'expérience humaine de l'ensemble (vanille, herbe).

Dans le cas de la vanilline, les répercussions sont uniquement culinaires : les aliments aromatisés à la vanilline n'ont pas la même intensité que la vanille. Dans le cas du THC, considéré depuis longtemps comme le principal constituant psychoactif du cannabis, des plantes ont été croisées afin d'augmenter uniquement la concentration de cette molécule. Cela a permis de produire des plantes qui vous feraient certainement planer, mais dont les effets antipsychotiques sont insuffisants en raison de l'absence de CBD, une autre molécule active de l'herbe. Oups.

Au moment où nous écrivons ces lignes, une nouvelle molécule de marijuana suscite l'intérêt de la littérature scientifique et de la communauté des cultivateurs d'herbe : le CBG.[8] On lui prête des vertus encore plus grandes que celles du CBD. Peut-être. Mais c'est la découverte humaine de cette molécule qui l'a élevée au rang d'objet d'étude. Elle était là depuis le début, mais nous lui avons conféré des qualités mystiques. Notre découverte ne change rien à ce qu'elle fait. Nous confondons souvent un effet (par exemple, d'une action, d'un traitement, d'une molécule) avec notre *compréhension* de cet effet. L'action d'une chose n'est pas liée à ce que nous pensons qu'elle fait (ni à ce que nous savons).

Les humains refont encore et toujours la même erreur à cause de leur orgueil démesuré et de leurs capacités techniques. Prenons les exemples de l'eau potable fluorée, des aliments de longue conservation aux conséquences inattendues, de la myriade de problèmes liés à l'exposition au soleil ou de la question de savoir si les OGM sont inoffensifs. Nous sommes constamment séduits par la pensée réductionniste, éblouis par le fantasme de la simplicité alors que la vérité est complexe. Le réductionnisme fait du tort à notre corps et notre esprit. Parfois même, cela nous tue.

Au début du xxe siècle, on a découvert que la consommation de fluor était corrélée à une diminution des caries. Le fluor a donc été introduit dans de nombreuses sources d'eau municipales pour réduire les caries dentaires.[9] Le fluor présent dans l'eau potable est obtenu par des processus industriels. Ce n'est pas une forme moléculaire qui est présente dans la nature ou qui a déjà fait partie de notre alimentation. En outre, une neurotoxicité a été constatée chez les enfants exposés à une eau potable fluorée[10], et un lien a été observé entre l'hypothyroïdie et l'eau fluorée[11]. Par ailleurs, il a été montré que les saumons qui ont nagé dans de l'eau fluorée perdent leur capacité de retourner dans leur cours d'eau d'origine.[12] Le fluor est-il un remède miracle pour réduire les caries, sans aucun coût pour les autres aspects de la santé ? Il semble que non. Par-dessus tout, la quête de formules magiques, de réponses simples et universellement applicables à tous les humains dans toutes les conditions, est une erreur. Si c'était si facile, la sélection aurait certainement trouvé un moyen. Vous pensez avoir trouvé une solution trop belle pour être vraie ? Cherchez bien les coûts cachés. Pensez à la clôture de Chesterton.

La stabilité des aliments transformés est un avantage pour la chaîne d'approvisionnement alimentaire moderne. Alors que les aliments situés au rayon frais d'une épicerie ont tendance à être moins transformés, et donc moins stables, presque toutes les conserves et les boîtes ont des dates de péremption de plusieurs semaines, voire de plusieurs mois. Il est évidemment souhaitable de réduire la croissance fongique dans nos aliments, mais à quel prix ? L'acide propionique (PPA) inhibe la croissance des moisissures. C'est pour cette raison qu'il est utilisé comme additif dans les aliments transformés, mais sa présence *in utero* affecte les cellules cérébrales des fœtus et elle est liée à une augmentation des diagnostics de troubles du spectre autistique chez les enfants concernés.[13] Nous ne devrions pas être surpris que la « stabilité » des aliments ait un coût.

De même, les personnes qui vivent à proximité des pôles ou qui sortent rarement à l'extérieur peuvent avoir une petite taille et des os faibles et courbés, une affection connue sous le nom de rachitisme. Il a été démontré que ces personnes sont carencées en vitamine D. Comme les humains modernes semblent aimer les pilules, on nous donne de la vitamine D à prendre comme complément pour éviter les carences. La vitamine D peut également être ajoutée au lait. Mais que dit notre histoire à ce sujet ?

À la fin du premier millénaire, les Vikings, contrairement aux autres Européens du Nord, n'ont pas succombé au rachitisme. Il s'est avéré que c'était grâce à leur régime riche en morue. Ils ne savaient pas que c'était la morue qui leur permettait d'être forts et en bonne santé, pourtant c'était le cas. Nous pouvons être certains qu'ils n'ont pas gardé la santé grâce à la consommation d'une version distillée de la vitamine D conditionnée sous forme de pilules ou de teintures. Les preuves historiques suggèrent que la plupart d'entre nous pourraient s'exposer au soleil un peu tous les jours, ou manger de la morue, ou faire les deux, pour éviter une carence en vitamine D, mais les pilules sont plus faciles à utiliser. Elles sont synonymes de scientisme, lequel est facilement confondu avec la science et avec une « prise en main de sa santé ». Combien de fois avez-vous entendu quelqu'un dire quelque chose comme : « J'agis pour ma santé ; je prends un supplément de vitamine D ! ». (Ou de vitamine C, ou d'huile de poisson, ou tout autre produit du jour à action rapide) ou peut-être l'avez-vous dit vous-même.

Une fois de plus, nous ne devrions pas être surpris de constater que cette approche réductionniste et dépourvue de fondement historique n'a fourni aucune preuve du bénéfice de la supplémentation du régime alimentaire en vitamine D sur le maintien des os solides.[14] En fait, il est possible que la carence en vitamine D soit un symptôme du rachitisme et d'autres affections, plutôt qu'une cause. Non seulement le fait de faire le plein de vitamine D n'est pas la solution, mais nous ne sommes même pas sûrs que sa rareté soit le problème.

Le fait que, depuis des décennies, on nous recommande presque universellement de nous enduire de crème solaire chaque fois que nous nous exposons au soleil est lié au raisonnement réductionniste sur la vitamine D.[15] Réduisez votre exposition au soleil, dit la logique, et les taux de cancer de la peau diminuent. C'est vrai. Devinez ce qui augmente quand l'exposition au soleil diminue : la tension artérielle. Or lorsque celle-ci augmente, les taux de maladies cardiaques et d'accidents vasculaires cérébraux augmentent également. Les personnes qui évitent le soleil ont un taux de mortalité global plus élevé que celles qui recherchent le soleil. Une étude sur des femmes suédoises a rapporté ce résultat étonnant : « Les non-fumeurs qui évitaient de s'exposer au soleil avaient une espérance de vie semblable à celle des fumeurs du groupe le plus exposé au soleil, ce qui indique qu'éviter de s'exposer au soleil est un facteur de risque de décès dont l'amplitude est similaire à celle du tabagisme. »[16] Le scientisme réductionniste nous a donc trompés une fois de plus, et a probablement causé de nombreux décès. Devons-nous rester à l'abri du soleil et prendre de la vitamine D, ou rechercher une exposition modérée au soleil et obtenir les nutriments dont nous avons besoin en recherchant des aliments plus proches d'un régime ancestral ? Une analyse évolutive recommande de suivre la dernière hypothèse. Au moins sur ce sujet, la littérature médicale se rallie également à cette conclusion.

Compte tenu de ce bilan de la science réductionniste et des conseils de santé, devons-nous croire que les OGM sont sans danger, simplement parce que nous l'avons entendu de ceux qui tirent profit de leur acceptation, intellectuellement ou financièrement ? Nous ne le pensons pas. Certains OGM sont-ils sans danger ? C'est probable. Tous les OGM sont-ils sans danger ? C'est peu probable. Comment saurons-nous lesquels sont lesquels, et pouvons-nous compter sur ceux qui les ont créés pour être vigilants à notre place ? Jusqu'à ce que nous connaissions la réponse à ces dernières questions, le principe de précaution suggère de rester à l'écart.

Enfin, il est important de noter que certains des principaux succès de la médecine occidentale, la chirurgie, les antibiotiques et les vaccins, s'inscrivent totalement dans une démarche de réductionnisme et ils ont sauvé des millions de vies. Le problème que nous soulignons est l'application excessive d'une approche réductionniste. Dans sa formulation la plus simple, c'est-à-dire la reconnaissance du fait que les agents pathogènes sont à l'origine de nombreuses maladies, la théorie des germes a conduit à la découverte et à la mise au point d'antibiotiques, qui ont constitué une formidable aubaine pour l'humanité. Par la suite, cette théorie a été généralisée de manière excessive, et tous les microbes ont été perçus comme mauvais pour nous.

Nous commençons à comprendre que notre microbiome a évolué avec nous et qu'il est nécessaire à la bonne santé du tractus gastro-intestinal. Les antibiotiques sont l'un des rares outils puissants de la médecine occidentale, mais comme ils ont été prescrits de manière excessive, nous avons constaté une augmentation du nombre de personnes malades, souvent de manière chronique. Les gens tombent malades car la prescription excessive d'antibiotiques a détruit leur microbiome sain, et il en est de même pour le bétail. En outre, de nombreux antibiotiques ont des effets secondaires indésirables qui sont terribles pour la plupart des gens. Chez Heather, les effets indésirables des antibiotiques se sont manifestés sous forme d'une rupture du tendon d'Achille. On sait maintenant que les lésions des tendons et des ligaments sont des effets secondaires du Cipro (et de tous les antibiotiques de cette classe, les fluoroquinolones).[17] Or, Heather en a consommé de grandes quantités dans les années 1990 pour se protéger contre les pathogènes gastro-intestinaux lorsqu'elle menait des recherches sous les tropiques.

Qu'il s'agisse de l'eau potable fluorée, des antifongiques contenus dans les aliments de longue conservation, des écrans solaires ou de l'utilisation excessive d'antibiotiques, nous commettons sans cesse les mêmes erreurs. Si on associe le réductionnisme à une tendance à généraliser à outrance, dans un monde hyper-nouveau où les solutions rapides mais coûteuses et potentiellement dangereuses sont monnaie courante, nous avons expliqué certaines des principales erreurs de la santé et de la médecine modernes.

Ramener l'évolution à la médecine

L'évolution est la théorie centrale fondatrice de la biologie. Les conséquences de cette théorie peuvent être subtiles, mais suffisantes pour déconcerter des domaines entiers, y compris, dans une large mesure, la médecine.

Ernst Mayr, l'un des grands biologistes évolutionnistes du XXᵉ siècle, a établi une distinction entre une explication de niveau proximal et une explication de niveau ultime.[18] En tentant de différencier la cause de l'effet en biologie, il divise la biologie en deux branches, que de nombreux scientifiques ne connaissent peut-être même pas.

Biologie fonctionnelle : selon Mayr, l'objectif de la biologie fonctionnelle est de poser les questions utilisant le mot *comment*. Comment fonctionne un organe, un gène ou une aile ? Les réponses à ces questions sont des explications de niveau proximal.

Biologie évolutive : en revanche, l'objectif de la biologie évolutive est de poser les questions utilisant le mot *pourquoi*. Pourquoi un organe est-il maintenu ? Pourquoi un gène est-il présent dans tel organisme et pas dans tel autre ? Pourquoi l'aile de l'hirondelle a-t-elle la forme qu'elle a ? Les réponses à ces questions sont des explications de niveaux ultimes.

La science de qualité a besoin des deux approches, et tous les scientifiques qui étudient les systèmes adaptatifs complexes doivent avoir des compétences dans les deux domaines.

Ce mécanisme du comment, c'est-à-dire les niveaux d'analyse proximaux, les questions de mécanisme, fait l'objet de la plupart des études en science et en médecine. En effet, les questions comment sont plus faciles à mettre en évidence, à observer et à quantifier que la question sous-jacente du pourquoi. Les questions comment ont également tendance à être rapportées par les médias, sous forme d'extraits sonores ultra rapides. Ce n'est pas un hasard. Trop souvent, on considère que ces questions de niveau proximal correspondent au seul niveau possible de la conversation scientifique. Cela ne sert à personne, ni à ceux qui s'intéressent à l'étude du pourquoi ni à ceux qui s'intéressent au comment. Certains caractères échappent encore à notre compréhension d'un point de vue mécanique, mais cela n'empêche pas une analyse au niveau ultime. Par exemple, même si nous ne savons pas encore comment l'amour ou la guerre émerge, cela ne doit pas nous empêcher d'étudier pourquoi les humains font l'amour ou font la guerre.

« En biologie, rien n'a de sens si ce n'est à la lumière de l'évolution », a déclaré le biologiste Theodosius Dobzhansky en 1963.[19] À la base, la médecine est de la biologie. Cela ne signifie pas pour autant que la plupart des recherches médicales effectuées intègrent une composante évolutive dans leur mode de pensée ou dans les questions qu'elles posent.

Si l'on associe une tendance à ne s'intéresser qu'aux questions immédiates avec un penchant pour le réductionnisme, on obtient une médecine qui a des œillères. La vue est restreinte. Même les grandes victoires de la médecine occidentale, la chirurgie, les antibiotiques et les vaccins, ont été appliquées de manière excessive, dans de nombreux cas où elles n'auraient pas dû. Quand tout ce que vous avez sous la main est un scalpel, une pilule et une seringue, alors le monde entier semble avoir besoin d'être sectionné, de prendre des médicaments ou de recevoir une injection.

Même les fractures osseuses doivent être réexaminées à la lumière de l'évolution. Les os et les tissus mous sont renforcés pour pouvoir répondre à une utilisation fréquente avec une force importante. Ils sont antifragiles. Lorsqu'un homme moderne se casse un os, s'il s'agit d'un os long, d'un bras ou d'une jambe, la prescription standard est depuis longtemps l'immobilisation complète dans un plâtre pendant six semaines. Après six semaines d'une protection aussi complète, quelle est la probabilité que l'os se soit recassé ? C'est peu probable. Mais quelle est la probabilité que l'os et les tissus qui l'entourent soient affaiblis, et pas préparés au monde ? Très probable. À cet égard, les os et les enfants peuvent se ressembler. Si, au lieu de dorloter vos os, vous les exposez soigneusement au monde, non seulement avant mais aussi après un traumatisme, nous pensons qu'ils peuvent (dans certains cas) guérir plus rapidement et vous permettre de reprendre votre vie plus vite.

Le jour de Noël 2017, Bret s'est cassé le poignet en tentant de monter sur l'hoverboard (skate électrique) que Toby, notre fils cadet, avait offert à Heather. Au lieu d'aller aux urgences, il a passé la première nuit avec une douleur atroce, la deuxième nuit avec une douleur assez forte, et la semaine suivante à essayer d'éviter de serrer la main des gens lors d'une conférence où nous rencontrions de nouvelles personnes. C'était gênant socialement mais, après les premiers jours, ce n'était plus gênant physiquement. Il n'a jamais été plâtré, et en deux semaines, il a retrouvé une mobilité et une force presque totales. Quatre semaines après la rupture, il était comme neuf.

Un an et demi plus tard, Toby, qui avait alors treize ans, est tombé d'une balançoire haute le dernier jour d'un camp de vacances. En se protégeant la tête et le cou dans la chute, il s'est cassé le bras. Le camp se trouvait dans les Alpes de la Trinité, à l'extrême nord de la Californie, et nous l'avons emmené aux urgences d'Ashland, dans l'Oregon, où les médecins ont confirmé la fracture à l'aide d'une radiographie. Ils lui ont posé une attelle temporaire et nous ont conseillé d'effectuer un suivi orthopédique à notre retour à Portland, où un plâtre serait posé sur son bras. Cependant, notre famille ne devait pas retourner à Portland avant plusieurs jours. Toby a passé cette première nuit avec son attelle, avec une douleur importante, malgré quelques médicaments contre la douleur. Le lendemain, nous sommes partis tous les quatre faire une randonnée de huit kilomètres à l'extérieur d'Ashland. Il portait son attelle mais il a demandé s'il pouvait l'enlever quand nous serions de retour au chalet que nous avions loué. Sa main et son bras étaient enflés, mais lorsque l'attelle a été enlevée, vingt-quatre heures après la fracture, il a pu recommencer à bouger ses doigts. Trois jours plus tard, la douleur avait presque disparu. Il n'avait plus besoin d'analgésiques et il a grimpé avec un bras sur un parcours d'accrobranche, dans le magnifique parc Lithia Park d'Ashland. Nous l'avons emmené pour effectuer un suivi orthopédique quand nous sommes rentrés à Portland. Le gentil docteur a accepté que l'attelle remplace le plâtre, à condition que Toby porte l'attelle tout le temps, sauf pour les douches. Nous l'avons autorisé à arrêter de la porter complètement sept jours après la chute. Deux semaines après la pose, il est allé faire une promenade à vélo. Six semaines après la fracture, son dernier contrôle orthopédique lui a valu un certificat de rétablissement, ainsi que l'étonnement du personnel médical devant la force et la souplesse de son bras.

Une approche proximale des fractures identifie le problème aigu et organise la réparation rapide du problème. L'os est cassé ? Plâtrez-le ! L'approche ultime consiste à réfléchir à ce qui devait se passer lorsque nos ancêtres de la savane se cassaient les os. Certains d'entre eux sont morts d'infection, d'exposition, d'avoir été mangés par des carnivores. Mais d'autres ne sont pas morts, et ceux-là ont probablement utilisé la douleur comme guide pour savoir ce qui était possible, en poussant leurs activités jusqu'à cette limite imposée par la douleur, et pas au-delà. Le fait d'étouffer la douleur à l'aide de médicaments perturbe le système de rétroaction de notre corps, ce qui nous empêche de savoir ce que nous devons faire ou ne pas faire. De même, si l'on supprime un gonflement qui fait suite à une blessure, on risque beaucoup plus de se blesser à nouveau, au même endroit. Le gonflement qui survient après une blessure est inconfortable et pesant, et il est souvent adaptatif. En effet, il immobilise un membre comme le ferait un plâtre. Si vous respectez les signaux de votre corps, par le biais de la douleur, du gonflement, de la chaleur... vous avez beaucoup plus de chances de retrouver la forme, plus rapidement et en toute sécurité quel que soit votre problème.

L'histoire que nous racontons au chapitre 9 sur Zachary, notre fils aîné, qui s'est cassé le bras et a dû subir une intervention chirurgicale pour le soigner, révèle les dangers de la pensée réductionniste, même si cette pensée est de nature évolutive. Si nous avions agi comme si toutes les fractures étaient identiques, et que le temps et les processus naturels suffisaient à les guérir toutes, notre fils aîné serait aujourd'hui en très mauvaise posture. L'utilisation de la logique évolutive ne consiste pas exclusivement à découvrir nos forces, mais aussi à comprendre nos faiblesses et à déterminer quand il convient d'avoir recours à des solutions modernes.

Qui croire à l'ère du réductionnisme et de l'hyper-nouveauté ?

Dans ce chapitre, nous avons critiqué le réductionnisme qui prévaut dans une grande partie de la médecine moderne. À cela s'ajoute le monde hyper-nouveau et complexe dans lequel nous vivons. Nous devons faire des choix en permanence, pourtant nous entendons tellement d'experts plus ou moins crédibles défendre des opinions opposées que beaucoup d'entre nous ont besoin de règles simples et immuables pour vivre leur vie. Dans certains domaines, au moins, nous voulons être en mesure « de régler et d'oublier », de nous appuyer sur la culture plutôt que sur la conscience. C'est ce qui explique en partie la fidélité à une marque, le fait de prendre le même médicament même s'il en existe un meilleur, et de suivre les recommandations pharmaceutiques et diététiques même après qu'elles aient été démenties.

Dans notre quête de points à régler et à oublier, nous sommes victimes de la pensée réductionniste. Ce dont nous avons besoin, c'est d'une pensée flexible, logique et évolutive pour avancer. En février 2020, au début de la pandémie de Covid-19, l'Organisation mondiale de la santé (OMS) et le médecin-chef américain ont répété au public que « les masques ne sont pas utiles » pour se protéger du SRAS-CoV-2.[20] Trop de gens ont écouté les autorités au lieu de réfléchir eux-mêmes avec bon sens. Par exemple, si les masques sont si inutiles, pourquoi ces mêmes équipements sont-ils utilisés par les professionnels de santé lorsqu'ils tentent d'éviter les infections dues aux affections respiratoires ? Lorsque les directives ont ensuite été inversées, les personnes qui les avaient suivies en s'appuyant totalement sur les autorités ont perdu confiance en ces mêmes autorités. Il a ensuite été difficile de regagner la confiance du public pour permettre une approche prudente et nuancée de la lutte contre la propagation et l'impact de ce nouveau coronavirus. Les prescriptions simples sont plus percutantes et plus faciles à retenir pour ceux qui recherchent des solutions faciles à mettre en œuvre et à oublier, mais lorsqu'elles échouent, vous vous retrouvez sans point d'appui, sans capacité à résoudre les problèmes par vous-même. Plutôt que de faire aveuglément « confiance à la science » ou de suivre l'exemple des experts, apprenez à mener, au moins en partie, une réflexion logique par vous-même. Cherchez les experts qui sont prêts à vous montrer comment ils sont arrivés à leurs conclusions et à admettre leurs erreurs. Encore une fois, notre objectif est de pouvoir vous aider à trouver plus facilement des solutions aux problèmes.

La perception que nous, les humains modernes, avons de notre corps, influence notre perception de l'alimentation. Tout, de la culture du régime aux troubles de l'alimentation, repose sur l'idée réductrice que nos corps sont des machines et qu'ils peuvent être modifiés pour s'y conformer. Lorsque nous observons d'autres cultures, nous découvrons une approche moins technique, et plus de confiance dans les mythes et les traditions, lesquels tentent rarement de mener une analyse impartiale pour expliquer pourquoi ils prescrivent ce qu'ils font. Le manque d'antibiotiques dans une grande partie du monde non-WEIRD a entraîné de nombreux décès inutiles. Nous estimons que la diminution de la confiance dans les traditions et la baisse de l'autosuffisance dans une grande partie du monde WEIRD ont également entrainé de nombreux décès. Ces deux affirmations peuvent être vraies. Dans le chapitre suivant, nous allons explorer une partie de l'histoire et de la préhistoire de l'humanité, nos traditions et nos innovations, en nous concentrant sur l'alimentation.

UN NOUVEAU REGARD

- **Écoutez votre corps**, en vous souvenant que la douleur est apparue pour vous protéger. La douleur est une information sur le contexte dans lequel vous vous trouvez et sur la façon dont votre corps y réagit. Certaines blessures nécessitent un traitement professionnel, mais d'autres peuvent être surveillées sans intervenir. La douleur est à la fois désagréable et adaptative ; réfléchissez bien avant de masquer son message.

- **Faites une activité physique tous les jours.**[21] Marchez. Variez vos activités : ne faites pas toujours la même chose et ne bougez pas votre corps de la même façon à chaque fois que vous le faites. Et, au moins de temps en temps, faites une activité intense, et à l'extérieur, participez à une activité où les enjeux sont les plus importants.

- **Passez du temps dans la nature**, moins c'est construit et contrôlé, mieux c'est. Cela présente de nombreux avantages, parmi lesquels la prise de conscience du fait que vous ne pouvez pas tout contrôler dans votre vie, et que l'expérience de l'inconfort, même le petit inconfort d'une journée trop chaude ou d'une pluie à laquelle vous n'êtes pas préparé, permet de calibrer votre appréciation des autres aspects de votre vie.

- **Soyez pieds nus** aussi souvent que possible. Les callosités sont les chaussures de la nature, et elles transmettent bien mieux les informations tactiles à votre cerveau que les chaussures.[22]

- **Si vous le pouvez, évitez les solutions pharmaceutiques** pour résoudre les problèmes médicaux. Certes, les antidépresseurs, les anxiolytiques et d'autres médicaments améliorent la vie de certaines personnes, mais souvent ils ne sont pas la meilleure solution. Il existe généralement des alternatives. La médecine occidentale commence à comprendre que de nombreux troubles de l'humeur, tels que la dépression, peuvent être traités par un régime alimentaire, un sommeil suffisant et une activité physique régulière.[23]

- **Soyez attentif aux maladies liées à des déséquilibres**, telles que le diabète de l'adulte, l'athérosclérose et la goutte.[24] Ce sont des maladies qui reflètent une incohérence entre l'un de vos environnements d'adaptation évolutive et votre vie actuelle. Elles ont également tendance à refléter l'aisance, par rapport à votre passé évolutif. Pour certaines d'entre elles au moins, le fait de rapprocher votre comportement moderne de celui observé dans un environnement d'adaptation évolutive (EEA) plus ancien pourrait contribuer à atténuer les dommages.

- **Considérez ce test informel pour évaluer certains types d'affections et déterminer si un « remède » moderne s'impose :** est-ce que les gens souffraient de cette maladie avant l'avènement de la médecine moderne, dans des environnements similaires à celui dans lequel je vis ? Si c'est le cas, une nouvelle solution s'impose. Si non, cherchez la solution dans l'histoire. Prenons l'exemple du rachitisme, pour une personne d'origine européenne vivant dans le nord-ouest du Pacifique. Est-ce qu'autrefois les gens souffraient de rachitisme sous des latitudes aussi nordiques ? Selon un premier type de réponse, les données suggèrent qu'au moins certaines populations européennes du Nord n'en souffraient pas. Cherchez des réponses (souvenez-vous les Vikings et leur morue). Selon un deuxième type de réponse, les populations autochtones du nord-ouest du Pacifique ne souffraient pas de rachitisme. Ce qui a fonctionné pour eux peut ne pas fonctionner pour quelqu'un qui n'est pas d'origine autochtone, mais c'est possible. Cherchez des solutions dans l'histoire géographique locale.

Chapitre 5

L'alimentation

Quel est le meilleur régime alimentaire pour les humains ? Cette question préoccupe les gens depuis longtemps. Elle préoccupe en particulier les gens WEIRD. Beaucoup d'entre nous ont essayé des régimes qui sont censés correspondre à « la nourriture de nos ancêtres ». Mais nous avons tendance à avoir une vision réductionniste et, au mieux, non évolutive.

Qu'il s'agisse de régimes conçus pour modifier le pH de notre corps, de régimes basés sur notre groupe sanguin ou de régimes qui limitent notre consommation d'un ou de plusieurs types d'aliments (par exemple, le pamplemousse ou la soupe aux choux), les personnes WEIRD sont à la fois obsédées et déroutées par la question de l'alimentation. Prenons simplement deux régimes courants dans certains milieux, deux régimes qui semblent moins fous que les autres : le régime cru et le régime paléo.

Les partisans d'une alimentation crue pensent qu'il s'agit de la manière la plus saine et la plus « naturelle » de se nourrir. Ils estiment que la cuisson est une dégradation moderne de l'alimentation humaine. C'est tout simplement faux. Non seulement la cuisson est ancienne dans la lignée humaine, mais en outre elle nous permet d'obtenir plus de calories des aliments.[1] Certes, la cuisson peut éliminer certaines vitamines contenues dans les aliments, pourtant les avantages l'emportent largement sur ce petit prix à payer. Les personnes qui suivent un régime alimentaire entièrement cru sont souvent sous-alimentées, surtout si ce régime est également végétalien. Elles sont généralement minces, mais cette minceur n'est pas vraiment saine.[2]

D'autres défendent les vertus du régime dit paléo : un régime exempt de céréales et de la plupart des glucides, et riche en graisses. Ce régime peut convenir à certaines personnes mais probablement pas à celles issues de lignées dont la cuisine est riche en glucides, par exemple les personnes du nord de la Méditerranée, et il n'est pas forcément bon pour leur santé. De plus, il existe de plus en plus de preuves indiquant qu'il y a 170 000 ans, les premiers humains avaient un régime alimentaire riche en glucides. En effet, ils consommaient des légumes racines riches en amidon, notamment des patates douces.[3] Cela suggère que, bien que sain pour certains, le « régime paléo » ne reflète pas particulièrement les modes de vie paléo.

Ces exemples portent seulement sur deux régimes parmi les nombreuses approches modernes de l'alimentation, mais ils révèlent deux hypothèses erronées concernant la nourriture. Premièrement, ces hypothèses estiment qu'il existe une réponse fixe et universelle à la question de savoir ce que l'on doit manger. Comme nous l'avons évoqué à propos de la médecine, il est peu probable que cela soit vrai. Les différences individuelles de développement font que certains aliments peuvent être sains pour certaines personnes mais pas pour d'autres. Les données démographiques, telles que le sexe, ont une incidence sur les aliments qui conviennent le mieux à une personne donnée, et le simple fait de vieillir peut également modifier la donne. Les différences culturelles, qui sont souvent liées à la situation géographique, peuvent affecter le régime alimentaire optimal. Il est possible que ces différences culturelles soient passées au niveau génétique, et qu'elles se traduisent par des prédispositions génétiques pour des aliments particuliers au niveau de la population, comme dans le cas de la persistance de la lactase chez les pasteurs européens et les Bédouins sahraouis. Rappelons une fois de plus le principe Oméga, qui indique que les traits culturels coûteux et durables, comme la cuisine, doivent être présumés adaptatifs, et que les éléments culturels adaptatifs ne sont pas indépendants des gènes.

La deuxième hypothèse erronée que révèlent de nombreux régimes de ce type porte sur l'objectif de l'alimentation. Ces régimes semblent présumer que la nourriture sert uniquement à la survie. D'un point de vue évolutif, la nourriture ne sert pas seulement à la survie. Les aliments sont plus que des nutriments, des vitamines et des calories. Comme tous les animaux, voire tous les hétérotrophes, nous mangeons pour acquérir l'énergie et les nutriments nécessaires à la vie. Mais la relation que les humains entretiennent avec la nourriture, comme celle qu'ils entretiennent avec le sexe, s'est étendue au-delà de son objectif initial. Les humains ne mangent plus uniquement pour satisfaire leurs besoins énergétiques, pas plus qu'ils ne font l'amour uniquement pour faire des bébés.

Certains experts essaient de remplacer les aliments par leurs composants. En effet, ils étudient le régime alimentaire sans se pencher sur le fondement historique et se basent sur le réductionnisme. Prenez ce complément, mangez cette barre, buvez le contenu de cette cannette. Vous obtiendrez X grammes de protéines, une poignée de vitamines présentées par ordre alphabétique, et cette poussée d'énergie que vous attendez pour vous aider à finir la journée. Souvent, une telle approche crée de l'hyper-nouveauté, qui crée elle-même de nouveaux problèmes, contre lesquels nous sommes trop souvent sans défense.

Les erreurs inhérentes à cette approche sont nombreuses, et l'arrogance est omniprésente. Le XXe siècle a assisté au démantèlement de la clôture de Chesterton. Comme cette dernière le suggère, nous aurions dû comprendre à quoi servait la cuisine avant de la démonter. À la place, nous avons obtenu des pièces et des éléments, facilement quantifiables et commercialisables, qui peuvent être supprimés ou ajoutés aux aliments au bon gré des fabricants d'aliments transformés. Au lieu de courir après les dernières recommandations alimentaires portant sur des aliments transformés (il faut désormais prendre de la vitamine B12 !), nous devrions manger de la vraie nourriture, c'est-à-dire des aliments dont les ingrédients de base sont faciles à reconnaître et qui proviennent d'un organisme vivant (il y a quelques exceptions, comme le sel).

Certaines combinaisons « riche et sucré », « salé et croustillant » et « sucré et doux » sont considérées comme délicieuses et savoureuses par tout le monde et sont appréciées dans toutes les cultures. Notre sens du goût a évolué à une époque où la viande, les aliments gras, le sel et le sucre étaient rares. Notre sens du goût est le résultat de l'évolution et il joue un rôle important. Cependant, il peut être manipulé (et il l'est) par un système capable de créer facilement des graisses, du sel et du sucre, et susceptible de les ajouter à n'importe quelle denrée alimentaire à sa guise. C'est un autre aspect de l'hyper-nouveauté.

La restauration rapide est appréciée par beaucoup de gens parce qu'elle réussit à jouer avec le sens du goût, en apportant des saveurs simples, le gras, le salé, le sucré d'une manière fiable et uniforme. On accède aux mêmes sensations chaque fois que l'on commande la même chose dans l'un des nombreux restaurants identiques. En revanche, une assiette de viande grillée, de riz et de haricots, accompagnée de tortillas fraîchement préparées, d'une salade de tomates, de guacamole et de légumes marinés provenant d'un traiteur local ou de votre propre cuisine, sera toujours plus nutritive (et plus délicieuse, aussi, pour beaucoup d'entre nous, et pour toute personne qui fait le choix d'entraîner son palais). Cette assiette d'aliments moins transformés et plus diversifiés (contenant des espèces différentes) est plus nutritive qu'une assiette de restauration rapide. Elle est également plus nutritive que des gélules censées apporter tous les bénéfices nutritionnels que vous tirez de votre alimentation. Le tout est plus grand que la somme de ses parties.

Mais pourquoi le tout est-il plus grand que la somme de ses parties ou, pour le dire autrement, pourquoi une approche holistique est-elle souvent meilleure qu'une approche réductionniste ? Pour deux raisons. Tout d'abord, les parties d'un système donné que nous avons transformées en gélules ne sont généralement pas représentatives du système dans son ensemble, souvenez-vous la discussion sur la vanilline (un composant de la vanille) et le THC (un composant de la marijuana) du chapitre précédent. Deuxièmement, la combinaison des aliments sous leur forme peu transformée entraîne souvent l'apparition d'un nouvel élément, ce qui permet à notre corps d'utiliser les aliments avec une meilleure efficacité que les gélules. C'est particulièrement vrai pour les aliments qui ont une longue histoire culinaire commune, comme les « trois sœurs » (maïs, haricots et courges) traditionnellement consommées par les peuples méso-américains. Lorsque ces aliments sont consommés ensemble, ils apportent un ensemble complet de protéines. Cette longue histoire culinaire est le signe d'une découverte humaine, généralement inconsciente. En effet, tout comme « l'odeur » était jusqu'à récemment un bon indicateur d'un aliment « bon pour la santé », « le goût » était également un bon indicateur d'un aliment « bon pour la santé ».

Notre approche réductionniste de l'alimentation est un leurre, car nos corps ne sont pas des systèmes statiques et simples, et tous les individus n'ont pas les mêmes besoins.

Il n'y a pas de régime alimentaire optimal et universel pour tous les humains. C'est impossible.

Dans nos divers environnements d'adaptation évolutive, il y avait quelques aliments de base. Dans les Andes, le quinoa et les pommes de terre étaient généralement au menu. Dans le croissant fertile de la Mésopotamie, le blé[4] et les olives[5] ont été cultivés très tôt. En Afrique subsaharienne, le sorgho et l'igname de Guinée ont été les premières productions agricoles importantes.[6] Il y avait de la viande, parfois à profusion, mais de manière éphémère. Il y avait des fruits, également en abondance, en saison. Il y avait parfois de l'alcool, et des stimulants d'origine végétale, à certains endroits. Dans ces lieux, les stimulants étaient consommés régulièrement mais discrètement. Même les proportions entre les macronutriments variaient d'une culture à l'autre. Les Inuits ont un régime riche en graisses et en protéines, avec peu de glucides, ce qui est différent de presque tous les régimes qui ont évolué plus près de l'équateur. Au vu de ces variations, l'idée d'un régime alimentaire humain optimal et universel semble totalement absurde.

Au XXᵉ siècle, il existe de nombreux aliments qui donnent envie de les manger, alors que de nombreuses parties du corps indiquent que c'est une mauvaise idée. Avant l'avènement d'une nourriture bon marché, toujours disponible et hautement transformée, nos anciennes préférences esthétiques constituaient un très bon guide pour savoir quoi manger mais elles ne sont plus aussi fiables aujourd'hui. L'hyper-nouveauté a manipulé nos anciennes grilles d'évaluation qui nous permettaient de savoir ce qu'il faut manger et ce qu'il faut éviter, et nous devons donc désormais utiliser notre conscience pour séparer le bon du mauvais.

Notre approche réductionniste de l'alimentation nous leurre également car elle occulte la capacité de la nourriture à créer des liens avec d'autres humains, par exemple avec la famille et les amis qui ont cuisiné pour ou avec vous, ou pour qui vous avez cuisiné. Une perspective réductionniste de l'alimentation, axée sur les nutriments, ne laisse pas de place aux célébrations ni aux deuils, deux processus qui impliquent souvent la nourriture. Elle ne reconnaît pas les traditions culturelles et ne les commémore pas. Elle ne tient pas compte des saveurs qui ont été réunies grâce à des découvertes fortuites et grâce à l'expérimentation. Les cuisines anciennes et nouvelles reflètent à la fois leur terroir, la terre dont elles sont issues, et leurs emprunts à d'autres cultures et d'autres lieux. Ces trois sœurs que sont le maïs, les haricots et la courge sont toujours dominantes dans la cuisine mexicaine mais les citrons verts, l'ail et le fromage, introduits dans le Nouveau Monde par les Espagnols, ont également été incorporés pour un plus grand délice.

Les humains n'ont pas seulement besoin de protéines, de potassium et de vitamine C. Nous avons généralement besoin de ces éléments dans le contexte alimentaire dans lequel nos ancêtres les mangeaient. Nous avons également besoin de culture et de connexion. Lorsque nous nous asseyons pour prendre un repas ensemble, en particulier lorsque nous coupons du pain que nous avons fait nous-mêmes, nous gagnons bien plus que des calories.

Examinons maintenant l'histoire de notre évolution, comment nous avons mangé et ce que nous avons mangé, afin de comprendre comment nous pouvons mieux nous nourrir aujourd'hui.

Les outils, le feu et la cuisson

Nous avons utilisé des outils pour nous procurer de la nourriture à partir de notre environnement depuis longtemps, bien avant de nous séparer de nos ancêtres chimpanzés, il y a environ six millions d'années. Les chimpanzés modernes ne sont pas les mêmes que ceux dont nous nous sommes séparés. De nombreuses données montrent qu'ils utilisaient des outils pour prélever leur nourriture. Certains utilisaient des pierres pour casser les noix.[7] C'est au parc national de Gombe que Jane Goodall a observé pour la première fois des chimpanzés se livrant à des « trempages de fourmis » : ils plongent un bâton dans un nid de fourmis, le ressortent couvert de fourmis et lèchent les fourmis.[8]

Les chimpanzés et les humains modernes sont tous les deux des grands amateurs de miel et ils utilisent parfois des moyens similaires pour en obtenir : ils enfoncent un bâton dans un trou puis le ressortent et lèchent le bâton recouvert de miel. Cependant chez les Hadza, un peuple de chasseurs-cueilleurs d'Afrique de l'Est, les chasseurs les plus performants utilisent deux autres outils et se procurent bien plus de miel que n'importe quel chimpanzé. Le premier outil est une hache, qui leur permet d'atteindre le miel avec plus de précision. Le deuxième est un bâton de feu. Ils l'utilisent pour enfumer les abeilles, ce qui rend l'accès au miel beaucoup moins dangereux.[9]

Après notre séparation d'un ancêtre similaire au chimpanzé, il y a plus de 6 millions d'années, nos capacités de fabrication d'outils ont commencé à se développer et à se diversifier. Il y a 3,3 millions d'années, nos ancêtres utilisaient des outils en pierre.[10] Il y a 2,5 millions d'années, nos ancêtres les utilisaient pour dépecer les carcasses des animaux qu'ils avaient chassés ou récupérés, et pour extraire leur moelle osseuse.[11]

Il est possible que nos ancêtres aient maîtrisé le feu depuis plus de 1,5 million d'années.[12] Le feu apporte évidemment de nombreux avantages. Il fournit chaleur et lumière. Il avertit et protège contre les animaux dangereux, et il est un repère pour les amis. Un peu plus tard, notre contrôle du feu s'est amélioré et nous avons commencé à l'utiliser pour faire bouillir l'eau et la rendre potable, pour éradiquer les parasites, pour sécher nos vêtements, pour tremper le métal utilisé pour fabriquer des outils. Grâce au feu, nous pouvons nous voir et nous pouvons travailler la nuit. Nous pouvons nous rassembler autour du feu, raconter des histoires ou jouer de la musique. Aucune culture humaine ne vit sans feu, bien que les premiers rapports des anthropologues, des missionnaires et des explorateurs aient souvent affirmé le contraire.[13] Darwin lui-même a été le seul à suggérer que l'art de faire du feu était « probablement la plus grande [découverte], jamais faite par l'homme, à l'exception du langage ».[14]

Si Darwin ne s'est pas étendu sur sa déclaration, le primatologue Richard Wrangham a confirmé une hypothèse semblable : la maîtrise du feu, et l'invention de la cuisson qui a suivi, ont été déterminantes pour faire de nous les humains que nous sommes aujourd'hui.[15] L'un des nombreux avantages de la cuisson est qu'elle rend nos aliments plus sûrs en réduisant les risques liés aux parasites et aux agents pathogènes. La cuisson permet également de détoxifier certaines plantes, ce qui rend ainsi des aliments comestibles alors qu'ils ne le seraient pas s'ils étaient crus.[16] La cuisson réduit le gaspillage, car les aliments peuvent être conservés plus longtemps. Enfin, la cuisson permet d'ouvrir et d'écraser des aliments qui ne seraient pas utilisables autrement.

Mais aucun de ces avantages, aussi importants soient-ils, n'est comparable à celui-ci : la cuisson permet d'augmenter la quantité d'énergie que l'on peut obtenir des aliments. Pour obtenir suffisamment de calories à partir d'un régime alimentaire cru comme celui de nos ancêtres, les singes sauvages, les humains devraient mâcher leurs aliments chaque jour pendant cinq heures. La cuisson des aliments permet donc d'utiliser les ressources alimentaires durement gagnées de manière plus économique et plus efficace, et de libérer ainsi du temps et de l'énergie pour d'autres choses.[17] De nombreuses cultures indigènes ont des mythes sur la façon dont elles ont commencé à utiliser le feu. Il y en a moins sur les origines de la cuisson. On trouve une histoire sur l'origine de la cuisson chez les habitants de Fakaofo, en Polynésie. L'histoire raconte qu'un homme, Talangi, a approché une vieille dame aveugle, Mafuike, et lui a demandé de partager le feu avec lui. Mafuike était réticente, jusqu'à ce que Talangi la menace, mais ce n'était pas seulement le feu qu'il voulait. Il lui demanda également de lui indiquer quels poissons devaient être cuits au feu et lesquels devaient être mangés crus. Selon cette histoire, c'est ainsi que commença l'époque de la cuisson des aliments.[18] De même que toutes les sociétés humaines connues ont utilisé le feu, nous avons également tous cuits nos aliments.[19] Il est possible d'imaginer qu'après avoir commencé à cuire nos aliments, et avoir ainsi obtenu plus de calories de chaque morceau chassé ou cueilli, nous avions plus de temps à consacrer à d'autres activités : raconter des histoires tout en préparant la nourriture ensemble et, surtout, s'asseoir autour du feu commun et manger ensemble. Le feu et la cuisson ont été les précurseurs de l'utilisation de la nourriture comme lubrifiant social, comme facilitateur de culture et de connexion. La maîtrise du feu peut donc être considérée comme un accélérateur de l'exploration consciente. Le feu a rassemblé les gens pour qu'ils rêvent, qu'ils imaginent de nouvelles façons d'être, et qu'ils collaborent pour que les possibilités deviennent réalité. L'utilisation du feu par l'homme a dévoilé de nombreux avantages compétitifs : le feu était un moyen parmi d'autres pour assainir et conserver les aliments, ce qui a pu assurer la survie pendant les famines ou les longs voyages. Le feu a pu faciliter les déplacements qui avaient lieu sur l'eau. En effet, pour obtenir un bateau en bon état, il était souvent plus rapide de brûler la coque d'un arbre que de le sculpter. Le fait de pouvoir emporter le feu a également ouvert des territoires plus froids dans lesquels il n'était pas possible de survivre sans le feu. Le feu a ainsi permis d'explorer le globe entier. Enfin, la maîtrise du feu a conduit à l'invention de la cuisson, qui a permis de gagner du temps et de l'énergie, et a finalement entraîné la multiplication des différentes cuisines et des méthodes que nous connaissons aujourd'hui.

Persuader les aliments sauvages de faire équipe avec nous

Nous avons apprivoisé le feu, et certes ce fut difficile, mais c'était totalement différent de l'apprivoisement de la nourriture, ou de la conquête de celle-ci. Contrairement à la nourriture, le feu est totalement indifférent aux personnes. Tous les aliments, à l'exception de quelques minéraux culinaires, comme le sel, sont organiques. Ils proviennent de tissus vivants. Ils ont évolué. Par conséquent, les aliments ont des intérêts qui leur étaient propres ou ils en avaient quand ils étaient vivants. Le feu, étant abiotique, n'a pas d'intérêt ni de but. Il n'a jamais été vivant.

Parmi les aliments que nous mangeons, lesquels ont un intérêt à être mangés ? Autrement dit, quels aliments ont été produits par un organisme dans l'espoir que leur produit serait mangé ?

Le lait, les fruits et le nectar. C'est tout.

Le lait est produit par les mères mammifères pour nourrir leurs petits. Les fruits sont le moyen pour une plante d'inciter les animaux à disperser ses graines. Les mûriers attirent les oiseaux, les chevreuils et les lapins. Ils atteignent leurs objectifs évolutifs lorsque ces animaux consomment des baies, s'éloignent et font leurs besoins ailleurs, et déposent ainsi des graines, désormais enrichies en engrais. Le nectar est la façon dont une plante encourage la pollinisation. Les buissons de myrtilles attirent les abeilles de nombreuses espèces en leur promettant une douce récompense, et la plante atteint son objectif évolutif de reproduction lorsqu'une abeille transporte le pollen d'une fleur à l'autre.

Les graines ne veulent pas être mangées.[20] Les feuilles ne veulent pas être mangées. Et il est certain que les aliments qui nécessitent que nous tuions des organismes entiers pour les manger, pour obtenir la chair des animaux, ne le veulent pas, qu'il s'agisse de la vache, du saumon ou du crabe.

Pourtant, au fil des millénaires, nous avons persuadé de nombreux aliments sauvages de faire équipe avec nous. Ceux qui peuvent être persuadés, peuvent convenir pour l'horticulture, l'agriculture, et l'élevage. Dans certains cas, nous sommes en train de co-évoluer avec eux. Bien que leur destin soit plus étroitement lié au nôtre que l'inverse, nous avons un destin commun.

Grâce à l'utilisation de ces végétaux comme nourriture par les humains, le maïs, les pommes de terre et le blé sont beaucoup plus répandus et abondants, et ont moins de risques de disparaître. Ces espèces végétales ont donc bénéficié de leur association avec nous. On peut en dire autant des bovins, des porcs et des poulets domestiques même s'il semble plus difficile d'arriver à cette conclusion, pour des raisons émotionnelles. En les domestiquant pour l'alimentation, nous avons augmenté leurs variétés et leurs effectifs, et diminué leur risque d'extinction. Au Canada, dans la mer des Salish, au large de la Colombie-Britannique, la taille et le nombre des palourdes ont augmenté grâce aux pratiques de jardinage indigènes, même si ces jardins ont entraîné des coûts directs pour les palourdes*. Grâce à la culture, on a récolté et consommé beaucoup plus de palourdes cultivées que leurs cousines sauvages.[21] Lorsque l'on regarde les plaines d'Amérique du Nord et que l'on voit peu de bisons sauvages mais beaucoup de vaches, il est difficile d'affirmer que les bisons se portent mieux que les vaches.

Les espèces domestiquées ont donc, dans l'ensemble, une bonne chance d'évoluer. Il sera facile de s'opposer à cette conclusion, en affirmant, par exemple, qu'un poulet n'est plus là pour profiter d'un quelconque accord après avoir été mangé. Mais si on s'intéresse à la population de poulets dont est issu ce poulet aujourd'hui mort, on constate que d'autres membres de la population

---

* Note de l'éditeur : un jardin de palourdes est un système de gestion traditionnel utilisé principalement par les Salish du littoral, une forme de mariculture, où les peuples des Premières Nations ont créé un habitat optimal pour les palourdes en modifiant la plage.

sont toujours là. En outre, ils prospèrent, bien plus que si, jadis, un ancêtre du poulet avait été plus résistant à l'idée de faire équipe avec les humains.

En poussant plus loin la logique de l'évolution, nous estimons que les organismes cultivés obtiendront un avantage adaptatif en adoptant des caractères qui nous sont bénéfiques. En d'autres termes, la sélection devrait favoriser les caractères des espèces cultivées qui profitent aux humains, même si les humains qui les cultivent n'en sont pas conscients. De quoi réfléchir si vous êtes sceptique quant à la relation mutualiste entre les humains et les organismes avec lesquels nous nous sommes associés.

Les pains et les poissons

L'un des récits les plus célèbres du Nouveau Testament est la multiplication, par Jésus, de cinq pains et de deux poissons en assez de nourriture pour nourrir cinq mille personnes. Le fait que cette histoire soit répétée dans les quatre évangiles suffit à nous faire réfléchir. Les personnes qui écoutent cette histoire s'intéressent habituellement au miracle attribué à Jésus, mais qu'en est-il du choix des aliments qui ont été mangés par la foule ? Peut-être que « les pains et les poissons » ont une signification plus profonde que ce que nous aurions pu imaginer.

L'agriculture a été inventée par les humains à plusieurs reprises dans le monde, de manières indépendantes, depuis il y a environ 12 000 ans.[22] On pourrait penser que le pain a suivi les traces de l'agriculture, car c'était un moyen astucieux de conserver et de transporter les nutriments des céréales cultivées. Pourtant, les pains sont apparus avant l'agriculture dans au moins une culture, et bien avant. Dans ce qui est aujourd'hui la Jordanie, les anciens Natufians ont fabriqué et mangé du pain au moins 4 000 ans avant de pratiquer l'agriculture.[23] Ils fabriquaient de la farine, avec des graines sauvages, précurseurs du blé moderne (*einkorn*), et des racines de tubercules, qu'ils cuisaient ensuite pour obtenir des pains plats, peut-être pour accompagner des déplacements. Par rapport aux graines et tubercules crus, les pains plats présentent l'avantage d'être légers, très nutritifs, faciles à transporter, et dotés d'une longue durée de conservation.

L'agriculture a offert une multitude d'avantages par rapport à la récolte de plantes sauvages. Les fermiers avaient désormais une meilleure maîtrise de l'espace et du temps : ils savaient où aller pour trouver la majorité de leurs aliments et pouvaient coordonner le moment où ils seraient probablement prêts pour la récolte.

En outre, la domestication des espèces cultivées a permis à l'homme de sélectionner les caractères qui étaient appréciés (par exemple, des fruits plus gros, une teneur en graisse plus élevée, la facilité d'accès à la partie souhaitée de la plante) et de ne pas sélectionner des éléments non appréciés, comme les toxines que les plantes développent pour empêcher d'être mangées par d'autres organismes.

Mais il est évident que nous étions des humains, bien avant d'être des agriculteurs, en particulier sur le plan culturel. La cuisson, qui a longtemps précédé l'agriculture dans toutes les sociétés humaines[24], a pu être facilitée par la présence de récipients dans lesquels cuisiner. En Chine, la poterie existait depuis dix mille ans avant l'agriculture.[25] La poterie était certainement utilisée pour la cuisson des produits de la chasse et de la cueillette. Les cruches en céramique étaient probablement utilisées pour transporter et conserver l'eau et les aliments crus. Elles étaient peut-être aussi utilisées comme récipients pour la fermentation ou la conservation des aliments, y compris pour la production de boissons alcoolisées. L'homme moderne considère l'alcool avant tout comme un lubrifiant social, mais l'alcool est riche en calories et c'est en fait un excellent moyen de conserver des aliments qui, autrement, s'abimeraient. À bien des égards, la bière ressemble à une tartine de pain liquide.

Le feu, la cuisson des aliments et les outils ont été très importants dans notre transformation en humains modernes. Toutefois, une fois implantée dans les sociétés du monde entier, l'agriculture a provoqué d'énormes changements dans la culture humaine. Parmi ces changements on trouve le passage d'une existence nomade et migratoire à des installations permanentes et à des styles de vie sédentaire, une plus grande spécialisation des individus, y compris l'apparition de spécialistes de l'artisanat à plein temps. Ces transformations auraient alors permis le développement des métiers et leur expansion, des arts et des sciences, le développement du commerce et d'autres aspects de l'économie, la formation des structures politiques, l'augmentation des disparités de richesse entre les individus, et des changements dans les rôles des sexes (sur lesquels nous reviendrons au chapitre 7).

Mais qu'en est-il des poissons dans la parabole des pains et des poissons ?

Les outils en pierre, le feu et la cuisson ont tous entraîné des changements de l'anatomie humaine et de la structure sociale. De la même façon, il est possible que la consommation de poissons, de tortues et d'autres aliments côtiers ait contribué au développement de nos gros cerveaux.[26] La pêche côtière et fluviale est moins dangereuse que la chasse aux grands mammifères terrestres et elle est plus accessible aux personnes qui ne disposent pas d'outils sophistiqués ni de techniques de chasse communautaires.[27] Des preuves importantes montrent qu'il est possible que nous ayons vécu le long des côtes pendant bien plus de 100 000 ans, ce qui est cohérent avec le fait que la faune aquatique a constitué une part importante de notre alimentation.[28]

Des chimpanzés ont été observés en train de pêcher des crabes dans les montagnes Nimba en Guinée. Si l'on extrapole aux premiers humains qui vivaient dans des habitats similaires, on peut supposer que notre régime alimentaire initial comprenait une quantité importante de poissons et d'autres animaux aquatiques.[29] Les Béringiens, qui se sont spécialisés dans la pêche au saumon sur leur route vers le Nouveau Monde, ont peut-être amélioré un processus qui existait déjà. Il est possible que la consommation de poisson ait été un élément essentiel du puzzle de l'évolution humaine précoce.

En l'espace de 10 000 ans, le monde préhistorique peuplé de millions de chasseurs-cueilleurs s'est transformé en un monde d'un milliard de personnes qui consommaient des aliments issus de l'agriculture traditionnelle. Puis, au cours des deux cents dernières années, nous avons amplifié sa transformation et nous sommes désormais 7 milliards d'individus qui survivent grâce à une agriculture intensive, basée sur des combustibles fossiles non durables. Désormais, seul un petit pourcentage de la population a un contact direct avec l'agriculture. Les personnes qui ont au moins un peu de lien avec l'origine de leur nourriture, parce qu'ils la cultivent eux-mêmes, parce qu'ils cueillent de temps en temps des fruits ou parce qu'ils discutent avec les producteurs sur leur marché local, sont plus susceptibles d'apprécier la complexité de la nourriture, la valeur du terroir et les multiples interactions entre les traditions culinaires. Celles qui ont une certaine compréhension de l'origine et de l'histoire de leur alimentation sont également moins susceptibles de croire qu'une boisson énergisante peut remplacer complètement la nourriture.

La fête de la moisson

À la fin d'une des saisons sur le terrain d'Heather, dans le nord-est de Madagascar, où elle étudiait la vie sexuelle des grenouilles vénéneuses, elle a été invitée par le patriarche d'une famille locale à photographier un *retournement*, c'est-à-dire une cérémonie de retournement des os. Lors de la cérémonie annuelle, après la moisson, les ossements de quelques ancêtres sélectionnés sont déterrés. Ceux qui sont morts récemment et qui étaient dans des boîtes mortuaires sont remballés et remis dans des boîtes à ossements plus petites. Ceux qui sont déjà dans des boîtes à ossements sont enveloppés dans des nouveaux linceuls. Mais lorsque les morts sont de sortie, les vivants en profitent pour leur parler, pour leur raconter les grands événements de l'année écoulée, l'importance de la récolte, la fréquence des tempêtes, des naissances et des mariages. Pas besoin de les informer des décès, on peut supposer que les morts connaissaient déjà les noms de ceux qui les avaient récemment rejoints.

Le jour où Heather a assisté à l'événement, les ancêtres étaient déjà prêts et cachés, mais la cérémonie s'est poursuivie pendant presque vingt-quatre heures. Cela a commencé par une tournée de *toaka gasy*, le remontant « tord-boyau » local. Cette cérémonie a été suivie du sacrifice rituel d'un zébu, ce bovin à grandes cornes qui est commun sur le haut plateau de Madagascar, mais qui est rare et précieux dans les forêts humides des basses terres où nous nous trouvions. L'abattage proprement dit s'est déroulé dans le calme, sous le regard des adultes et des enfants, après quoi les abats ont été étalés sur des feuilles de bananier sous le soleil de midi. Un homme et une femme ont été désignés pour « éloigner les esprits » jusqu'à ce que la fête commence en début de soirée. Aux yeux d'Heather, une observatrice relativement peu informée, les gardes semblaient surtout capables d'éloigner les poulets.

Un ancien s'est levé et s'est adressé aux villageois, aux ancêtres et aux vivants. Il s'est exprimé en malgache, que ni Heather ni son assistant de terrain ne pouvaient comprendre, mais son effet sur le public était évident. Le ton qu'il utilisait passait rapidement du respect sobre aux souvenirs légers, et ses plaisanteries étaient bien accueillies. Il était clairement apprécié. Un jour, dans le futur, des vivants s'adresseront à lui comme à un des ancêtres, de la même manière.

Après l'allocution aux ancêtres, la célébration est devenue plus mouvementée. Avant le début du festin qui dura toute la nuit, il y eut de la musique, de la danse, et encore plus de *toaka gasy*. Les femmes du village dansaient en file indienne. Elles se déhanchaient, chantaient et attiraient parfois un homme dans leur groupe. Le festin de cette nuit-là, notamment la viande de zébu, restera longtemps dans les mémoires.

Madagascar est une terre de fêtes. Madagascar est également désespérément pauvre. Les repas quotidiens se composent généralement de riz, de *ranonapango* (eau de riz brûlé, considérée familièrement comme la boisson nationale), et de peu d'autres choses.

Dans la rue, il est fréquent de se saluer en demandant « Combien de bols de riz avez-vous mangé aujourd'hui ? ». Un chiffre élevé indique une richesse relative, et montre qu'au moins ce n'est pas la famine. Cette salutation courante nous a été adressée, lors de notre passage sur cette énorme île rouge, alors que nous sommes évidemment des vazaha, c'est-à-dire des étrangers à la peau blanche.

Pourquoi les Malgaches continuent-ils à festoyer tandis que leur pays est affamé ? C'est un autre paradoxe. Pour nous, biologistes de l'évolution, il est une sorte de carte au trésor. Quand vous voyez un paradoxe, continuez à creuser.

La nature ne gaspille pas. Ainsi, lorsque vous pensez voir du gaspillage, dans les festins des Malgaches, dans les temples massifs des Mayas, dans les écureuils qui enterrent plus de noix à l'automne qu'ils ne semblent pouvoir en déterrer au printemps, pensez que vous regardez probablement avec le mauvais objectif. Il existe probablement une stratégie à long terme qui n'est pas visible avec les outils habituels.

La capacité de charge, c'est-à-dire le nombre maximal d'individus qui peuvent se développer de manière durable dans un environnement donné, à un moment donné, semble stable lorsque l'on fait un zoom arrière, sur des générations ou sur une éternité. Mais si l'on fait un zoom avant, on observe que les perturbations de la capacité de charge peuvent être extrêmes. Plus on se rapproche dans l'espace et le temps, plus ce paramètre varie énormément. Pour les agriculteurs, cela se traduit par des années de prospérité et des années de récession. Pour chaque année où les récoltes dépassent les attentes moyennes, il y a une autre année où elles sont inférieures à la moyenne. Si le taux de natalité devait suivre les fluctuations annuelles des récoltes, dont on entend tant parler, la moitié des années, il n'y aurait pas assez d'argent pour tout le monde. Ces années seraient naturellement des années de conflit et de division, et entraîneraient à long terme le déclin d'une lignée. La solution consiste à créer des activités pour dépenser les ressources excédentaires afin qu'elles ne se transforment pas en davantage de bébés, lesquels pourraient entraîner une demande non satisfaite. Les fêtes sont l'une de ces activités qui permettent de dépenser des ressources. En investissant dans la cohésion communautaire, plutôt que dans de nouvelles bouches, une population peut éviter les calamités régulières et prévisibles créées par la fluctuation des récoltes.

Pour s'adapter aux cycles d'expansion et de récession, une stratégie de type « quatrième frontière » est mise en œuvre depuis longtemps dans la relation de l'homme avec la nourriture. Nous y reviendrons dans le dernier chapitre du livre.

UN NOUVEAU REGARD

Nous pourrions appeler cette section *Le nouveau casher*. La plupart des anciennes lois alimentaires sont aujourd'hui dépassées, mais cela ne veut pas dire que nous ne pouvons pas utiliser certaines règles pour savoir comment, quoi et quand manger.

- **Au supermarché, allez dans les rayons des produits frais et bruts.**[30] Ou idéalement, achetez vos aliments avec le moins d'intermédiaires possible, par exemple sur un marché de producteurs. Presque tout ce que l'on trouve dans les conserves et aliments préparés des supermarchés contient plus de sucre, plus de sel, plus d'umami*. La fabrication de ces aliments est généralement peu contrôlée, du moins pas à long terme. Mâcher de la canne à sucre n'est pas la même chose que manger du sucre raffiné. De même, mâcher des feuilles de coca ne revient pas à sniffer de la cocaïne. Les aliments très raffinés (c'est-à-dire « les aliments très transformés ») sont un autre exemple d'hyper-nouveauté, tout comme le plastique. Essayez donc d'éviter les aliments emballés dans du plastique, et surtout évitez que vos aliments soient en contact avec du plastique chaud.

- **Évitez les OGM.** Les OGM ne sont ni intrinsèquement dangereux ni intrinsèquement sûrs. Ils sont cependant différents de la sélection artificielle à laquelle les agriculteurs se livrent depuis des milliers d'années. Lorsque les agriculteurs choisissent des plantes à cultiver ou des animaux à élever, en favorisant certains caractères et en en réduisant d'autres, ils interviennent dans un environnement sur lequel la sélection a déjà agi. En revanche, lorsque les scientifiques insèrent des gènes ou d'autres matériels génétiques dans

---

* Note de l'éditeur : l'umami, emprunté à la langue japonaise, se traduit généralement par savoureux. C'est l'une des cinq saveurs de base avec le sucré, le salé, l'acide et l'amer.

des organismes qui n'ont pas d'histoire récente avec ces gènes, ils créent un terrain de jeu totalement nouveau. Parfois, ils auront de la chance, et le résultat sera utile et bon pour les humains. Parfois, ils n'auront pas de chance. Les formes de vie chimériques créées par l'homme à l'aide de techniques de pointe ne sont pas intrinsèquement sûres. Quiconque vous dit le contraire se trompe ou vous ment.

- **Respectez vos aversions et vos envies de manger**, surtout après avoir fait de l'exercice, après une maladie ou pendant la grossesse (tant que ces envies correspondent à de vrais aliments ne présentant pas de risques particuliers).[31]

- **Exposez les enfants à une gamme variée d'aliments complets**, en particulier ceux qui les relient à vos origines culinaires et ethniques. Mangez les mêmes aliments que ceux que vous leur proposez et montrez-leur que vous les appréciez. Laissez les produits de saison sur la table et laissez les enfants manger tous les fruits qu'ils y trouvent, ce qui les encourage à développer leurs propres préférences tout en apprenant comment et quand explorer une multitude d'aliments bruts.

- **Inspirez-vous de vos origines ethniques et de leurs traditions culinaires pour vous guider dans votre régime.** Si vous êtes Italien, inspirez-vous de la cuisine italienne pour trouver des indices sur la façon dont vous devez manger. Si vous êtes Japonais, tournez-vous vers la cuisine japonaise. En effet, les aliments présentés dans les restaurants, bien que souvent délicieux, ne représentent souvent qu'une infime partie de la panoplie complète d'une tradition culinaire.

- **Ne réduisez pas les aliments à leurs composants**, comme les glucides et les fibres, l'huile de poisson et l'acide folique. Pensez plutôt à la nourriture en pensant aux espèces dont elle provient, aux populations qui l'ont utilisée pour la première fois, aux innombrables façons dont elle est aujourd'hui préparée et consommée dans le monde entier.

- **Faites en sorte que la nourriture occupe moins de place dans votre vie.** Pendant la majeure partie de l'histoire, les sociétés humaines se sont adaptées aux périodes d'expansion et de récession par des rituels de fêtes et de longues périodes de frugalité. Mais récemment, l'agriculture a entraîné une augmentation de la capacité à conserver des aliments et à les stocker pour les jours de pluie ou, plus probablement, à économiser pour une sécheresse prolongée ou une mauvaise récolte. Alors que nos cerveaux modernes veulent consommer le plus possible, nos corps anciens veulent faire des réserves pour plus tard. Lorsque les calories étaient rares et leur disponibilité imprévisible, cette tendance métabolique était logique. Lorsqu'un chasseur-cueilleur trouvait du miel et réussissait à l'extraire de ses abeilles, il allait probablement s'en gaver avec ses amis, car ils ne savaient pas quand ce banquet sucré pourrait se reproduire.[32] Mais comme les ressources alimentaires ne sont plus rares, se gaver n'est pas une stratégie efficace parce que la pénurie n'arrive jamais. De ce fait, nous avons trop d'occasions de nous gaver. Nous devons utiliser notre volonté pour lutter contre nos pulsions évolutionnistes afin de ne pas subir l'hyper-nouveauté qu'offrent les épiceries ouvertes nuit et jour. S'astreindre, comme le recommande le jeûne intermittent, à ne pas manger pendant des périodes régulières, semble être une solution saine.

- **N'oubliez pas que la nourriture est un facilitateur social pour les humains.** Manger seul dans sa voiture après être passé au drive est une situation nouvelle, et cela ne nous aide pas à nous connecter à notre nourriture, à notre corps et à ses besoins, ou à ceux des autres.

Chapitre 6

Le sommeil

À première vue, le sommeil semble être un mystère. Si des extraterrestres venaient visiter la Terre, on peut imaginer qu'ils seraient troublés par le fait que nous entrons quotidiennement dans un état de coma et que nous avons des hallucinations. Nous vivons des histoires folles et nous interagissons avec des personnages étranges tout en étant paralysés. En réalité, ils ne seraient probablement pas surpris du tout, car tout extraterrestre capable de se rendre sur Terre par ses propres moyens dormirait presque certainement, et rêverait probablement.

Il est moins certain, mais tout de même probable, que les extraterrestres qui réussiraient à atteindre la Terre traverseraient une période au cours de laquelle leurs habitudes temporelles ne seraient pas en phase avec leur cerveau et leur corps anciens, ce qui entraînerait une perturbation générale de leur sommeil. C'est ce que nous vivons aujourd'hui. Avant de maîtriser le voyage interstellaire, ils auraient dû résoudre leurs problèmes de sommeil, sous peine de ne pas être capable de donner le meilleur d'eux-mêmes. Plus loin dans ce chapitre, nous aborderons certains moyens que les humains modernes pourraient utiliser pour résoudre les leurs.

À chaque fois que les scientifiques se sont demandés si un animal donné dormait, la réponse a été affirmative[1], ce qui nous amène à nous demander *pourquoi*.

Le sommeil fait partie de nos vies, notamment suite à un simple compromis : il est impossible de construire un œil qui soit optimisé à la fois pour le jour et la nuit. Vous pourriez avoir deux paires d'yeux, mais il serait impossible de construire un cortex visuel qui soit optimisé à la fois pour le jour et la nuit sans augmenter considérablement la taille du cerveau et ses besoins énergétiques. Cela crée une situation difficile. Est-il plus intéressant d'être une créature dont l'œil est très fragile, mais pas particulièrement adapté au jour ou à la nuit ? Ou bien est-il plus intéressant de se spécialiser dans une condition et de sacrifier l'autre ? Toutes les solutions existent. Les spécialistes du jour sont diurnes, les spécialistes de la nuit, nocturnes, et ceux qui se spécialisent dans les périodes intermédiaires sont des organismes crépusculaires. Il y a des dik-diks (antilopes naines) diurnes, des rossignols nocturnes et des capybaras (rongeur d'Amérique du Sud) crépusculaires. Toutes les solutions comportent des compromis.

Toutes choses égales par ailleurs, si vous avez des yeux, la nuit est plus difficile que le jour. Le jour offre des cadeaux astronomiques. Le soleil diffuse un nombre considérable de photons, qui rebondissent sur les surfaces et révèlent fortuitement, à ceux qui possèdent des photorécepteurs, leur environnement. C'est un cadeau énorme. (Bien sûr, nous pouvons également affirmer avec certitude que le fait d'être nocturne a aussi ses avantages, notamment l'absence de concurrents diurnes. De toute façon, que vous soyez diurne, nocturne ou crépusculaire, vous dormirez pendant une partie de la rotation de la Terre sur elle-même).

Nous sommes issus d'une lignée de créatures diurnes qui date de plusieurs millions d'années. Il existe seulement quelques singes nocturnes et aucun grand singe nocturne. Ainsi, notre état diurne remonte probablement au moins à l'ancêtre commun le plus récent de tous les simiens (les singes, *sensu lato*). Il est donc avantageux d'être une créature diurne, en raison de la gratuité de la lumière du soleil, mais également car nous sommes diurnes depuis très longtemps dans notre histoire évolutive. Cela pose toutefois la question de savoir que faire la nuit.

Le sommeil permet d'économiser de l'énergie. Si vos yeux ne sont pas adaptés à la nuit, essayer d'être écologiquement productif à ce moment-là risque d'être à la fois un gaspillage (car vous manquerez les choses que vous devez voir) et dangereux (car les chasseurs spécialisés dans la nuit seront probablement plus forts pour vous trouver que vous pour les éviter). Étant donné le danger que représente la famine pour chaque animal, si l'on choisit de ne pas être productif, il faut trouver de quelle manière dormir. À certains égards, il est aussi utile de ne pas gaspiller d'énergie que d'en trouver. La question est alors de savoir quel niveau de sommeil adopter.

Pour les humains en particulier, il serait dommage de prendre le merveilleux ordinateur que nous avons sur nos épaules et de le mettre totalement à l'arrêt pendant la nuit, juste parce que nos yeux ne sont pas adaptés. En effet, même lorsque nous ne pouvons littéralement pas voir ce qu'il se passe dans le monde, nous pouvons nous intéresser à ce que nous avons déjà vu. En réponse à cela, la sélection a emprunté l'incroyable puissance de calcul qui existe dans notre appareil visuel et l'a reprogrammé pour en faire une sorte de cinéma. La nuit, nous sommes physiquement endormis, mais pas mentalement.

Dans le sommeil, nous prédisons et imaginons ce que nous pourrions voir dans le futur, et nous élaborons des scénarios autour de ces possibilités. Pour que la prochaine fois, nous sachions quoi dire, comment nous sentir. Pour que nous soyons préparés.

Nous pouvons prédire que des extraterrestres intelligents reconnaîtraient d'emblée le sommeil. En effet, si la Terre est particulière à bien des égards, le jour et la nuit sont des caractéristiques communes à tous les corps planétaires sur lesquels la vie est susceptible d'évoluer.[2] Si des extraterrestres étaient suffisamment complexes, intelligents et sociaux pour nous rendre visite, ils viendraient probablement d'une planète sur laquelle la situation est similaire, avec des jours lumineux et des nuits sombres, une planète où la dormance physique pendant une partie de la journée a un sens historique, mais où, pendant ce temps, l'appareil mental est devenu très actif.

D'une manière générale, le sommeil tel que nous le connaissons peut être divisé en deux types : le sommeil à mouvements oculaires rapides (le sommeil paradoxal ou REM pour *Rapid Eye Movement*), au cours duquel les yeux papillonnent rapidement et les muscles des membres et du tronc se relâchent, et le sommeil lent, au cours duquel l'activité des ondes cérébrales ralentit et se synchronise.[3]

Tous les animaux semblent dormir, mais seuls les mammifères et les oiseaux ont un sommeil paradoxal, bien que les premiers signes de ce type de sommeil aient été observés chez un lézard australien.[4] Le sommeil lent est donc plus ancien que le sommeil paradoxal, et chez les espèces qui connaissent les deux types de sommeil, il survient également plus tôt dans la nuit.

Pendant le sommeil lent, notre cerveau fixe les souvenirs en place. Celui des grands singes fait de même, y compris celui des chimpanzés.[5] Notre cerveau élimine également les informations anciennes et redondantes et intègre les compétences que nous avons apprises lorsque nous étions éveillés (par exemple : dactylographie, ski, calcul…). D'où l'adage « dormir dessus ». Le sommeil paradoxal, arrivé plus tard au cours de l'évolution, nous apporte les rêves.

Pendant le sommeil paradoxal, nous nous livrons à une régénération émotionnelle, nous réfléchissons à ce qui s'est passé, nous nous projetons dans l'avenir et nous imaginons des passés et des futurs possibles. L'état de sommeil paradoxal est un état créatif. Il correspond au mode exploration.

Le sommeil paradoxal peut être chaotique et ses créations peuvent être désorganisées. On peut supposer que le sommeil lent corrige certains produits du sommeil paradoxal. Une fois que la sélection a découvert qu'il y a des moyens utiles d'occuper l'esprit pendant le sommeil corporel, elle a ensuite trouvé toutes sortes d'utilités, et les individus sont devenus dépendants de leur capacité à accéder à cet état. Notre corps et notre cerveau, notre vie linguistique et émotionnelle, notre répertoire social et comportemental, tous dépendent du sommeil.[6]

Le sommeil lent est ancien. Il remonte au moins à l'origine des animaux, et il est nécessaire pour toutes sortes de réparations. Ainsi, les bienfaits du sommeil sont bien plus anciens que ceux des rêves, mais cet état de rêve nous est tellement bénéfique pour élaborer des scénarios qu'il a largement dépassé les risques de l'apparition du sommeil. Les avantages que le sommeil apporte sont plus importants que les inconvénients de passer un tiers de la journée à dormir.

Les rêves et les hallucinations

Il y a longtemps, au moment le plus sombre et le plus calme d'une nuit, des heures après s'être endormie, Heather s'est levée, a regardé Bret et a dit : « As-tu vraiment l'intention de laisser ces pièces de voiture dans le lit ? ».

La réponse de Bret, « Je crois, oui » n'a pas apaisé les tensions. De plus, le fait qu'il n'y avait, bien sûr, aucune pièce de voiture à proximité du lit ne constituait en aucun cas un argument recevable dans cette discussion.

Ce n'était pas la première fois qu'Heather parlait pendant son sommeil profond et qu'il était impossible d'entamer un dialogue en utilisant les règles normales de communication. Quand Bret répondait à Heather qui parlait en dormant, le ton se dégradait généralement rapidement. Il n'y avait, semble-t-il, aucun moyen de raisonner l'un ou l'autre. Plus tard, lorsque Bret lui parlait de ces épisodes dont elle n'avait pas conscience, Heather savait intérieurement ce que Bret était censé faire.

« Ne discute pas avec moi. Laisse-moi faire les questions et les réponses, et cela s'arrêtera rapidement. »

Voir des choses qui ne sont pas là. Entendre des sons qui n'ont jamais été émis. Croire des choses qui ne sont pas vraies, mais en être certain. Être incapable de contrôler ses mouvements. Avoir des conversations avec des gens qui n'existent pas.

Il s'avère que la liste des symptômes d'une personne atteinte de schizophrénie ressemble étrangement au comportement d'une personne endormie qui rêve : nous entrons tous dans cet état chaque nuit, même si tout le monde ne sort pas de cet état et ne parle pas durant son sommeil. Nous faisons rarement ce parallèle, car notre état de rêve est généralement associé à une paralysie et une amnésie. À l'heure du petit-déjeuner, toute confrontation avec la réalité est heureusement impossible car nous n'avons plus accès à ces informations.

Il est surprenant que des organismes qui n'ont pas cette capacité de rêver, tels que les champignons *Psilocybe* et le cactus peyote, nous permettent néanmoins, si on les consomme, d'avoir accès à cette même tendance.

Pour expliquer cela, nous devons prendre du recul. Les organismes, y compris nous et les autres animaux, ainsi que les plantes et les champignons, ne veulent généralement pas être mangés. Les fruits, le nectar et le lait sont, comme nous l'avons vu dans le chapitre précédent, des exceptions à cette règle, mais en général, les organismes font beaucoup d'efforts pour décourager la consommation des parties de leur corps. Les barrières physiques telles que les épines de cactus, les piquants de porc-épic, les carapaces de tortue sont une méthode. Le poison est une autre solution, mais elle est souvent trop rudimentaire pour être assez efficace. Si un cerf meurt après avoir mangé de la digitale, il sera remplacé par un autre cerf qui ne connaîtra pas le poison de la plante. D'autre part, si un cerf élargit son répertoire alimentaire en choisissant de manger un champignon *Psilocybe* et s'il passe le reste de la journée à faire une pause psychotique temporaire, il est possible qu'il aille chercher son prochain repas ailleurs, ayant été éduqué, et peut-être terrorisé, plutôt que tué.

Le terme *composé secondaire* est un terme botanique vague qui désigne une substance non fonctionnelle dans l'organisme qui la produit. Elle est plutôt destinée à interagir avec les voies d'autres créatures, souvent de manière hostile. Les substances irritantes contenues dans le sumac vénéneux sont un élément dissuasif évident pour les herbivores qui mangent ces feuilles. De même, la pomme de terre et les autres morelles* contiennent des substances toxiques

* Note de l'éditeur : plantes du genre *Solanum* et dont les fruits sont souvent toxiques.

endogènes, une classe de composés appelés glycoalcaloïdes, qui sont très toxiques pour l'homme. À l'opposé de ces véritables poisons et irritants, il existe d'autres types de composés secondaires. La capsaïcine est la molécule qui crée une sensation de brûlure lorsque nous mangeons des piments. Elle dissuade généralement les mammifères de manger les graines car celles-ci sont destinées aux oiseaux. En effet, ils ne possèdent pas les récepteurs pour sentir la « brûlure ». La caféine dissuade les herbivores de manger des graines qui en contiennent une forte concentration. Elle pourrait également être une sorte d'ingénierie sociale pharmacologique de la part des plantes. Lorsque les abeilles sont récompensées avec du sucre contenant de la caféine, leur mémoire spatiale est multipliée par trois. Le nectar caféiné des fleurs d'agrumes et des fleurs de café pourrait bien inciter leurs pollinisateurs, les abeilles, à se souvenir d'elles et à en redemander.[7]

Qu'il s'agisse des champignons *Psilocybe*, de l'ergot de seigle, du cactus peyote et de l'infusion d'ayahuasca, de la sauge ou des crapauds du désert de Sonoran, il existe des champignons, des plantes et des animaux qui ont produit des composés secondaires capables d'interagir avec notre physiologie d'une manière semblable à nos états de rêve. Appelez-les hallucinogènes, ou psychédéliques, ou enthéogènes, ils peuvent agir sur nos capacités de narration et de compréhension.

Les journées qui ponctuent nos vies sont reliées par des rêves. Pour éviter de se réveiller chaque matin en imaginant être des nouvelles personnes, nos rêves nous donnent un contexte, et nous permettent de grandir entre les journées.

Nous sommes conscients pendant la journée, et inconscients au cours de la première partie de la nuit, pendant le sommeil lent. Lorsque le sommeil paradoxal s'accélère dans la seconde moitié de chaque nuit, notre conscience est empruntée, notre corps est mis hors service, il est paralysé, et notre esprit conscient crée des fictions étranges, hypothétiques et extravagantes. Parfois, elles sont même vraies.

Un grand nombre de cultures ont pour tradition de déclencher intentionnellement des états hallucinogènes chez certains membres ou chez tous leurs membres. L'homme étant l'homme, il n'est pas surprenant de constater que de nombreuses cultures ont utilisé des composés secondaires qui déclenchent des rêves éveillés terrifiants, et ont transformé ce qui aurait pu être un mauvais trip en un outil important d'expansion de la conscience humaine. Nous y reviendrons au chapitre 12.

De nombreuses cultures se sont appropriés les composés secondaires hallucinogènes des plantes et des champignons pour élargir la conscience de leurs membres. Beaucoup ont également des rituels de sommeil, des plus simples aux plus élaborés, qui préparent les individus à dormir la nuit. Même certains de nos cousins les plus proches se livrent à des rituels avant de dormir.

La tombée de la nuit dans la jungle

La nuit tombait sur Tikal (une ancienne citadelle Maya). Aujourd'hui devenue une énorme ruine où la jungle empiète de tous côtés, Tikal était autrefois un centre de commerce, de politique et d'agriculture pour les Mayas. Le crépuscule dans la forêt tropicale est un moment de transition : les diurnes ralentissent le rythme de la journée, les nocturnes se réveillent, et les crépusculaires rôdent à la recherche d'une opportunité. C'est leur moment. Les sons de la journée, le chant des oiseaux et l'interminable bourdonnement des cigales disparaissent tandis que des chœurs de grenouilles se mettent à coasser et que de multiples araignées deviennent visibles grâce à l'éclat rouge de leurs yeux. Comme aucun animal n'est aussi actif le jour que la nuit, au crépuscule comme à l'aube, la distribution change. C'était au début des années 1990, et nous étions au milieu d'un long voyage en sac au dos à travers l'Amérique centrale, près de la base d'un des temples de Tikal. Le crépuscule tombait vite, comme c'est le cas sous les tropiques. C'était il y a si longtemps qu'il était encore autorisé de camper juste à côté des temples. Alors que la lumière baissait, nous avons trouvé un endroit pour planter notre tente et nous avons parlé de notre journée. Puis les singes-araignées sont arrivés. Eux aussi se couchaient pour la nuit, au-dessus de la canopée de la forêt tropicale. Eux aussi parlaient entre eux. Il est cependant possible que des linguistes et d'autres professionnels s'opposent à cette caractérisation, car elle n'est pas tout à fait juste. Les singes-araignées ne sont pas connus pour avoir une syntaxe, un vocabulaire étendu ni ce qui compose habituellement les échanges linguistiques. Pourtant, il est certain qu'ils communiquaient entre eux, ils bavardaient. Nous étions debout sur le sol. Nous faisions une pause dans l'installation de notre propre gîte temporaire pour la nuit, en regardant nos superbes cousins primates effectuer leurs rituels nocturnes.

Les rituels des singes-araignées sont protecteurs, ils se cachent ou se protègent des prédateurs nocturnes. Ils peuvent avoir des sentinelles, une personne qui dort à proximité des limites du groupe, pour surveiller les intrus.

Pour nos ancêtres récents, le comportement nocturne protecteur était étroitement lié au feu. Les premiers humains se réunissaient autour de feux et se livraient à une activité très inhabituelle : ils discutaient. Ils échangeaient des informations sur la journée, des opinions sur l'avenir. Ils racontaient des histoires transmises par les anciens. Ils chantaient. Parfois, ils dansaient. Puis ils s'endormaient.

Comme les singes-araignées, nos ancêtres s'endormaient directement après le dîner. Ils n'avaient pas les difficultés de sommeil que connaissent de nombreux humains du XXIe siècle. Ils s'endormaient facilement, ils dormaient bien et ils se réveillaient en pleine forme.

La nouveauté et la perturbation du sommeil

Les connaissances actuelles montrent que les singes n'accèdent pas à leur état de rêve en utilisant des substances enthéogènes. Ce trafic propre à l'homme peut être considéré comme une utilisation de la nouveauté à des fins potentiellement adaptatives.

La nouveauté affecte évidemment notre lien avec le sommeil de nombreuses façons.

Les lumières artificielles sont en tête de liste. Cette liste comprend également les voyages en avion, la pollution sonore et notre économie qui fonctionne 24 h/24 et fait travailler de nombreuses personnes de nuit. Au cœur de notre cerveau se trouve une région appelée le noyau suprachiasmatique, qui joue le rôle d'horloge biologique. Il garde la trace de l'heure qu'il est. Non pas dans le sens de « il est 17 heures », mais dans le sens de l'heure à laquelle nous nous trouvons par rapport à la photopériode, la durée du jour sur une période de 24 heures. En effet, jusqu'à très récemment, c'était le seul paramètre important. À Londres, 16 heures est considéré comme le jour aussi bien en décembre qu'en juin, alors qu'en juin à 16 heures, le soleil est encore haut dans le ciel et qu'en décembre le soleil est déjà couché. Jusqu'à récemment, l'obscurité comptait bien plus que la position d'une personne dans une journée de 24 heures. Donc en tant qu'humains, nous avons fait ce qui était le plus pratique. Pour prolonger notre période de productivité, nous avons fait preuve d'ingéniosité en inventant la lumière artificielle. Les avantages sont évidents, mais les dangers le sont moins.

Avant l'invention de l'éclairage électrique, après le coucher du soleil, l'homme n'a jamais connu de lumière d'une intensité ou d'une durée comparable à celle à laquelle nous sommes aujourd'hui habitués dans nos espaces intérieurs.

La lumière du jour est intense, même par temps couvert, mais notre cerveau fait un travail fantastique pour masquer la luminosité de notre environnement. Toute personne suffisamment âgée, ou connaisseuse, qui a utilisé une pellicule (et non la photographie numérique) se souviendra d'avoir été surprise par les indications du posemètre, montrant des variations considérables entre des scènes toutes très lumineuses. Nous l'avons expérimenté dans les forêts tropicales d'Amérique latine et de Madagascar dans les années 1990. Le sous-bois d'une forêt tropicale de plaine est un enchevêtrement dense et luxuriant de lianes et d'arbustes, ponctué par les colonnes des troncs d'arbres massifs et les bruits d'insectes. Les forêts tropicales ne semblent pas être particulièrement sombres, jusqu'à ce que vous atteigniez une lisière et que vous vous promeniez dans un pâturage exploité, ou sur une route, et que vous vous retrouviez aveuglé par le soleil. Les posemètres ne mentent pas, et ils révèlent que le pourcentage de lumière sur le sol de la forêt tropicale ne représente qu'une infime partie de celui du sommet de la canopée, à peine 1 % selon de nombreuses mesures. Pourtant, nos yeux s'adaptent et nous pouvons très bien voir dans de telles conditions.

Cela signifie que nous sommes mal équipés pour savoir quand le niveau de lumière auquel nous sommes exposés n'est pas normal. La lumière du jour est vive et tend vers l'extrémité bleue du spectre visible. Les lumières du clair de lune et du feu de cheminée sont pâles et tendent vers l'extrémité rouge du spectre. La lumière d'intérieur est généralement plus vive que le clair de lune ou le feu de cheminée. Elle est beaucoup plus bleue que la lumière du jour, mais pas aussi vive. Cela peut perturber les rythmes circadiens et les cycles hormonaux, et donc provoquer des troubles du sommeil. Il est désormais démontré que la lumière du soir d'intensité moyenne, provoque une perturbation du rythme circadien (et il est également vrai que les individus présentent des différences importantes de sensibilité à cette perturbation, ce qui rend difficile l'extrapolation d'une anecdote à des populations entières).[8]

En revanche, l'homme a des antécédents si longs avec le feu que ses glandes pinéales sont bien équipées pour faire face à la lumière rouge du spectre du feu bien après le coucher du soleil, sans conséquences négatives sur le sommeil. Le fait de pouvoir allumer la lumière bleue, celle du jour, à tout moment, est un phénomène tout à fait nouveau, auquel nous sommes moins bien adaptés.

La science empirique a commencé à le révéler : la lumière de spectre bleu, la nuit, n'est pas bonne pour la santé.[9] Récemment, le marché a réagi en proposant de nombreux filtres rouges et des logiciels qui modifient le spectre émis par les écrans la nuit. Nous aurions pu nous en apercevoir bien plus tôt si nous avions pris les précautions nécessaires lorsque nous avons mis la lumière en bouteille. Il est évident que la capacité de générer de la lumière au bout d'un fil a un potentiel de transformation. Les chances que ce soit inoffensif sont quasiment nulles.

Et maintenant, nous commettons à nouveau la même erreur. Le passage des ampoules à base de tungstène aux ampoules fluorescentes puis aux LED nous offre à nouveau une lumière plus froide et plus bleue qui est caractéristique de la journée. Pire encore, chez beaucoup de personnes WEIRD du XXIe siècle, des petites LED bleues brillent ou clignotent désormais dans toutes les pièces des maisons (à moins qu'elles ne soient couvertes ou obscurcies d'une autre manière, ce que nous recommandons). Nos cerveaux ont évolué et sont devenus capables de deviner l'heure de la journée grâce au spectre de la lumière qui entre en contact avec les yeux. Aujourd'hui, la lumière bleue caractéristique du midi nous éclaire à toute heure. Il n'est pas étonnant que beaucoup de personnes aient du mal à trouver le sommeil.

Si nous comprenions vraiment les coûts et les avantages des spectres lumineux, notre civilisation les réglementerait étroitement de manière à préserver nos cycles de sommeil et d'éveil. Nombreux sont ceux qui souffrent d'insomnie lorsqu'ils sont chez eux, mais qui la voient disparaître lors de vacances en camping, car le cycle de la lumière du soleil et de la lune nous ramène à un état plus ancestral. En tant que biologistes de l'évolution, nous émettons l'hypothèse que la suppression de la lumière du jour pendant la nuit pourrait avoir un impact curatif sur certaines personnes souffrant de troubles psychologiques débilitants, celles qui souffrent de délires diurnes, de paranoïa, d'hallucinations, celles qui, pourrait-on dire, voient leur état de rêve s'immiscer dans leur journée éveillée.

Comme si cela ne suffisait pas à nous inquiéter, nous ne sommes pas les seuls organismes à présenter une sensibilité fatale à la lumière électrique.

Tout le monde a déjà vu des papillons de nuit attirés sans raison par une ampoule électrique. Ils se comportent ainsi parce qu'ils sont programmés pour un monde sans technologie. Il est possible qu'ils se déplacent et volent en fonction de leur orientation par rapport à la lune, qui était jusqu'à récemment le seul grand objet lumineux dans le ciel, ou qu'ils essaient d'échapper à la lumière et échouent lamentablement.[10] Quelle que soit la raison, lorsque nous plaçons d'autres objets brillants dans leur monde, leur programme a un effet dévastateur : ils volent, et restent à la même distance de ces objets, et tournent en rond jusqu'à l'épuisement.

Les cycles de sommeil et d'éveil de la faune sauvage sont également modifiés là où la pollution lumineuse est présente, et de nombreux rythmes biologiques et comportements se désynchronisent lorsqu'ils sont exposés à la lumière au « mauvais moment » de la journée.[11] De nombreux organismes, notamment ceux qui sont situés loin de l'équateur, utilisent la photopériode comme horloge. Elle est utilisée pour programmer des événements tels que la germination et la formation des bourgeons chez les plantes, ainsi que la saison des amours, la mue et le développement embryonnaire chez les animaux.[12] Et des animaux aussi différents que les corbeaux, les anguilles et les papillons ont des difficultés à migrer en présence d'une lumière artificielle.[13]

Les lampes électriques changent radicalement le moment, l'endroit et la nature (spécimen) de la lumière à laquelle nous avons accès. Non seulement nous embrouillons notre propre cerveau et nous nous rendons malades avec les lumières électriques, mais nous embrouillons aussi de nombreux autres organismes.

Ces quatre derniers chapitres ont porté sur la survie des individus dans les domaines de la santé et de la médecine, de l'alimentation et du sommeil, dans un monde de plus en plus difficile. Cependant, l'histoire de l'évolution de l'homme n'est pas l'histoire de la survie des individus mais l'histoire de l'union des peuples. En effet, nos innombrables interconnexions peuvent déconcerter l'imagination moderne et représenter un défi. Dans la section suivante, nous abordons des sujets plus vastes que l'individu : le sexe et le genre, la parentalité et les relations de couple.

UN NOUVEAU REGARD

- **Laissez les corps célestes définir votre rythme de sommeil et d'éveil.** Réveillez-vous avec le soleil. Observez les phases de la lune. Marchez parfois à la lumière de la pleine lune. Marchez parfois à l'aube ou au crépuscule, en prêtant attention aux changements de vos sensations lorsque la lumière devient plus ou moins forte. Passez du temps à l'extérieur, en laissant votre corps évoluer avec la lumière du soleil, et non avec l'interrupteur mural ou l'écran que vous regardez.

- **Rapprochez-vous de l'équateur à un moment donné pendant votre hiver.** Traversez l'équateur et continuez à avancer pour obtenir toujours plus de lumière pendant les jours sombres de votre hémisphère d'origine. En particulier si vous êtes sensible à la dépression saisonnière, vous vivez probablement relativement loin de l'équateur. L'hiver apporte des mois d'obscurité : les jours sont courts et le soleil est plus bas. Ce conseil, bien sûr, repose sur une nouvelle opportunité (voyager dans le monde) qui est elle-même une réponse à la nouveauté de vivre à l'intérieur avec de la lumière électrique. Lorsque nous faisions nos études supérieures dans le Michigan, Heather avait plusieurs bonnes raisons de mener des recherches scientifiques sur le terrain à Madagascar, dans l'hémisphère sud, au large de la côte est de l'Afrique entre janvier et avril. Ce travail sur le terrain lui a permis de tricher efficacement avec la photopériode qui lui était allouée, en se rendant en été austral lorsque l'hiver septentrional était le plus sombre.

- **Évitez de boire de la caféine moins de huit heures avant le coucher.** Il est préférable pour les enfants et les adolescents de ne pas consommer de caféine du tout, en raison des effets fortement perturbateurs de la caféine sur le sommeil et des effets irréversibles de la privation de sommeil sur le cerveau en développement.[14] De même, évitez de prendre des médicaments pour faciliter le sommeil. Nous ne savons pas ce qu'ils provoquent sur le long terme et nous savons qu'ils perturbent souvent le sommeil.

- **Dormez suffisamment tôt pour vous réveiller sans aide artificielle.** Réveillez-vous par exemple, avec le soleil qui commence à entrer dans votre chambre, plutôt qu'avec une alarme qui fait irruption dans votre conscience et perturbe vos rêves.

- **Développez un rituel avant de dormir**, comme le font les singes-araignées de Tikal. Vous pouvez simplement baisser la lumière à l'approche de l'heure du coucher ou suivre un rituel plus élaboré. Adopter régulièrement le même comportement peut être une bonne solution pour signaler à votre corps qu'il est bientôt l'heure de dormir.

- **Passez du temps à l'extérieur chaque jour :** la lumière du soleil calibre votre cycle veille-sommeil bien mieux que la lumière artificielle.[15]

- **Gardez votre chambre à coucher dans l'obscurité pendant que vous dormez.**[16] Il s'agit notamment de supprimer, d'éteindre ou de couvrir tous les voyants bleus des appareils.

- **Si vous lisez avant de vous coucher, utilisez une lampe rouge, plutôt qu'une lampe classique.** Que vous soyez ou non très sensible aux perturbations circadiennes provoquées par la lumière bleue d'intensité moyenne le soir, il y a de fortes chances qu'une autre personne sous votre toit le soit.

- **Limitez la lumière bleue extérieure**, en particulier les lumières extérieures qui brillent à toute heure de la nuit. L'obscurité nocturne est bonne pour la santé, alors que la lumière pendant 24 heures ne l'est pas, et elle a même été associée à des taux de maladie plus élevés.[17] De plus, les humains méritent de voir un ciel nocturne, un ciel plein de possibilités, parfois des nuages, souvent la lune, parfois des planètes, presque toujours des étoiles et la voie lactée. Outre le sommeil, dont nous avons besoin, que risquons-nous de perdre en faisant disparaître notre propre ciel nocturne ?

Chapitre 7

Sexe et genre

Nous sommes en 1991 à Managua, au Nicaragua. nous avons voyagé en Amérique centrale tout l'été, nous avons manqué de peu une éclipse totale dans le sud du Mexique après avoir roulé toute la nuit pour la voir. Nous avons regardé des singes se préparer à dormir dans l'ombre de Tikal. Nous avons fait de la plongée avec des tubas et dormi dans des hamacs sur une minuscule île que nous avons eue pour nous seuls pendant trois jours au large de la côte caraïbe du Honduras. Nous sommes maintenant au Nicaragua. Nous nous promenons sur un grand marché en plein air. Nous nous séparons chaque fois qu'un fruit que Bret n'a jamais vu attire son attention, ou que l'odeur des pâtisseries fraîches attire celle de Heather. Nous sommes tous les deux à l'aise quand nous nous promenons seuls. Aucun de nous ne voit venir ce qui va se passer ensuite.

Heather se retrouve soudain entourée d'une foule de jeunes hommes, des jeunes hommes qui ont l'air d'avoir les mains et les bras tendus, mais qui n'arrivent jamais à saisir ou à tâtonner. Il y en a huit ou dix, et ils commencent à se déplacer tous dans la même direction, poussant Heather avec eux vers le bord du marché. Heather commence à crier, et les jeunes hommes continuent à la déplacer avec eux, mais Bret arrive rapidement : il leur crie dessus, et les hommes s'arrêtent. Heather se pousse hors de la foule et s'éloigne d'eux, en suffoquant.

Puis les jeunes hommes se mettent en rang, tous, et un par un, ils s'excusent auprès de Bret.

Heather est furieuse, tout comme Bret. Nous étions tous deux très surpris. Bien que la culture machiste soit une réalité, nous n'avions jamais rien vu de tel auparavant. Nous venons d'avoir un aperçu de certaines normes traditionnelles de genre. Dans notre exemple, les femmes étaient considérées comme la propriété des hommes. Ils se sont excusés d'avoir essayé de prendre la propriété de quelqu'un mais ils ne se sont pas excusés auprès de cette propriété.

Depuis, nos travaux en biologie de l'évolution nous ont révélé que les rôles des hommes et des femmes ont été distincts pendant la majeure partie de l'histoire de l'humanité, mais c'était la première fois que l'un de nous était confronté à certaines de leurs manifestations les plus malheureuses. Ce type de comportement régressif est bien connu de l'histoire et de la littérature, et conduit de nombreuses personnes aujourd'hui à penser que toutes les normes de genre traditionnelles sont régressives. Toutefois, ce raisonnement est une erreur.

Lorsque le sexe était rare, ou du moins lorsqu'il était moins omniprésent qu'aujourd'hui, les hommes déplaçaient des montagnes pour trouver la bonne femme. Cela avait d'immenses conséquences pour la société. Le Taj Mahal a été construit à la mémoire de l'épouse préférée de l'empereur moghol. Ulysse, de retour après vingt ans de guerre et de voyage, a regagné l'amour de Pénélope en réussissant une épreuve d'habileté (et en tuant ses autres prétendants). Et, bien sûr, il y a Hélène de Troie.

Aucun groupe de jeunes femmes n'entourerait un jeune homme de la même manière que les hommes ont entouré Heather sur cette place du marché au Nicaragua. Si elles le faisaient, les jeunes hommes seraient nombreux à l'apprécier. Les guerres ne commencent pas pour l'amour d'un homme bien. Les temples ne sont généralement pas construits pour impressionner les maris. Rien de tout cela ne se produirait si les sexes des participants étaient inversés. Ce qui s'est passé sur ce marché est une offense pour nos mœurs modernes car il révèle une croyance selon laquelle les femmes sont une ressource à échanger, plutôt que des personnes à part entière dotées de désirs et d'aspirations. La modernité ne tolère pas cela, et ne devrait pas le faire. Mais certaines normes de genre traditionnelles seront plus tenaces que d'autres.

Aujourd'hui, les hommes et les femmes travaillent côte à côte dans presque tous les domaines. Les deux sexes ont franchi des frontières que l'on croyait impossibles à franchir, pour le plus grand intérêt des individus et de la société. Au niveau de la population, certaines des différences qui ont longtemps été attribuées aux hommes et aux femmes se révèlent être permutables. Les femmes ne devraient pas être confinées aux professions de soignantes ou d'enseignantes, ni les hommes à celles qui exigent une force brute ou une ambition acharnée.

Reconnaître ces éléments ne signifie pas pour autant que nous sommes les mêmes personnes. Par exemple, si on regarde les moyennes des tailles, l'affirmation « les hommes sont plus grands que les femmes » est vraie. Une différence de moyenne ne signifie *pas* que toutes les membres Y de la population (les hommes) sont plus grands que tous les membres Z de la population (les femmes). Les affirmations vraies concernant les populations ne se manifestent pas chez tous les individus de ces populations. Croire le contraire, c'est tomber dans le « sophisme de la division » (décrit pour la première fois par Aristote). Dans les populations où le chevauchement d'un caractère est important, il peut être difficile d'analyser les modèles au niveau de la population à partir de l'expérience individuelle. Si, en tant qu'individu, vous ne correspondez pas à un modèle particulier, cette divergence peut être ressentie comme une preuve que le modèle est faux, mais ce sentiment n'en fait pas pour autant une preuve.

Dans les professions allant de la médecine à la vente en passant par l'armée, les hommes et les femmes travaillent ensemble, mais faisons-nous vraiment la même chose ? Les femmes médecins sont plus susceptibles de se spécialiser en pédiatrie. Les hommes sont plus susceptibles de devenir chirurgiens.[1] Dans le commerce de détail, les hommes sont plus susceptibles de vendre des voitures, les femmes des fleurs.[2] Et alors que les emplois dans le commerce de détail aux États-Unis étaient répartis presque équitablement entre les hommes et les femmes en 2019, les emplois dans le commerce de gros étaient fortement masculins.[3] Pour effectuer les tâches qui exigent de la force physique, les hommes sont, en moyenne, tout simplement plus forts. Des forces de combat totalement féminines ne battraient pas des forces totalement masculines au corps à corps, et il ne serait pas sérieux de prétendre le contraire.

Nous travaillons côte à côte, et certaines personnes s'imaginent que nous sommes identiques parce que nous sommes égaux devant la loi. Nous sommes et nous devons être égaux devant la loi. Mais nous ne sommes pas identiques, malgré ce que certains militants et politiciens, journalistes et universitaires voudraient nous faire croire. Cette idée de similitude peut réconforter certaines personnes mais c'est un réconfort superficiel.

Et si le meilleur chirurgien du monde était une femme, et s'il était également vrai qu'en moyenne, la plupart des meilleurs chirurgiens sont des hommes ? Et si les dix premiers pédiatres étaient des femmes ? Aucun des deux scénarios n'apporte la preuve d'un parti pris ou d'un sexisme, même si ces éléments peuvent expliquer les tendances observées. Afin de s'assurer que les préjugés ou le sexisme ne permettent pas de prévoir qui fait quel travail, nous devons supprimer autant d'obstacles que possible à la réussite. Nous ne devons pas non plus nous attendre à ce que les hommes et les femmes fassent des choix identiques, à ce qu'ils soient poussés à exceller dans des domaines identiques ou même, peut-être, à ce qu'ils soient motivés par les mêmes objectifs. Ignorer nos différences et exiger l'uniformité est un autre type de sexisme. Les différences entre les sexes sont une réalité, et si elles peuvent être source d'inquiétude, elles sont aussi très souvent une force, et nous les ignorons à nos risques et périls.

Sexe : l'histoire profonde

Nous sommes des êtres sexués depuis au moins 500 millions d'années, bien avant d'être des humains. Ce chiffre pourrait bien être sous-estimé lui aussi : il est tout à fait possible que nous soyons sexués depuis que nous sommes devenus des eucaryotes, il y a entre 1 et 2 milliards d'années.[4] C'est en effet un temps très long. Nos ancêtres se reproduisent sexuellement sans interruption, depuis non pas des millions, ni des dizaines de millions, mais depuis plusieurs centaines de millions d'années.

La reproduction sexuée a toujours été une opération désordonnée et coûteuse. Vous devez trouver un compagnon approprié. Vous devez convaincre le partenaire que vous êtes un bon pari. Il faut peut-être que ce soit la bonne période de l'année, la saison des amours, ou bien il est possible que vos gonades aient été réabsorbées pour gagner du poids et utiliser ces ressources pour autre chose (de nombreux oiseaux migrateurs font cela, les moineaux mâles chanteurs n'ont pratiquement pas de testicules lorsqu'ils migrent sur de longues distances, et ils en font (re)pousser une paire lorsqu'ils atterrissent sur leur lieu d'accouplement). Si vous parvenez à trouver et à convaincre un autre individu de la bonne espèce et du bon statut reproducteur de s'accoupler avec vous, vous devrez peut-être vous occuper de l'œuf ou du fœtus en développement. Vous pouvez avoir des responsabilités qui s'étendent sur des années, voire des décennies, après avoir eu un enfant issu de la reproduction sexuée.

Comparez-les au coût le plus important de tous : en termes d'aptitude génétique, lorsque vous vous reproduisez sexuellement, vous subissez une perte de 50 %. Si vous vous cloniez, vous seriez apparenté à 100 % à toute votre progéniture, diffusant vos gènes avec une précision parfaite. Avec le sexe, seulement la moitié de vos gènes sont dans chacun de vos enfants.

Compte tenu de tous ces coûts, pourquoi diable l'évolution a-t-elle abouti à la reproduction sexuée ?

Et pourquoi ça a collé ?

Bien que les scientifiques en discutent encore activement, on imagine généralement que la reproduction asexuée ne serait une victoire pour vous et votre progéniture que si le futur ressemblait exactement au passé.[5]

Si les conditions restent les mêmes, si la vie a marché pour vous, elle devrait marcher pour vos clones.

Mais les conditions ne restent pas les mêmes, n'est-ce pas ? Certains changements sont prévisibles, comme la saisonnalité par exemple, mais la plupart des changements ne le sont pas. Pouvez-vous prévoir quand aura lieu la prochaine inondation massive, ou la prochaine mauvaise récolte et quelle sera son ampleur ? Mélanger son génotype avec celui de quelqu'un d'autre, briser éventuellement certaines mauvaises combinaisons génétiques qui se trouvaient en nous, découvrir peut-être de nouvelles bonnes combinaisons, et donner à notre progéniture une chance de mieux s'intégrer dans un paysage qui n'existe pas encore : tels sont les avantages de la reproduction sexuée.

Chez les alligators, la température d'un œuf au cours de son développement détermine le sexe de son habitant : les températures basses créent des femelles, les températures élevées créent des mâles. Il en va de même pour les tortues, mais les résultats sont inversés : les œufs froids donnent des mâles, les œufs chauds des femelles. Chez les crocodiles et les tortues serpentines, les températures intermédiaires produisent des mâles, tandis que les deux extrêmes produisent des femelles.

Par comparaison, chez les mammifères, les oiseaux et quelques autres animaux, le sexe est déterminé par les chromosomes. Chez toutes les espèces de mammifères, sauf quelques exceptions,[6] les femelles portent les chromosomes XX, et les mâles portent les chromosomes XY.[7] Contrairement à certains organismes dont le sexe est déterminé par l'environnement, comme les poissons clowns, aucun mammifère (ni aucun oiseau) n'a jamais changé de sexe. Lorsque le sperme humain féconde un ovule, tous les gènes du zygote qui ne se trouvent pas sur le chromosome Y découvrent le sexe de l'individu qu'ils deviendront. Par ailleurs, notre génome est extrêmement asexué, la présence ou l'absence d'un seul chromosome étant déterminante. Mais le fait que la plus grande partie de notre génome soit asexuée n'implique pas que les distinctions entre les sexes soient minimes ni arbitraires.

Nos chromosomes nous mettent sur la voie de la féminité et de la masculinité. Par exemple, le gène SRY est un gène du chromosome Y qui, lorsqu'il est activé, contrôle la régulation de toute une série d'actions masculinisantes, y compris la formation de ce qui deviendra les testicules, dans lesquels le sperme est fabriqué. Les cascades hormonales masculinisent davantage le corps (avec la testostérone et d'autres androgènes) ou le féminisent (avec les œstrogènes et la progestérone). Même si la quantité d'hormones gonadiques est contrôlée, les chromosomes sexuels induisent des différences très variées entre les hommes et les femmes comme la perception de la douleur et la réponse à la douleur, l'anatomie des neurones individuels et la taille de diverses régions du cerveau, notamment des parties du cortex cérébral et du corps calleux.[8]

Tout cela est vrai. Toutes ces explications sont des véritables explications mécaniques et directes indiquant comment les individus deviennent femelles ou mâles chez les mammifères. Pourtant, ces explications ne permettent pas d'expliquer pourquoi les hommes et les femmes existent. Pour cela, nous avons besoin d'explications de haut niveau. Des explications évolutives. Des explications qui commencent par la question *pourquoi ?*

Pourquoi y a-t-il deux sexes chez presque tous les organismes vivants qui se reproduisent sexuellement sur la planète ? Pourquoi pas trois, ou huit, ou soixante-dix-neuf ? Les champignons font les choses assez différemment, mais chez les plantes et les animaux, il y a toujours seulement deux types de gamètes (les cellules reproductrices).

Pour se reproduire sexuellement, il faut deux choses : l'ADN de plusieurs individus et une cellule. La machinerie de la cellule, les mitochondries et les ribosomes par exemple, est grande et encombrante, du moins par rapport à l'ADN, mais elle est nécessaire à la vie. Ainsi, si vous voulez vous reproduire sexuellement, au moins un partenaire doit apporter cette machinerie cellulaire. Cette cellule, que nous appelons l'œuf, est donc une grande cellule. Les compromis étant ce qu'ils sont, cette grande cellule est généralement sessile : elle ne bouge pas.

Pour comprendre la reproduction sexuée, il faut comprendre comment les gamètes vont se rencontrer. Comme certains gamètes sont sessiles, d'autres doivent pouvoir se déplacer rapidement. Certains gamètes peuvent se déplacer rapidement car ils ne contiennent pas la plus grande partie de la machinerie cellulaire nécessaire à la fabrication d'un zygote. Ces gamètes sont appelés spermatozoïdes chez les animaux, et pollen chez les plantes. Ils se déplacent dans leur environnement, à la « recherche » d'œufs. Des gamètes intermédiaires, qui possèderaient un peu de machinerie cellulaire et une certaine capacité de mouvement, seraient moins performants pour effectuer ces deux tâches : leur machinerie cellulaire serait insuffisante pour qu'ils puissent créer un zygote (et s'ils rencontraient un gamète possédant également une machinerie cellulaire réduite, il y aurait désaccord sur celui à utiliser pour créer une toute nouvelle vie), et ils seraient lents pour trouver d'autres gamètes avec lesquels s'accoupler. L'anisogamie, c'est-à-dire l'évolution de deux gamètes (*gamie*) de tailles différentes (*aniso*), se produit donc à cause de l'inefficacité des gamètes intermédiaires.

Si on fait une avance rapide de plusieurs centaines de millions d'années, on découvre de multiples différences entre les sexes. Les humains présentent un dimorphisme sexuel dans de nombreux domaines, qui vont bien au-delà de la reproduction. Les hommes et les femmes présentent des différences de dispositions, d'étiologie et de progression de maladie telle que la maladie d'Alzheimer,[9] la migraine[10], la toxicomanie[11], et la maladie de Parkinson.[12] Nos cerveaux sont structurés différemment.[13] Nous avons tendance à avoir des traits de personnalité différents selon le sexe, et ils sont influencés par notre environnement : les différences de personnalité sont plus importantes dans les pays où la nourriture est abondante et où la prévalence des agents pathogènes est faible.[14] En général, les femmes sont plus altruistes, plus confiantes, plus accommodantes et plus sujettes à la dépression que les hommes.[15] Les hommes sont plus susceptibles de recevoir un diagnostic de TDAH[16], les femmes sont plus susceptibles de souffrir de troubles de l'anxiété.[17] Enfin, en moyenne, les hommes préfèrent travailler avec des objets, et les femmes préfèrent travailler avec des personnes.[18]

Ce n'est pas un hasard si, dans toutes les cultures humaines connues, il existe un langage qui distingue le masculin du féminin.[19] C'est un universel humain.

Changements de sexe et rôles sexuels

Parfois, les conditions sont si difficiles que des individus qui se reproduisent normalement deviennent asexués pour pouvoir se reproduire. Chez les vertébrés, cela a été observé chez quelques serpents et chez un requin-marteau.[20] Les dragons de Komodo femelles sont également connus pour produire des œufs viables sans être exposés à d'autres dragons de Komodo.[21] Ce ne sont pas vraiment des dragons au sens strict, mais des très grands lézards qui vivent sur des petites îles de l'est de l'Indonésie. Il s'agit vraisemblablement d'une adaptation, d'une solution de dernier recours lorsque vous vous retrouvez seul sur une île et que vous n'avez personne de votre espèce avec vous. Ce n'est pas optimal, mais c'est mieux que rien.

De même, il arrive que les conditions soient telles qu'il est opportun, du point de vue de l'évolution, de changer de sexe. Chez quelques espèces de plantes, de nombreuses espèces d'insectes et plusieurs clades de poissons de récif, l'hermaphrodisme successif est courant, c'est-à-dire qu'un individu est d'abord d'un sexe puis il change de sexe à un moment donné de sa vie. Par exemple, les labres flammes[22] (des poissons) peuvent commencer leur vie en tant que femelles mais à l'âge adulte, elles peuvent se transformer en mâles particulièrement colorés pour attirer l'attention sexuelle des femelles. Cependant, parmi les tétrapodes, ces vertébrés qui sont apparus sur la terre ferme au Dévonien, seules quelques espèces sont connues pour avoir changé de sexe[23], et la seule qui le fait régulièrement est la grenouille de roseau africaine.[24]

Chez les hermaphrodites successifs comme les labres flammes, lorsqu'une femelle se transforme en mâle, non seulement elle change de sexe, elle ne produit plus d'œufs mais du sperme, mais elle change aussi de « rôle sexuel ». Ce rôle sexuel est l'expression comportementale de son (nouveau) sexe. Chez les humains, nous appelons cela le genre, ou parfois, l'expression du genre.

Chez l'élan, le rôle sexuel (ou l'expression du genre) des mâles implique de participer à des combats spectaculaires, et les blessures ne sont pas rares. Chez les manakins à collier doré, des oiseaux néotropicaux, le rôle sexuel des mâles consiste à nettoyer une zone sur le sol de la forêt et à danser dessus. Chez les grands oiseaux de paradis, le rôle sexuel des mâles consiste à construire des tonnelles élaborées. Ces sortes de temples contiennent des objets soigneusement choisis, et ils sont même construits avec une perspective forcée, comme le font les artistes. Ce qui fait que les tonnelles semblent plus grandes qu'elles le sont lorsqu'elles sont orientées dans la direction d'approche des femelles.[25] Chez toutes ces espèces, le rôle sexuel des femelles consiste à choisir parmi les mâles, les combattants, les danseurs, les bâtisseurs de temples, et à élever les enfants, qu'il s'agisse de petits d'élans, de veaux ou d'œufs d'oiseaux et de poussins.

Ainsi, selon les règles habituelles des rôles sexuels, le masculin parade et le féminin choisit. Ces rôles proviennent de la différence d'investissement entre les sexes, le gros œuf est riche en ressources et le petit spermatozoïde est allégé.

En outre, chez les espèces pour lesquelles les soins parentaux sont nécessaires à la survie de la progéniture, c'est-à-dire chez tous les mammifères et les oiseaux, ainsi qu'une bonne partie des reptiles, des amphibiens, des poissons et des insectes, les mâles ont tendance à s'investir davantage dans ce qui se passe avant le sexe, et les femelles dans ce qui se passe après.[26]

Pour parler en termes strictement évolutifs, dans la grande majorité des espèces, les femelles sont le sexe limitant. Les œufs étant plus gros que les spermatozoïdes et les soins parentaux revenant généralement plus aux femelles qu'aux mâles (mais pas toujours), les femelles s'investissent davantage dans leur progéniture que les mâles. Les mâles sont donc en concurrence pour accéder aux femelles, et celles-ci doivent choisir parmi leurs prétendants. Les mâles ont donc tendance à être plus grands (comme les éléphants de mer) ou plus agressifs (comme les singes laineux), plus gais (les paons), plus bruyants (presque toutes les grenouilles) ou plus mélodieux (les oiseaux moqueurs) que les femelles de la même espèce.

Il existe quelques rares espèces, que nous appelons « à rôle sexuel inversé », dans lesquelles les règles habituelles de parade du mâle et du choix de la femelle sont inversées.

Ces espèces à rôles inversés ont également inversé le moment où l'un s'investit le plus et dans ces cas, le mâle est le sexe limitant. Plusieurs oiseaux aquatiques polyandres le font, notamment les jacanas du Nord. Parmi eux, on trouve des femelles dominantes qui défendent de grands territoires, à l'intérieur desquels les nombreux compagnons mâles construisent des nids, couvent les œufs et s'occupent des jeunes. Alors que les humaines ne déclenchent pas de guerres pour l'amour d'un homme bien, et ne construisent généralement pas de temples pour impressionner leurs maris, chez les espèces d'oiseaux au rôle sexuel inversé, ces choses peuvent arriver.

Pourtant, l'inversion des rôles sexuels, que l'on pourrait appeler le changement de sexe chez les humains, n'est pas la même chose que le changement de sexe. Chez les mammifères et les oiseaux, avec notre détermination génétique du sexe, il n'y a pas de changement de sexe possible. Aucun pigeon ou perroquet, aucun cheval ni aucun humain, n'a jamais changé de sexe. Cependant, le comportement, appelez-le le rôle sexuel, ou le genre, est très versatile (susceptible de changer). Nous, les humains, nous avons le comportement le plus versatile de tous les animaux. Il n'est donc pas surprenant que beaucoup d'entre nous abandonnent certaines anciennes normes de genre, des comportements qui étaient autrefois étroitement liés à notre sexe et en configurent de nouvelles.

Au XXIe siècle, de nombreuses personnes WEIRD prétendent que le sexe est égal au genre, ou que le genre n'a aucune relation avec le sexe, ou que le sexe ou le genre n'est pas totalement évolutif. Cela n'a pas de sens. Souvenez-vous, le principe Oméga nous dit que les éléments adaptatifs de notre logiciel (par exemple, le genre) ne sont pas plus indépendants de notre matériel (par exemple, le sexe) que le diamètre d'un cercle n'est indépendant de la circonférence de ce cercle. Le genre est plus flou que le sexe, et a beaucoup plus de manifestations, mais « agir de manière féminine » (genre) n'est pas la même chose qu'« être une femme » (sexe).

Si vous le souhaitez, vous pouvez être une femme et vous battre dans les bars ou être un homme et vous maquiller, mais n'imaginez pas que le fait de vous battre dans les bars fait de vous un homme ou que le fait de vous maquiller fait de vous une femme. Les bagarres de bar et le maquillage sont des signes pour le monde extérieur, des représentations. Les représentations ne sont pas les choses elles-mêmes. En outre, ces représentations particulières sont dépassées et régressives. Cependant, certains aspects du genre ne sont ni dépassés ni régressifs : en moyenne, les femmes sont plus disposées à nourrir et à élever, et les hommes plus disposés à défendre et à explorer. Cette observation ne signifie pas que les hommes ne nourrissent pas ou que les femmes n'explorent pas, mais cela signifie que ces différences au niveau de la population ont évolué en raison des différences sous-jacentes entre les sexes. Prétendre le contraire nous met tous en danger : si vous demandez aux gens de croire des informations manifestement fausses, il est peu probable qu'ils aient une vision cohérente du monde, fondée sur l'observation et la réalité, mais plutôt d'une vision fantaisiste. Les hommes n'auront jamais d'ovulation, de gestation, de lactation, de menstruation ou de ménopause. Les femmes qui s'identifient comme des hommes peuvent le faire, mais c'est différent.

La sélection sexuelle chez l'homme

Les bois de l'élan, les combats qu'il mène et le fait que la femelle puisse choisir sont des caractères sélectionnés sexuellement. L'incubation des œufs des jacanas d'Amérique par les mâles est également une sélection sexuelle.[27] La taille radicalement différente des éléphants de mer mâles et femelles, le fait que seules les grenouilles mâles appellent, et le fait que des paons aux quetzals en passant par les colverts, ont un plumage beaucoup plus voyant que les femelles... tout cela relève de la sélection sexuelle. Dans le prochain chapitre, nous verrons comment le système d'accouplement, principalement la monogamie ou la polygamie, affecte les caractères sélectionnés sexuellement, mais pour l'instant, examinons comment les résultats de la sélection sexuelle apparaissent chez les hommes et les femmes.

À la puberté, les filles humaines développent des seins, qui persistent ensuite tout au long de leur vie de femme. Bien sûr, les seins servent de glandes mammaires pour nourrir les bébés. Il n'existe pas d'espèce de primate où les seins persistent alors qu'il n'y a pas de bébés autour pour en profiter. Les seins humains ont été sélectionnés sexuellement, et ils font plus que nourrir les bébés. Ils servent aussi à attirer les hommes, tout comme le chant d'un oiseau lyre, l'odeur d'un sanglier en rut[28] et la danse du manakin à tête rouge servent à attirer les femelles de ces espèces.

Chez l'humain, la dissimulation de l'ovulation est également le résultat de la sélection sexuelle. Alors que presque tous les mammifères annoncent leur fertilité par des moyens physiologiques, les humains ne le font pas, ou du moins, nous le faisons beaucoup moins que les autres espèces. Nous sommes également devenus sexuellement réceptifs tout au long de l'année, et non plus seulement de manière saisonnière. La dissimulation de l'ovulation sert certaines fins reproductives, mais elle permet également de réaliser une activité humaine très fréquente : nous nous livrons à des activités sexuelles non reproductives : le sexe pour le plaisir, le sexe pour créer des liens.

Quels autres éléments ont été sélectionnés sexuellement chez les humains ? Les fleurs pour son anniversaire. Les cravates. Les voitures rapides. Le maquillage, les talons et les bijoux.[29] En effet, l'apparence physique des femmes qui comprend non seulement le maquillage, les talons et les bijoux, mais aussi les seins qui restent gonflés tout au long de nos cycles de reproduction, est un indicateur de l'inversion partielle du rôle sexuel chez les humains. Qu'est-ce que cela signifie ? Dans la plupart des espèces animales, les mâles sont en compétition les uns avec les autres et les femelles peuvent choisir avec qui s'accoupler. En revanche dans une espèce comme la nôtre, c'est-à-dire une espèce qui présente une inversion partielle des rôles sexuels, les femelles sont également en compétition les unes avec les autres et les mâles ont le choix de la partenaire avec qui s'accoupler. Cela peut aller d'une communication particulière pour attirer l'attention des hommes à de véritables bagarres entre femmes. Sans que cela soit une coïncidence, les hommes seront également plus susceptibles de choisir leurs partenaires.

La division du travail

Dans de nombreux foyers modernes, les femmes nettoient le sol et les hommes sortent les poubelles. Dans certains ménages, ces rôles peuvent être inversés et il arrive parfois que les deux membres d'un couple consacrent le même temps aux tâches domestiques, mais il est assez rare que les deux partenaires effectuent toutes les tâches domestiques de manière identique. C'est la division du travail.

Pour de nombreuses raisons, la division du travail est logique. Il a même été dit que la division du travail par les sexes est ce qui nous a rendu humains.[30] Même si nous n'acceptons pas cette conclusion, nous pouvons reconnaître qu'il s'agit d'une méthode efficace et, en général, c'est une bonne utilisation du temps de chacun. Le fait de diviser le travail laisse plus de temps pour des choses que nous pourrions vouloir faire davantage, comme le jeu ou le sexe. La division du travail peut créer et a créé des rôles rigides, dont beaucoup sont dépassés au XXIe siècle et il est utile de comprendre l'origine de ces rôles afin de déterminer ceux qui sont peu susceptibles de changer et ceux qui pourraient être modifiés.

Dès les premières inégalités dans l'investissement des gamètes, les femmes et les hommes se sont engagés différemment les uns envers les autres, et envers le monde. Chez les chasseurs-cueilleurs, les hommes ont été beaucoup plus disposés à chasser le gros gibier, tandis que les femmes ont été plus disposées à cueillir des aliments végétaux et des animaux plus petits. Les femmes chasseuses-cueilleuses ont probablement passé la majeure partie de leur vie adulte, avant la ménopause, à être enceintes ou à allaiter des nourrissons et des enfants en bas âge. Lorsque le lait maternel constitue la totalité ou la majeure partie de l'alimentation de l'enfant, la mère contrôle les naissances de manière efficace, car elle présente une aménorrhée induite physiologiquement. Si elle allaite à intervalles fréquents, elle ne peut pas tomber enceinte. Ainsi, l'intervalle de temps entre les naissances est relativement long et le taux de natalité assez faible.

Une avance rapide dans le temps montre que la transformation des paysages par l'homme suite au développement de l'agriculture a rendu les rôles des sexes encore plus figés. Étant donné que nous étions liés à une parcelle de terre particulière, nous étions désormais plus sédentaires et nous disposions de grandes réserves de céréales que nous pouvions consommer ou donner à nos enfants à tout moment. Ainsi chez les paysannes, l'intervalle de temps entre les naissances a diminué, les bébés sont arrivés plus vite et le taux de natalité a donc augmenté.[31] Cette augmentation de la fécondité a lié les femmes au foyer et à la maison, et nous avons assisté à une diminution concomitante du rôle des femmes dans les domaines économiques, religieux et dans d'autres domaines culturellement importants.

Les hommes et les femmes présentent tellement de différences qu'il serait impossible de toutes les présenter ici. Avant d'en citer quelques autres, nous souhaitons faire un petit rappel sur les populations. Quand nous indiquons que les hommes sont plus grands que les femmes, les mots en moyenne sont implicites. Le fait de parler de votre amie Rhonda, qui est vraiment très grande, n'annule pas la vérité statistique selon laquelle, en moyenne, les hommes sont toujours plus grands que les femmes.

Parmi les différences des moyennes entre les sexes, on constate que les hommes s'intéressent davantage aux domaines de « recherche », tandis que les femmes ont des intérêts pour les domaines plus « artistiques » et « sociaux ».[32] Les hommes sont aussi, en moyenne, plus intéressés par les mathématiques, les sciences et l'ingénierie.[33] Lors des tests, les filles obtiennent de meilleurs résultats en littérature, tandis que les garçons obtiennent de meilleurs résultats en mathématiques.[34] Et bien que l'intelligence moyenne soit la même entre les garçons et les filles, la variabilité de l'intelligence ne l'est pas : il y a plus de garçons qui sont des génies, et plus de garçons complètement idiots, que de filles dans ces deux catégories.[35]

Une étude neuroscientifique intéressante révèle que, dans plusieurs domaines, y compris la mémoire émotionnelle et les capacités spatiales, les femmes sont meilleures pour repérer les détails et les hommes sont meilleurs pour voir l'essentiel. Cette constatation se manifeste, par exemple, dans la capacité supérieure de l'homme moyen à se souvenir d'un itinéraire, et dans la capacité supérieure de la femme moyenne à se souvenir de l'emplacement des clés, de la tasse de café, du document à signer.[36]

Les différences entre les sexes se retrouvent chez les bébés, et dans toutes les cultures, donc il ne s'agit pas d'un phénomène WEIRD. Si on leur donne le choix, les filles nouveau-nées passent plus de temps à regarder les visages, tandis que les garçons nouveau-nés passent plus de temps à regarder les objets.[37] Et dans toutes les cultures, le travail est sexué très tôt.[38] Une analyse menée sur 185 cultures a montré que certaines tâches sont toujours orientées de la même façon : c'est le cas de la fonte du fer, la chasse aux grands mammifères marins, la métallurgie, toutes ces activités sont réservées aux hommes (dans les populations qui les pratiquent). Il est intéressant d'observer que certaines tâches sont très sexuées dans toutes les cultures, mais que certaines cultures limitent la participation des femmes à ces tâches, tandis que d'autres limitent celle des hommes. Il s'agit notamment du tissage, de la préparation des peaux et de la collecte de combustible.[39] Cela suggère qu'il y a une valeur dans la division du travail, même si aucun des deux sexes n'est intrinsèquement meilleur dans cette tâche.

Prenons également le cas du peuple Pueblo, qui a longtemps été considéré comme un maître de la céramique. On avait supposé, au vu des tendances contemporaines, que la fabrication de poterie était exclusivement le domaine des femmes. Cependant, à Chaco Canyon, dans la région des Four Corners du Sud-Ouest américain, une histoire différente s'est dessinée. Lorsque Chaco Canyon était un centre religieux et politique en pleine expansion, il y a 1 000 ans, la population se développait et, avec elle, la demande de poterie. Comme de plus en plus de navires étaient nécessaires pour transporter et stocker les céréales et l'eau, les normes de genre se sont estompées et les hommes ont commencé à effectuer ces tâches qui étaient auparavant très sexuées.[40]

Que pouvons-nous apprendre de ces vérités ? Nous pouvons apprendre que les rôles sexués peuvent s'adapter à la modernité : certains hommes préfèrent le foyer et la maison plutôt qu'une carrière éreintante, facilitée par la présence d'une épouse qui s'occupe des tâches domestiques, et certaines femmes préfèrent le contraire. Mais, selon nous, beaucoup d'hommes et de femmes préféreront n'être limités à aucun de ces deux domaines et ne pas être enfermés dans des rôles préconçus. De nombreuses personnes des deux sexes préféreront un partenaire qui soit leur égal, sans être identique.

En adoptant une vision plus souple du « travail genré », nous reconnaissons que les destinées traditionnelles qui prévoient que les femmes restent à la maison et les hommes dominent les affaires économiques et commerciales sont rétrogrades, et ne répondent à aucun besoin ni aucune vérité. Historiquement, les femmes et les hommes se sont répartis les tâches, aussi bien en famille qu'en société. À l'exception des tâches imposées par l'anatomie et la physiologie (grossesse, allaitement), il n'y a pas grand-chose dans le monde moderne que certaines femmes choisiraient de ne pas faire. De même, les hommes sont de plus en plus bienvenus dans des domaines traditionnellement féminins tels que les soins infirmiers et l'enseignement, même s'il ne faut pas s'attendre à la parité là non plus. Des préférences différentes conduisent à des choix différents. Prétendre que nous sommes identiques, plutôt que de veiller à ce que nous soyons égaux devant la loi, est un jeu de dupes.

Stratégies sexuelles

Il faut beaucoup de choses pour mettre un bébé au monde. La plupart des lecteurs de ce livre vivent probablement dans une culture qui considère que les hommes ne contribuent pas beaucoup à la production de bébés à l'exception des contraintes imposées par la monogamie et la biparentalité. Il est également vrai que la production de bébés ne s'arrête pas à la naissance. En effet, une fois qu'un bébé a eu une vie intra-utérine réussie pendant neuf mois, le lait maternel peut le nourrir pendant six mois, deux ans ou plus, selon les normes culturelles. L'investissement maternel dans la progéniture est obligatoire et conséquent. Bien sûr, l'investissement paternel peut également être conséquent, mais il est négociable. Il y a beaucoup d'humains en vie aujourd'hui, et à travers l'histoire, qui n'ont jamais rencontré leur père.

Dans toutes les cultures, les hommes et les femmes font état de préférences et de priorités différentes dans ce qu'ils recherchent chez un partenaire. Dans une étude interculturelle désormais classique, les préférences en matière d'accouplement ont été étudiées dans 37 cultures. Dans toutes les cultures étudiées, les femmes étaient plus intéressées que les hommes par des compagnons ayant un revenu potentiel élevé. En outre, les hommes sont plus intéressés que les femmes par des partenaires potentielles jeunes et physiquement attrayantes.[41]

Pourquoi ces différences ?

Les femmes susceptibles de tomber enceintes auront plus de facilité si cet enfant a un père qui contribue à son bien-être et à celui de sa compagne. La sélection favorisera donc les femmes qui préfèrent les hommes capables de gagner de l'argent. Étant donné que la fécondité féminine atteint un pic précoce et diminue beaucoup plus rapidement que la fécondité masculine, les hommes susceptibles d'avoir des enfants sont plus attirés par des compagnes jeunes et belles, deux critères qui peuvent être considérés comme des indicateurs de fécondité.

En outre, une femme qui a accouché a la certitude de sa maternité : elle sait qu'elle est la mère de cet enfant. La certitude de la paternité est beaucoup plus difficile à obtenir. Bien que sans grand intérêt, elle est importante du point de vue de l'évolution fondamentale. Comme les pères n'ont jamais eu la certitude de leur paternité jusqu'à ce que les récents progrès technologiques la rendent possible, la jalousie et la surveillance du partenaire sont beaucoup plus répandues chez les hommes que chez les femmes. Dans toutes les cultures, les hommes ont essayé de contrôler les activités reproductives des femmes de manière à augmenter leur propre certitude de paternité. Les cabanes menstruelles qui isolent les femmes pendant leurs règles (et permettent ainsi aux hommes de savoir à quel moment de leur cycle elles se trouvent) et les mutilations génitales féminines (qui réduisent ou éliminent la possibilité du plaisir sexuel) sont des exemples flagrants des mesures de contrôle destructrices et conflictuelles. Ne vous méprenez pas sur notre argument ici : nous ne justifions pas de telles mesures de contrôle, mais nous les étudions simplement avec un regard évolutionniste afin de mieux les comprendre.

La grande incertitude de la paternité a entraîné un autre type de réponse : il existe quelques cultures dans lesquelles les frères des mères servent de modèles masculins aux enfants de leurs sœurs.[42] Ils jouent le rôle de pères *de facto* lorsque les conditions ne leur permettent pas d'être sûrs des enfants qu'ils ont réellement engendrés. Chez les Nayar du sud-ouest de l'Inde, par exemple, les femmes et les maris ne vivent pas ensemble, ils partagent peu de choses en dehors de l'activité sexuelle, et les femmes peuvent avoir plusieurs maris. Avec une telle incertitude de la paternité, les pères ne fournissent pas de soins paternels, mais les frères des mères ont à la fois des droits et des responsabilités envers leurs nièces et leurs neveux. Vus de nos yeux WEIRD, ils sont tout à fait paternels. Cependant, en général, un homme qui est amené à élever les enfants d'une autre personne est ridiculisé.

Les derniers paragraphes reflètent la théorie établie de l'évolution.[43] À notre avis, l'analyse devient vraiment intéressante lorsqu'elle permet de prédire les stratégies reproductives, et donc sociales, déployées par les hommes et les femmes. Nous les présentons ici, et nous explorons leurs implications plus en détail dans le chapitre suivant.

De manière générale, il existe trois stratégies de reproduction possibles :

1. S'associer et investir à long terme, sur le plan reproductif, social et émotionnel.
2. Forcer la reproduction avec un partenaire non consentant.
3. Ne forcer personne, mais ne rien investir au-delà de l'activité sexuelle à court terme.

Contraintes par la grossesse et l'allaitement, les femmes n'ont pas eu beaucoup de choix pour se reproduire. De plus, historiquement, le mâle était choisi pour être au service de la production d'enfants. En général, les femmes étaient liées à la stratégie numéro un. Jusqu'à très récemment, les femmes préféraient les partenaires à long terme aux aventures d'un soir, et elles étaient beaucoup plus susceptibles que les hommes d'être sexuellement réticentes (« timides »).[44] Les femmes ont donc eu tendance à s'engager dans un jeu de longue haleine, cherchant un homme avec qui s'associer, élever des enfants et vieillir ensemble.

C'est la meilleure stratégie pour les femmes si elles veulent laisser leur empreinte génétique à la prochaine génération. La grossesse et l'allaitement sont des caractéristiques anatomiques et physiologiques obligatoires pour les mammifères femelles. Étant donné que les femmes sont contraintes par la nature d'investir dans leurs enfants, elles ont plus de chances de réussir à les élever si elles ont un partenaire qui s'investit également.

Cette stratégie, qui consiste à rechercher un partenaire avec qui rester à long terme, élever des enfants et faire sa vie, est également possible pour les hommes. Ces trois possibilités sont ouvertes aux hommes, mais la première est la stratégie masculine qui est la meilleure pour la société, la meilleure pour les enfants, la meilleure pour les femmes et la meilleure pour tous sauf pour une minorité d'hommes. Nous approfondirons cette position dans le prochain chapitre. La première possibilité est le jeu à long terme, celle de l'investissement émotionnel. Il en reste donc deux qui ont historiquement été le domaine exclusif des hommes.

Parmi les autres possibilités que les hommes ont choisies autrefois, l'une d'entre elles est évidemment et moralement répréhensible. Le viol a permis aux hommes de se reproduire, notamment en temps de guerre. Personne ne défendra le viol comme étant honorable ou souhaitable pour les individus ou pour la société. Le viol est la deuxième stratégie de reproduction.

Cependant, la dernière stratégie masculine n'est pas non plus honorable ni souhaitable pour la société. Pourtant, elle a été encouragée pour les femmes par les militantes « pro-sexe »* comme un signe de liberté et d'échappatoire au puritanisme. Cette troisième stratégie reproductive est celle des aventures d'un soir, du sexe avec des étrangers, des relations sexuelles sans engagement ni attente. Cette voie n'implique pas la force : de nombreuses femmes sont prêtes à coucher avec un homme qu'elles viennent de rencontrer. Ces liaisons sexuelles ont toutefois tendance à être associées à une certaine tromperie, souvent de la part des deux parties. Si l'adoption par les femmes de certains des pires traits de caractère des hommes est notre preuve d'égalité et de liberté, nous devons revoir nos valeurs. C'était la troisième stratégie de reproduction : le sexe sans obligation ni engagement, le petit jeu.

Comme les femmes se sont de plus en plus engagées dans la troisième stratégie reproductive – le petit jeu – le sexe est devenu plus banal et plus facile à trouver. Contrairement aux messages des féministes pro-sexe, ce petit jeu diminue le pouvoir sexuel des femmes. Lorsque des personnes des deux sexes recherchent systématiquement des relations sexuelles frivoles, sans lien émotionnel, elles créent des conditions dans lesquelles tout le monde se comporte comme des hommes lorsqu'ils sont dans leur pire état (la deuxième voie). Ce n'est pas aussi grave qu'un viol, évidemment. Mais ce n'est pas aussi bien que la première stratégie. Aussi bien pour les hommes que pour les femmes, le glissement de la société vers cette troisième stratégie reproductive est une variante de la folie des incrédules. Cette tendance à privilégier un bénéfice immédiat (le plaisir sexuel) masque le risque et le coût à long terme, et pousse aussi à accepter une possibilité même lorsque l'analyse nette est négative (cette option réduit les chances de trouver l'amour et tout ce qui en découle). De plus, souvent, les femmes n'imaginent pas qu'il existe deux stratégies masculines distinctes (hormis le viol). Elles se mettent en valeur devant des hommes qui utilisent la troisième stratégie, celle qui consiste à rechercher des aventures d'un soir, alors qu'elles recherchent en réalité des hommes qui s'intéressent à la première stratégie. L'excitation est une expression de la troisième stratégie sexuelle. En comparaison, la beauté est une expression de la première stratégie sexuelle, celle qui s'inscrit dans la durée. L'excitation s'efface rapidement devant le potentiel de reproduction. La beauté se fane beaucoup plus lentement.

---

* Note de l'éditeur : article sur les féministes « pro-sexe »
https://www.feministsinthecity.com/blog/qu-est-ce-que-le-mouvement-feministe-pro-sexe

Nous devrions prévoir une renégociation majeure de l'accord entre les sexes. Nous ne pouvons pas revenir en arrière, et nous ne devons pas en rester là.

Les échecs du réductionnisme, autrement dit : la pornographie

Et pour finir, une mise en garde concernant la pornographie.

Il n'y a rien de tel que « faire l'amour ». Ce n'est pas comme « regarder Netflix », ou « jouer de la guitare ». Le sexe met en jeu des interactions entre des personnes et crée une émergence. C'est pourquoi « avoir des relations sexuelles » avec une personne A n'est pas la même chose qu'« avoir des relations sexuelles » avec une personne B.

C'est, une fois de plus, l'erreur du réductionnisme : imaginer qu'un substitut d'une chose est (toute) la chose. Par exemple, imaginer que si nous pouvons compter et enregistrer quelque chose, alors nous avons compté et enregistré l'essence de cette chose. Un déséquilibre chimique est une maladie mentale. Les boissons énergétiques sont de la nourriture. Le porno est le sexe. C'est totalement faux.

Bien sûr, les gens sont fascinés par la sexualité humaine. Observer les autres permet d'obtenir des informations sur les risques et les opportunités, tant sur le plan de l'évolution que sur le plan personnel. Mais cela déclenche la troisième stratégie sexuelle. Celle qui veut passer immédiatement à l'acte, peu importe la personne avec qui on fait l'amour.

La jalousie varie selon le sexe, les hommes sont plus susceptibles d'être jaloux de l'infidélité physique, tandis que les femmes sont plus susceptibles d'être jalouses de l'infidélité émotionnelle.[45] De même, les publics cibles du porno et de l'érotisme varient selon le sexe. En général, les femmes préfèrent l'érotisme,[46] qui apporte une histoire de fond, pour ainsi dire. Le porno, qui cible cette troisième stratégie sexuelle, réduit le corps humain à ses éléments constitutifs et privilégie les actes sexuels extrêmes pour attirer l'attention et lutter contre la concurrence économique. Parmi les populations qui ont grandi en consommant régulièrement du porno, les femmes sont beaucoup plus susceptibles de déclarer qu'on leur demande de s'adonner au sexe anal, à l'étranglement et à d'autres « jeux » violents représentés à l'écran,[47] même si en réalité peu de femmes le veulent vraiment.

Nous émettons l'hypothèse que le porno produit ce que nous appellerons l'*autisme sexuel*. Bien sûr, notre utilisation du mot autisme est une métaphore. Il va sans dire que nous ne voulons pas offenser les personnes qui ont été diagnostiquées autistes au sens clinique du terme, et nous ne prétendons pas non plus que les personnes autistes ne désirent pas moins que le reste d'entre nous une connexion, un amour et des relations véritables. Nous prenons ici les critères de diagnostic de l'autisme et suggérons que le porno produit, chez ses adeptes, quelque chose de similaire en ce qui concerne la sexualité : les informations sensorielles reçues sont les plus importantes, et la communication émotionnelle et sociale est reléguée au second plan, lorsqu'elle est prise en compte.

Les personnes qui découvrent la sexualité par le biais du porno ont tendance à présenter des comportements répétitifs et à avoir une sensibilité atypique vis-à-vis des entrées sensorielles. La communication sexuelle est difficile pour elles, probablement parce que la communication est une voie à double sens, et que l'on ne peut pas entièrement prévoir l'autre personne ni la contrôler. Les personnes qui ont appris le sexe par le porno ont des difficultés à avoir des relations sexuelles, à les faire durer et à les comprendre. Elles insistent pour adhérer à la routine de manière inflexible et montrent une fixation intense sur des intérêts restreints. En somme, il leur est difficile de faire face à la nouveauté et à la surprise, à la découverte (« Je ne savais pas que je pouvais me sentir comme ça »), et à l'émergence (« Je ne savais pas que nous pouvions avoir ces sensations »).

Si comme nous le soutenons, la sexualité humaine la plus complète est une propriété émergente entre des individus entiers, corps et cerveaux, cœurs et psychés, la pornographie réduit le sexe à une marchandise, à des actes, à de simples corps. En choisissant parmi un menu restreint d'options, le sexe appris à partir du porno sera répétitif et peu flexible, et se concentrera sur l'orgasme. Les personnes qui découvrent la sexualité à partir du porno seront probablement insensibles aux retours provenant d'autres sources que leur propre corps. La communication et les retours d'information ne seront pas des priorités, et peut-être même pas du tout des valeurs. Les relations seront difficiles à établir, et encore plus difficiles à comprendre. Les découvertes et la sérendipité n'arrivent jamais lorsqu'on choisit dans un menu. D'une certaine manière, c'est plus sûr, vous risquez de ne pas découvrir la véritable puissance de la relation humaine et de la connexion, mais vous êtes également protégé des véritables effondrements. Le sexe appris dans le porno peut donc effectivement aplatir la sexualité humaine. Qu'en est-il du monde des découvertes émotionnelles, profondément humaines, qui sont possibles avec une sexualité richement connectée ? Sans ces découvertes, cela ne vaut pas le détour vous feriez mieux d'aller vous promener.

UN NOUVEAU REGARD

- **Évitez les relations sexuelles sans engagement**, y compris les relations sexuelles payantes. En recherchant le sexe partout et à tout moment, il est plus difficile de former un lien stable avec une seule personne. Or, un tel lien est le meilleur précurseur d'une relation d'égal à égal, dans laquelle aucun des partenaires ne se sent constamment soumis ou sous-estimé. Recherchez plutôt l'extase et la passion, qui surviennent le plus souvent avec une personne que vous connaissez bien et qui vous connaît bien.

- Pour les femmes hétéros : **ne succombez pas à la pression sociale d'avoir des relations sexuelles faciles**. Si vous n'êtes pas intéressée par le fait de coucher avec un homme quelques heures ou quelques jours après l'avoir rencontré, et qu'il vous délaisse pour une autre femme intéressée, qu'avez-vous perdu ? Vous avez perdu un gars dédié à la troisième stratégie. Il vaut mieux chercher un type bien qui soit capable de refuser d'agir selon ses impulsions les plus basiques.

- **Éloignez les enfants de la pornographie.** Essayez également de vous en tenir éloigné. Le commerce ne devrait pas être autorisé à s'immiscer dans plusieurs domaines, y compris, entre autres, l'amour et le sexe, la musique et l'humour.

- **N'interférez pas avec le développement des enfants en essayant de le bloquer, de le ralentir ou de le modifier totalement.** Le genre est l'expression comportementale du sexe. Le genre est le résultat de l'évolution et il est plus flou que le sexe. L'enfance est une période de formation et d'exploration de l'identité. Les prétentions des enfants à être du sexe qu'ils ne sont pas doivent être considérées comme des jeux normaux et de la recherche de limites. Les personnes intersexuées et les personnes transgenres existent mais sont rares. Cependant, une grande partie de l'« idéologie moderne du genre » est dangereuse et contagieuse[48], et nombre des interventions (hormonales, chirurgicales) ne sont pas réversibles.

- **Éloignez les fœtus et les enfants des contaminants.** Chez plusieurs espèces de grenouilles, il a été montré qu'il existe un lien entre l'exposition à des contaminants environnementaux courants, comme l'atrazine (un herbicide), et l'augmentation du nombre d'individus hermaphrodites. Bien que la détermination du sexe chez les grenouilles soit différente de celle des humains, nous ne serions pas surpris s'il s'avère qu'une partie de la confusion moderne autour du sexe et du genre est attribuable à la diffusion massive des perturbateurs endocriniens dans notre environnement.[49]

- **Reconnaître que nos différences accroissent notre force collective.** Si nous valorisions davantage les emplois dans les domaines qui attirent plus les femmes (par exemple, l'enseignement, le travail social, les soins infirmiers), nous pourrions peut-être cesser d'exiger une représentation égale des hommes et des femmes dans des domaines qui n'intéressent tout simplement pas les femmes. Reconnaître qu'en moyenne, nous sommes différents, est la première étape essentielle de la construction d'une société dans laquelle toutes les opportunités sont réellement ouvertes à tous. L'égalité des chances est un objectif honorable qui va dans le sens de la réalité, alors que l'égalité des résultats, qui consiste à assurer une représentation égale des sexes dans toutes les professions, des crèches aux éboueurs, décevra toutes les personnes concernées.

Chapitre 8

Parentalité et relation amoureuse

L'individu – cet être avec un corps et un cerveau, des jambes, du sang, des pensées et des émotions – est un phénomène complexe, auquel nous nous intéressons depuis le début. Lorsque vous placez des individus ensemble, en relation, la complexité est démultipliée. Chez de nombreux animaux, l'interaction entre individus, avec toute leur complexité, a engendré une force d'une puissance presque transcendante : l'amour. Chez les humains tout particulièrement, l'amour est profond.

Tous les amours possèdent une histoire originelle commune, bien qu'ils puissent sembler si différents – l'amour pour un enfant, pour un conjoint, pour une cause. Tous sont beaux, et peuvent perturber le quotidien. La persistance de notre espèce a été possible, en partie grâce à l'amour. Ce qui soulève une question : qu'est-ce que l'amour ?

L'amour est un état de l'esprit émotif qui nous pousse à considérer quelqu'un ou quelque chose d'externe comme une extension de nous-même. Tout simplement. L'amour authentique est une question d'inclusion intime. Quand il est réel, peu de forces sont plus puissantes.

L'amour s'est d'abord développé entre la mère et l'enfant, mais il a ensuite déployé ses ailes, élargi son territoire. Rapidement, des adultes ont connu l'amour en tant que partenaires, puis d'autres formes d'amour ont commencé à voir le jour – entre le père et le fils, entre les grands-parents et les petits-enfants, entre frères et sœurs. L'amour a alors trouvé une place entre amis et entre soldats, entre ceux qui ont partagé des expériences intenses, bonnes ou mauvaises. Bien souvent, la mythologie humaine repose sur une incitation à étendre sa compréhension du soi, et à façonner le cercle auquel le concept s'applique – l'histoire du Bon Samaritain révèle la capacité à aimer même entre ceux qui sont supposés être ennemis.

Enfin, l'amour finit par inclure des abstractions – l'amour d'un pays, l'amour de Dieu, l'amour de l'honneur et du service, de la vérité et de la justice.

L'amour tel que nous le connaissons est apparu il y a près de 200 millions d'années, lorsque les mammifères ont divergé des reptiles. Tout comme pour l'évolution du sexe, l'œuf est fondamental pour comprendre l'évolution de l'amour. Le dernier ancêtre commun des mammifères et des reptiles pondait des œufs. Chez les espèces ovipares, l'œuf doit contenir suffisamment de nourriture pour alimenter l'embryon jusqu'à l'éclosion. Et chez les espèces au sein desquelles les parents s'éloignent et jamais ne rencontrent ni ne prennent soin de leurs petits, la progéniture qui sort de l'œuf doit être immédiatement capable de se nourrir elle-même. Une mère peut donner toutes ses chances à sa portée : un papillon peut déposer ses œufs sur une plante que ses chenilles pourront manger ; une guêpe peut pondre à l'intérieur du corps paralysé d'une araignée, que sa progéniture mangera ; une pieuvre peut mourir au contact de ses œufs en pleine éclosion, offrant ainsi la nourriture de son propre corps à ses petits affamés. Mais sans soutien parental, celui qui sort de l'œuf est livré à lui-même.

Les premiers mammifères étaient ovipares, et les œufs n'ont pas besoin d'amour, bien qu'au sein de nombreuses espèces, ils bénéficient d'une vigilance parentale. Mais les cinq espèces existantes de mammifères ovipares – quatre espèces d'échidnés et l'ornithorynque – sont substantiellement différentes des autres ovipares. Les mammifères, même ceux qui pondent des œufs, secrètent du lait. Auparavant, c'était une opération rudimentaire : des glandes sudoripares modifiées secrétaient un fluide nutritif qui était lapé à la surface de la peau de la mère. Plus tard, une solution plus élégante de distribution s'est développée : les mamelons. Chez tous les mammifères, avec mamelles ou non, le lait vient résoudre un problème.

Une mère mammifère peut laisser ses bébés dans un endroit sûr pendant qu'elle cherche de la nourriture, ce qui lui évite d'avoir à leur fournir toute la nourriture à l'avance ou à devoir ramener des morceaux de nourriture dans son terrier. Le lait permet également d'ajuster la nourriture du bébé sur le plan chimique et nutritionnel, facilitant ainsi son développement. Le lait de la mère n'est que l'une des nombreuses réponses évolutives aux enjeux de la nutrition et de l'immunité. Et il est une porte qui s'ouvre vers bien d'autre choses.

Une fois que les glandes mammaires deviennent partie intégrante de la maturation de la progéniture, les bébés sont assurés de connaître leur mère et de passer du temps avec elle. Jusqu'à récemment dans l'histoire humaine, le contact direct mère-bébé était le seul moyen de transfert possible. L'amour n'est pas nécessaire pour cela. Les mères et les bébés pouvaient simplement faire leur part, sans engagement émotionnel. Mais tout comme la sociabilité complexe et l'enfance prolongée, l'implication émotionnelle est adaptative. Ajoutez à cela le fait que presque tous les prédateurs suffisamment gros pour manger les bébés les considéreront comme des friandises – sans défense, tendres, et probablement sans agents pathogènes. Ils sont techniquement la nourriture parfaite. Ce qui signifie qu'une mère mammifère sera souvent confrontée à cette question : quels risques doit-elle prendre pour protéger ses bébés lorsqu'ils sont menacés ?

Chaque mère et chaque situation est différente, et le calcul exige que la mère soit informée d'un certain nombre de choses. Quelle part de sa vie reproductive a-t-elle encore devant elle, et quelle part se trouve désormais derrière elle ? Quel danger représente le prédateur en face d'elle, et comment est-elle équipée pour le combat ? Si elle meurt en sauvant l'un de ses petits, condamne-t-elle les autres à mourir de faim ? Lorsque toutes ces informations sont prises en compte, il reste un dernier calcul : son aptitude sera-t-elle renforcée par une telle confrontation, ou bien diminuée ? Toutes choses égales par ailleurs, les lignées au sein desquelles les mères font les calculs les plus précis concurrenceront les rivaux les moins bien avisés, et ces calculs s'amélioreront et s'ajusteront par ce processus au fil du temps.

Bien évidemment, les animaux ne font pas explicitement de calculs, et ils n'ont pas accès à des données sur la durée, les risques et les opportunités de la vie reproductive. Ce qu'ils possèdent, c'est une architecture interne qui a été ajustée par la sélection pour rendre ces choses intuitives et permettre d'adapter le comportement. Le langage avec lequel ces calculs intuitifs se manifestent – la manière dont ils orientent les comportements – est celui des émotions. L'amour est une puissante combinaison de ces émotions.

Dans ce chapitre, nous allons explorer les manières dont l'amour a évolué pour motiver nos dynamiques familiales, comment il a influencé la manière dont nous nous reproduisons, vieillissons, pourquoi nous pleurons, et bien plus encore.

Soins parentaux : mères, pères, et autres

Toutes les mères mammifères prennent soin de leurs petits, et l'amour d'une mère est la forme d'amour la plus ancienne et la plus fondamentale. Tout amour véritable est une élaboration de ce concept. Mais les mammifères ne sont pas les seules créatures chez qui l'amour a évolué. Chez les oiseaux, cette tendance s'épanouit également, bien qu'issue d'une évolution entièrement distincte.

Chez de nombreuses espèces d'oiseaux, les parents et leur progéniture ne se rencontrent jamais. Les talégalles de Latham pondent leurs œufs sur des monticules. Les poussins qui en sortent se dispersent, déjà autosuffisants. Les coucous, les vachers et autres « parasites de couvée » déposent leurs œufs dans des nids tenus par d'autres espèces. Dans tous les cas, les poussins doivent être préprogrammés, puisque leurs beaux-parents involontaires ne sont pas capables d'élever ces petits, tout comme nous serions incapables d'enseigner la vie dans les arbres à de jeunes ouistitis. Mais ces oiseaux préprogrammés demeurent une exception. Dans la vaste majorité des espèces d'oiseaux, les parents s'occupent de leurs petits, et ils font ainsi face aux mêmes considérations de risque et d'aptitude que les mères mammifères. Il se peut que vous ayez déjà vu de petits oiseaux se montrer agressifs face à de plus grands prédateurs pour les éloigner du nid. C'est l'amour.

Chez tous les mammifères, et chez cette majorité d'oiseaux pour qui le soin parental est la règle, la progéniture est nourrie et protégée par ses parents. Ceci laisse le petit libre d'évoluer à sa guise vers la vulnérabilité – il n'a pas à se défendre ni à se nourrir si un parent est là pour faire le travail pour lui.

La vulnérabilité de ces nouveau-nés (leur *altricialité*[1]) n'est pas en soi un atout, mais sa portée est extraordinaire. Une programmation importante du cerveau peut se faire à travers une transmission culturelle lorsque la progéniture est au contact proche de ses parents. Voilà qui est bien plus rapide que le changement génétique, et qui permet non seulement une évolution comportementale rapide, mais également une adaptation des modèles comportementaux à l'environnement local, qu'il soit physique, chimique, biologique ou social.

Chez les oiseaux et les animaux, l'altricialité est le revers de la flexibilité comportementale, qui elle est un atout. La flexibilité comportementale – la *plasticité*, nous y reviendrons au chapitre 9 – apparaît chez les organismes qui ne sont pas complètement programmés par le génome. Pour généraliser, la plasticité augmente chez les espèces qui font preuve d'interaction entre générations et dont la vulnérabilité des nouveau-nés est élevée.

Parmi les espèces animales qui prodiguent des soins parentaux, la mère est la donneuse de soin primaire la plus commune, même si des exceptions existent : les jacanas et les hippocampes montrent que l'inversion des rôles entre sexes, sous certaines conditions écologiques, peut bel et bien exister. Le soin paternel en absence de celui maternel est rare, mais pas inconnu. Le soin biparental, lorsque les deux parents élèvent effectivement leur progéniture, est plus habituel.

Le soin biparental est commun lorsque la monogamie est la norme, chez des organismes aussi variés que le cygne, la sterne arctique, le singe titi ou le gibbon. Enfin, chez de nombreuses espèces, du mérion superbe au suricate, les frères et sœurs, et même des étrangers, aident à élever les bébés. Ce système est appelé reproduction communautaire.

Les callitrichidés sont un clade des singes du Nouveau Monde qui inclut les ouistitis et les tamarins, au sein duquel la reproduction communautaire est répandue. Les mères ont souvent des jumeaux, et l'allaitement et la cueillette requièrent la totalite du temps et de l'énergie de la mère. Mais les bébés ont besoin d'être constamment portés, et les jeunes exigent une vigilance permanente, pour ne pas tomber des arbres dans lesquels ils vivent. Qui peut assurer ces tâches – porter les bébés et surveiller les jeunes – si ce n'est la mère ? Si seules les mères peuvent allaiter, chez de nombreuses espèces de callitrichidés, tous les autres soins sont donnés par des membres de la bande – le père, parfois son frère, les aînés de la fratrie, et momentanément des femelles non reproductrices qui rejoignent la bande en espérant un jour hériter d'un petit. De manière similaire, la reproduction communautaire est manifeste chez les petits du rat-taupe nu, qui, après sevrage, sont pris en charge par des ouvriers plutôt que par les parents.

Comment expliquer la transition d'une reproduction indépendante, où les individus poursuivent des intérêts égoïstes, à une reproduction communautaire, système d'une complexité et d'une collaboration supérieures ? La reproduction communautaire, qui est évidente dans de nombreuses sociétés humaines, a plus de chances de se développer lorsque les taux de promiscuité sont faibles[2] et que les ressources sont distribuées sur le territoire de telle sorte qu'un seul individu ne peut les monopoliser. La monopolisation des ressources ouvre la voie à la monopolisation des partenaires – en effet, la distribution des ressources dans l'espace et dans le temps a des effets considérables sur les systèmes de reproduction.[3]

Les systèmes de reproduction

Imaginez un couple de cygnes, nageant ensemble. Le mâle peut être un peu plus grand, mais ils sont à ce point similaires qu'il est difficile de les différencier.[4] Parmi les espèces monogames, les mâles et les femelles se ressemblent fortement en couleur, en taille et en forme. Observez les éléphants de mer, qui sont résolument polygynes – un seul mâle peut monopoliser l'activité reproductrice de douzaines de femelles. Les mâles ont des nez énormes et sont trois fois plus grands que les femelles. Le dimorphisme sexuel de taille est un indicateur fort de polygynie chez les espèces vertébrées.

Les humains sont bien plus proches des cygnes que des éléphants de mer au regard du dimorphisme sexuel de taille, mais nous ne sommes pas des cygnes. Les hommes sont, en moyenne, 15 % plus grands que les femmes[5], et nettement plus forts. Ceci nous indique que nos ancêtres ont dû faire preuve de polygynie ou de promiscuité sexuelle.

La polygynie de notre passé évolutionnaire ne devrait pas nous surprendre – aucune des autres espèces de grands singes existantes n'est monogame. Mais *Homo sapiens* semble avoir évolué dans la direction de la monogamie depuis notre divergence avec les chimpanzés et les bonobos – nous sommes sexuellement moins dimorphiques que ces espèces. Et alors que la majorité des cultures humaines ont été polygynes à un moment de l'histoire, la majorité des personnes vivantes aujourd'hui appartiennent à des cultures au sein desquelles la monogamie est la norme.

La monogamie est fragile, et bien souvent se transforme en polygynie chez les mammifères. Néanmoins, la monogamie est le système supérieur.

Les types de systèmes de reproduction

Le terme *système de reproduction* se réfère au nombre de partenaires que les membres de chaque sexe ont. Pour faire simple, les types sont :

- **Monogamie :** les individus des deux sexes n'ont qu'un seul partenaire à la fois.
- **Polygamie :** les individus d'un sexe n'ont qu'un seul partenaire de reproduction, mais les individus de l'autre sexe ont de multiples partenaires. Des sous-types incluent :
  - **Polygynie** (*poly* pour plusieurs, *gyn* pour femelle) : un mâle et plusieurs femelles.
  - **Polyandrie** (*poly* pour plusieurs, *andr* pour mâle) : une femelle et plusieurs mâles.
- **Promiscuité :** les membres des deux sexes ont de multiples partenaires (chez les humains, ceci est parfois appelé polyamour).

Pour défendre l'audacieuse affirmation indiquant que la monogamie est un système supérieur, commençons ici : la monogamie est le système de reproduction avec le plus grand potentiel de coopération et d'équité, en commençant par les soins donnés aux enfants. Chez les primates, la monogamie est également corrélée à la plus grande taille relative du cerveau.[6] Au sein du biote, les femelles sont le sexe limitant, ce qui leur permet d'être exigeantes dans le choix du partenaire. Dans un système polygyne, les partenaires sexuels abondent pour les femelles, mais les partenaires sont en quantité limitée pour les mâles et – en l'absence d'investissement volontaire au-delà de l'acte sexuel – les mâles tendent à faire preuve d'exigences incroyablement basses quant à leurs partenaires sexuelles. Si elle ne montre pas de signe évident de maladie contagieuse, un mâle est susceptible d'accepter n'importe quelle femelle désireuse, même si elle n'est pas précisément de la bonne espèce. Une toute petite chance de produire une descendance, même hybride, vaut mieux, du point de vue de l'évolution, que pas de chance du tout.

En absence de monogamie, voici à quoi la sexualité est réduite : à des femelles chargées de l'entière tâche reproductive, et à des mâles sans discernement et toujours en chasse.

Lorsque la monogamie émerge – lorsque les femelles et les mâles poursuivent ce que nous avons nommé la première stratégie dans le chapitre précédent – les mâles ressemblent plus aux femelles, aussi bien dans leur perspective du sexe que dans leur morphologie. Parce que les mâles monogames choisissent une femelle et renoncent aux opportunités avec d'autres, ils ont tout autant de raisons que les femelles d'être exigeants dans le choix de leur partenaire. Cette exigence des mâles réduit leur tendance à être violents. Ils peuvent encore se battre pour accéder aux meilleures femelles, mais n'ont plus besoin d'aspirer à l'acquisition d'un « harem » ni de le défendre, tâches étroitement associées à l'agressivité et à l'armement physique, comme les bois des cervidés ou les dents pointues. Si nous comparons les gibbons, qui sont monogames, avec les babouins, qui ne le sont pas, nous observons chez les babouins un dimorphisme sexuel de taille prononcé et des canines hypertrophiées. La polygynie – qui est associée aux stratégies deux et trois du chapitre précédent – mène inexorablement à la violence entre mâles ainsi qu'à la morphologie qui permet cette violence.

La monogamie crée également un système dans lequel presque tous les individus ont un ou une partenaire, puisque le ratio des sexes avoisine le un pour un, quel que soit le système de reproduction. Ceci empêche l'accumulation de mâles sexuellement frustrés pour qui la violence semble être le seul chemin vers la reproduction, que ce soit par le renversement des chefs de harem – comme chez les lions et les éléphants de mer – ou par le viol – comme chez les canards et les dauphins. Nous reviendrons brièvement à certaines implications profondes de la monogamie au sein des sociétés humaines.

En dépit de toutes les similitudes développées chacun de leur côté, les systèmes de reproduction des oiseaux et des mammifères diffèrent sensiblement. Rares sont les espèces mammifères monogames, mais la plupart des espèces d'oiseaux le sont, du moins en partie : ils ont de longues périodes d'exclusivité sexuelle – un mâle, une femelle. Certains couples durent le temps d'une saison de reproduction, d'autres une vie entière. Pourquoi une telle différence ?

Toutes les espèces d'oiseaux pondent des œufs. Les œufs d'oiseaux, aussi étrange que cela puisse paraître, sont un puissant antidote à la jalousie sexuelle masculine. En effet, les œufs aviaires sont fécondés juste avant que la coquille ne se forme, et peu de temps avant d'être pondus. Ainsi, après l'accouplement, un oiseau mâle doit tenir les rivaux éloignés de la femelle pendant seulement une courte période de temps, pour s'assurer d'être le père génétique de la nichée.

Les mammifères vivipares, en revanche, ont une longue période entre la fécondation et la naissance, et la plupart des mâles ne peuvent donc s'assurer que la femelle avec laquelle ils se sont accouplés ne s'est pas également accouplée avec un autre mâle durant la même période. Les mâles sans « certitude de paternité » vont difficilement rester en couple avec la femelle et l'aider à élever les petits. Les oiseaux mâles ont généralement une grande certitude de leur paternité, mais les mâles mammifères sont rarement complètement certains. Il en résulte que les mâles mammifères ont tendance à abandonner leur partenaire et leur progéniture alors que – s'ils pouvaient simplement s'assurer de leur paternité – la sélection favoriserait clairement leur présence auprès des petits. Les mammifères ont plus de difficulté à développer une monogamie stable, bien qu'elle soit, à bien des égards, le système de reproduction supérieur.

Une fois en couple, un mâle se retrouve face à un choix. Il peut simplement éloigner les rivaux de la femelle qu'il a choisie, ou il peut contribuer à l'alimentation et au soin de sa progéniture. Le soin paternel n'est pas universel chez les espèces monogames, mais il est courant. Le soin paternel augmente les chances d'avoir une progéniture apte à la reproduction, et augmente également le nombre de petits viables pouvant être produits – tous deux contribuant de la même manière à l'aptitude du mâle et de la femelle.

La monogamie élargit donc le champ de l'amour, au-delà de l'amour entre la mère et l'enfant, entre partenaires du couple, et souvent entre le père et l'enfant également.

L'amitié peut également être facilitée par la monogamie. Les choucas, qui sont proches des corbeaux, restent avec le même partenaire une vie entière, et lorsqu'ils quittent le nid, ils se lient d'amitié avec des choucas du même âge, s'offrent de la nourriture, et construisent des liens forts.[7]

Le couple crée également une précieuse opportunité de répartition des tâches. Dans un système uniparental, le parent seul – souvent la mère – doit tout faire ; le couple permet de réduire son travail de moitié. Chez les bécasseaux d'Alaska, la mère couve les œufs sur le lieu de reproduction arctique durant la nuit, et le père la remplace le jour.[8] Chez le *citrinellum*, poisson d'eau douce monogame, le père a la charge de la protection territoriale et la mère nourrit les petits.[9] Chez le ouistiti pygmée, la mère passe son temps à rechercher la nourriture nécessaire à ses besoins et à ceux de ses petits, et le père s'occupe de tous les soins des nourrissons.[10]

Chez les humains, il semble exister une boucle de rétroaction positive : alors que les bébés deviennent de plus en plus vulnérables, avec une enfance de plus en plus longue, le lien entre les parents devient de plus en étroit. L'amour est une manifestation de ce lien étroit.

Les familles ont évolué, et l'amour entre frères et sœurs également. Le revers d'un tel amour est la rivalité entre frères et sœurs, qui est une force puissante chez toutes ces espèces au sein desquelles les frères et sœurs sont confrontés. Lorsque les parents sont en couple, leurs petits seront, génétiquement, de vrais frères et sœurs. En revanche, chez les espèces où la mère s'occupe seule du soin – et où le père s'engage pleinement dans des stratégies sexuelles avec deux ou trois partenaires – les petits peuvent être seulement des demi-frères ou demi-sœurs. D'un point de vue purement génétique, les vrais frères ont une disposition génétique à la coopération deux fois plus forte que les demi-frères. Puisque la monogamie permet d'avoir des vrais frères et sœurs, elle améliore la coopération au sein de la progéniture et limite les conflits au sein de la portée. On observe un cas extrême d'une telle coopération chez le rat-taupe nu, qui a développé une eusocialité* semblable à celle observée chez les fourmis, les abeilles, les guêpes et les termites.

Chez les mammifères, la parenté des frères et sœurs a une autre implication plutôt étrange. Les maladies auxquelles sont confrontées les mères durant la gestation sont souvent le résultat d'un conflit d'intérêts entre la mère et le fœtus – une guerre pour les ressources souvent minime mais bien réelle.[11] Une mère a tout intérêt à partager les ressources entre ses rejetons tout au long de sa durée de vie reproductive, tandis que le fœtus en développement – qui a accès au flux sanguin de sa mère par le biais des hormones et qui n'est apparenté à elle qu'à 50 % uniquement – a intérêt à prendre plus que sa part, tant qu'il ne met pas la vie de sa mère en danger. Ce conflit d'intérêts est attenué au sein des populations monogames, où le fœtus a deux fois plus d'intérêts à voir survivre ses futurs frères et sœurs que si ceux-ci étaient issus de pères différents. Du point de vue d'un père d'une espèce non monogame, les mâles tirent profit du comportement maternel des femelles, et leurs gènes perpétuent ce parasitisme lors de la gestation.

Les implications de la monogamie chez les humains

Le sexe, le genre, les relations et les systèmes de reproduction : quatre sujets intimement entremêlés et empreints de complexité et de signification. Il n'y a rien

* Note de l'éditeur : organisation sociale chez certains animaux qui fait qu'un même groupe d'individus vivant ensemble est divisé en castes d'individus fertiles et non fertiles.

de plus central dans l'expérience humaine. Nous avons évoqué ces sujets dans le chapitre précédent, mais nous y revenons ici avec un peu plus de contexte et de nuance. Les systèmes de reproduction évoluent lorsque les conditions écologiques changent.[12] Lorsque les ressources sont en surplus, la monogamie tend à être favorisée. Elle assure un avantage évident à la descendance et à la population en amenant tous les adultes compétents à s'occuper des enfants, permettant à la population de capter les ressources à un rythme plus rapide. Toutefois, quand une population atteint sa capacité de charge et que des dynamiques à somme nulle sont à nouveau en jeu, les motivations des hommes de haut rang tendent à les orienter vers la polygynie. La compétition entre mâles devient un élément moteur, car les hommes qui ont des richesses et du pouvoir cherchent à dominer la capacité reproductive de plusieurs femmes. Dans les pays occidentaux, cette tendance peut être masquée, car lorsqu'un homme quitte sa famille pour en fonder une autre avec une deuxième femme (généralement plus jeune), nous le qualifions de « monogame en série », mais c'est en réalité une forme évidente de polygynie.

Lorsque la polygynie est en augmentation dans une société, nous observons une hausse des jeunes hommes sexuellement frustrés, prêts à prendre d'importants risques pour l'éventualité d'une partenaire. Les mâles puissants bénéficiant de la polygynie sont relativement rares, et leurs lignées tirent profit des jeunes hommes frustrés, armés et envoyés au loin avec des rêves de retour en héros de guerre prêts à marier. La possibilité de gagner du territoire et des trésors par un aventurisme militaire présente des implications évidentes du point de vue de l'évolution – elle étend les ressources disponibles à la population conquérante, et accroît ainsi sa taille. Un tel aventurisme militaire est également une frontière « transfert de ressources », ce qui, nous l'expliquerons au chapitre 13, est une forme de vol.

Si les coûts de la polygynie vous semblent encore opaques, en voici d'autres, issus d'une étude qui modélise les effets des systèmes de reproduction (monogamie et polygynie) sur la fertilité et le statut économique, et compare les résultats aux données empiriques existantes. Toutes choses égales par ailleurs, les gens de cultures monogames connaissent un taux de natalité plus bas, et un statut socio-économique plus élevé que ceux des cultures polygynes. De plus, la différence d'âge entre conjoints est plus petite.[13] Ceci illustre, en partie, une moindre propension à considérer les femmes et les filles comme de la marchandise, tendance souvent fortement marquée au sein des cultures polygynes.

La polygynie est souvent confondue avec un fantasme de promiscuité où existerait une liberté sexuelle et reproductive dénuée de conséquences négatives, ce que la révolution sexuelle pourrait sembler confirmer, mais c'est une illusion, pour deux raisons. La première est qu'en absence de contraception, la promiscuité est bonne pour les hommes, qui procréent sans presque aucun coût, et dangereuse pour les femmes, à qui revient l'entière charge du soin des enfants. La deuxième est que la promiscuité a tendance à devenir une polygynie lorsque des hommes puissants comprennent qu'ils sont en position d'exiger l'exclusivité de multiples partenaires de reproduction, l'une après l'autre ou simultanément.

La contraception révolutionne l'équation reproductive, pour le meilleur et pour le pire, permettant aux femmes d'échapper à ce glissement, et de réduire de manière spectaculaire leur valeur apparente aux yeux des hommes. Elle rend également les hommes plus réticents à s'engager.

Avant la contraception, les femmes (et leurs proches parents) protégeaient leurs capacités reproductives avec la plus grande rigueur. Parce qu'il est si difficile d'élever les bébés humains, une femme en mesure d'insister pour obtenir l'aide d'un homme aurait été bien bête d'y renoncer. Dans un tel monde, les hommes étaient grandement incités à impressionner les femmes auprès desquelles ils s'engageaient. Notre entente moderne offre aux femmes bien plus de liberté à jouir du sexe sans le risque de devenir parent seul, mais elle amoindrit radicalement leur capacité à négocier un engagement sur le long terme – surtout si elles s'engagent dans la troisième stratégie de reproduction, le petit jeu. Les hommes peuvent sembler obtenir la meilleure part de ce marché – et effectivement, au regard du plaisir physique, l'accès facile au sexe est une récompense de laquelle la plupart des hommes ne détournent pas le regard. Mais comme nous l'avons évoqué au précédent chapitre, le sexe en question est de faible enjeu, gratifiant sur le moment mais vide de sens sur le long terme. Les hommes peuvent avoir l'impression qu'ils ont été jugés sexuellement dignes par un grand nombre de femmes, mais ils savent inconsciemment que la barre d'une telle reconnaissance a été placée si bas qu'elle ne signifie rien. C'est bel et bien du sexe, mais du sexe de pacotille, facile et sans profondeur. Les femmes peuvent consciemment vouloir savourer du sexe sans engagement, mais elles sont câblées pour tomber amoureuses de l'homme avec qui elles couchent car le sexe, les bébés et l'engagement sont chez les femmes inextricablement connectés du point de vue de l'évolution. Le sexe et l'orgasme provoquent chez les femmes la libération de l'ocytocine, qui encourage le lien affectif. La situation est similaire pour les hommes, si ce n'est que ça n'est pas l'ocytocine mais la vasopressine qui fait le travail (le rôle de ces hormones dans le comportement sexuel et social humain a été bien étudié, mais la manière dont ils affectent le couple est encore mieux documenté chez le campagnol des prairies, à qui nous devons presque tout ce que nous savons sur ces hormones).[14]

Cependant, étant donné le déséquilibre d'investissement reproducteur entre hommes et femmes, nous suggérons que le système est encore plus complexe que cela, du moins lorsque les hommes sont concernés. Si vous êtes un homme engagé dans la stratégie deux ou trois, vous ne tirez aucun bénéfice à tomber amoureux. Bien que condamnables, ces stratégies ont été fructueuses pour les hommes au cours de l'histoire, et la sélection a certainement dû les faciliter dans certaines circonstances. De telles stratégies impliquent généralement du sexe peu après la rencontre de la partenaire, nous estimons donc que la vasopressine n'est alors pas libérée, ou dans une moindre mesure, chez les hommes qui ont un rapport sexuel avec la femme qu'ils viennent de rencontrer. La vasopressine facilitant le lien de couple, affirmons-nous, sera plus présente chez les hommes qui ont des rapports sexuels avec les femmes qu'ils connaissent depuis plus longtemps. Si cela est vrai, cela signifie, pour vous les femmes, que coucher dès le premier soir avec un homme dont vous êtes amoureuse limitera les chances qu'il tombe amoureux de vous.

Parce que les enjeux du sexe sont aujourd'hui limités, beaucoup d'hommes ont perdu une incitation primaire à construire un royaume, et sont devenus volatiles quant aux engagements que beaucoup ont pu considérer comme source première de sens. Les femmes ont été libérées de certaines contraintes, c'est certain, mais se retrouvent dans un monde de sexualité adolescente, un jeu permanent de relations superficielles et sans but.

Qui bénéficie d'un tel arrangement ? Deux catégories d'hommes : ceux riches et puissants qui sont en position d'avoir plusieurs partenaires, et ceux qui prétendent être intéressés par l'engagement afin de coucher avec des femmes pour lesquelles ils n'investiront finalement rien. Certains hommes de ces deux catégories proposent également un marché sexuel aux femmes qui essayent de construire leur carrière, les plaçant dans une position qu'elles ne quitteront pas toujours sans dégâts. Tant bien que mal, nous avons remplacé un système de séduction et de reproduction profondément défectueux par un autre qui, admirablement, transfère tout le butin aux rois et aux sagouins.

Les choses sont encore pires là où la proportion des sexes a été déséquilibrée par la guerre ou par d'autres forces. Lorsque les bons partis masculins sont rares, ils sont sexuellement demandés. Ce qui place les femmes face à un dilemme : comme obtenir l'attention d'un homme lorsque toutes œuvrent au même dessein ? Les rares hommes trouvent de nombreuses opportunités sexuelles et peu de raisons de s'engager. Résultat : les femmes qui, dans un tel environnement désirent une famille, doivent bien souvent payer le prix de la monoparentalité.

C'est exactement ce qui s'est passé pour certains hommes là où un manque d'opportunités économiques ou un sous-financement du système éducatif a mené à des taux élevés de mortalité, de criminalité et d'incarcération. Aux États-Unis, une grande partie de la population noire s'est retrouvée dans cette situation. Les hommes qui évitent ces destins sinistres se retrouvent fortement demandés et ont tendance à enchaîner les conquêtes, laissant de nombreuses femmes noires seules pour élever leur famille. Nombreux sont ceux qui, parmi la classe dirigeante, ont longtemps affirmé que cette tendance découlait d'un prétendu manque de morale du peuple noir, alors qu'elle n'est que le fruit de dynamiques démographiques qui s'expliquent par la théorie des jeux, et que l'on retrouverait chez toute autre population soumise aux mêmes conditions.

Nous sommes donc tous dans une impasse. Les relations d'engagement sont une bonne chose, car si importantes pour élever des enfants en pleine santé. Mais si les femmes du système moderne de séduction et de reproduction refusent le sexe sans lendemain, elles sont souvent ignorées. Si elles consentent à ce sexe libre, elles provoquent souvent, et sans le vouloir, une peur de l'engagement. Les hommes pourraient dans cette situation donner l'impression de profiter des femmes, ce qui est en partie vrai, mais leur fortune est avant tout une illusion. Oui, les hommes sont construits pour trouver stimulant le sexe sans engagement, mais ils sont également construits pour valoriser les relations amoureuses. Le sexe sans lendemain vient entraver cela.

Le masculin et le féminin sont des états complémentaires, et la tension naturelle entre les deux est saine. Il y a, bien sûr, beaucoup à dire sur les implications et l'évolution de l'homosexualité, aussi bien chez les humains que chez les autres espèces. Bien que nous n'ayons pas de place dans ce livre pour une telle analyse, nous vous proposons cette rapide accroche : bien que les hommes et les femmes homosexuels aient en commun d'être attirés par les individus du même sexe, les différences entre les deux, aussi bien sur le plan de l'évolution que sur celui des relations entre eux, sont tout aussi grandes que celles entre hommes et femmes, que nous avons décrites dans les deux précédents chapitres. De plus, les deux formes d'homosexualité – féminine et masculine – sont des adaptations.

Ceci dit, l'hétérosexualité est la norme, et non pas pour des raisons socialement construites. Parmi les hommes et les femmes hétéros : si les femmes concluent que pour plus d'égalité elles doivent se comporter comme les hommes en matière de sexe, on obtient alors un système au sein duquel tout le monde se comporte comme les hommes au pic de leur adolescence. Malgré sa pesante réputation, la monogamie reste le meilleur système de reproduction. Elle crée des adultes compétents, limite la tendance à la violence et à la guerre, et encourage les élans coopératifs.

Aînés et sénescence

De tous les systèmes essentiels au fonctionnement de l'humanité, la parentalité pourrait bien être le plus menacé par l'hyper-innovation du XXIe siècle. Afin de comprendre pourquoi, permettez-nous d'emprunter un chemin connexe, même s'il peut au premier abord sembler éloigné. Considérez cette vieille quête qui vise à stopper le vieillissement humain. Depuis les récits historiques et fantastiques d'une Fontaine de Jouvence, rapportés par Hérodote ou Ponce de León, jusqu'aux riches des temps modernes qui congèlent leur cerveau dans l'espoir d'une résurrection lorsque la sénescence sera « guérie », l'immortalité est depuis longtemps le rêve de certains mortels.

Toutes choses égales par ailleurs, en extrapolant le taux de mortalité à maturité reproductive, si le corps humain était capable de se maintenir et de se réparer complètement lui-même, la moitié des gens vivraient jusqu'à l'âge vertigineux de 200 ans.[15] Vous devez vous demander comment cela peut-il bien être possible. La réponse est bien plus compliquée que vous ne le pensez.

Toutefois (pour les besoins de ce chapitre), imaginez que la sénescence du corps ait été plus simple à guérir que le cancer ou qu'un simple rhume. Imaginez également que malgré les grandes différences entre les tissus du cerveau et le reste du soma, la sénescence du cerveau puisse être guérie également. Qu'en serait-il de l'esprit ?

Cette distinction peut sembler sans importance, mais cerveau et esprit ne sont pas des synonymes – l'esprit est un produit du cerveau. Le cerveau est le matériel ; l'esprit est le logiciel. Un composant physique parfaitement fonctionnel n'est d'aucune valeur si le logiciel et les fichiers sont sérieusement endommagés. Si nous réparons le cerveau sans réviser l'esprit – même si toutes les pathologies physiques du cerveau sont évitées – la majeure partie des siècles de vie supplémentaires seront gâchés, dans un scénario catastrophe d'esprits séniles aux commandes de corps sains.

Les esprits humains ont une contenance. Afin de ne pas nous remplir d'éphémère, il nous faut oublier presque tout, un processus qui fait de nous les témoins peu fiables des événements de nos propres vies. À un âge très avancé, même les plus cohérents d'entre nous ont résolument fragmenté leur connaissance. À quel point ce processus pourrait-il s'avérer destructeur s'il devait faire le tri des siècles durant ?

Les humains sont les mammifères terrestres qui vivent le plus longtemps. Nous avons pour la plupart plus de huit décennies de vie active sur cette planète, mais cette espérance de vie fait pâle figure face à la solution évolutionnaire au problème du vieillissement, et par laquelle nous approchons l'immortalité : nos descendants.

Nous passons des décennies à acquérir des compétences et des connaissances sur la manière de fonctionner efficacement dans ce monde, mais ce logiciel chèrement acquis est prisonnier de nos corps, qui succombent très vite aux forces hostiles de la nature. Si nous étions connectés neurologiquement par nos génomes, nous saurions dès la naissance comment être adultes, et pourrions le devenir directement. Même chez les organismes qui prodigent des soins parenteux, la pré-programmation est souvent considérable. Un cheval se tient sur ses pattes quelques minutes après sa naissance, sentant le monde, se déplaçant presque comme un adulte, et nous pourrions faire de même si nos vies étaient aussi simples que celles des équidés. Il ne s'agit pas de dire que les chevaux n'ont rien à apprendre : ils doivent apprendre leur rôle social au sein du groupe ainsi que la carte des dangers et des opportunités de leur environnement. Mais les paramètres basiques du cheval sauvage restent similaires, indépendamment de l'environnement, ce qui permet aux chevaux d'être précoces – et d'avoir de nombreuses compétences dès la naissance.

Pour les humains, c'est l'opposé. La niche humaine est le changement de niche. Nos niches se transforment radicalement, parfois sur des distances remarquablement courtes. Considérez à nouveau la différence entre les populations arctiques qui chassent le gros gibier sur plusieurs kilomètres à l'intérieur des terres et ceux qui se spécialisent dans les mammifères marins sur la côte. Ces spécialisations exigent des compétences radicalement différentes et ne sauraient exister si chaque individu devait découvrir par lui-même les secrets d'une chasse efficiente. La solution à ce dilemme nous est à ce point familière que nous oublions de nous en émerveiller. Souvenez-vous du principe Oméga, qui montre que tout trait culturel coûteux et durable doit être présumé adaptatif, et que les éléments adaptatifs d'une culture ne sont pas indépendants des gênes.

Les anciens transmettent une connaissance et une sagesse durables par ce deuxième mode d'héritage : la culture. Parce que ce mode est cognitif plus que génétique, les niches que nous exploitons peuvent changer à un rythme impressionnant. Cette plasticité permet à des groupes d'humains de fonctionner tels des corps cohérents, avec une division des tâches rendue possible par des organes distincts. Ces corps peuvent se déployer sur des paysages physiques, ajuster légèrement leur comportement à une colline particulière ou le transformer radicalement pour exploiter une toute nouvelle source de nourriture.

Dans les collines de schiste du centre du Portugal, où l'agriculture est physiquement difficile, les parents s'abîment le dos à cultiver et à récolter la nourriture, et les grands-parents élèvent les enfants.[16] Au Portugal, la ménopause peut alors marquer le début de l'éducation active des enfants. La ménopause, quasi-propre aux humains, n'est pas la fin de la vitalité chez les femmes. Elle est la fin de la capacité de reproduction directe, mais le début de la capacité à offrir sagesse et soins aux jeunes – aux enfants et aux petits-enfants – et elle peut être considérée comme un merveilleux cadeau.

Sur les îles de la mer d'Andaman, la vie du peuple moken est profondément connectée à l'océan, et leurs histoires de tsunamis comme étant le signe de dieux en colère ont sauvé des villages entiers lors du tsunami de 2004. Suite à cette tragédie, un vieil homme ne s'est pas référé aux dieux, mais à sa propre expérience puisqu'il avait vécu quelque chose de comparable au Myanmar lorsqu'il était enfant.[17] Une telle sagesse n'est pas révolue, et plus nos anciens vivent vieux, plus il y a de chance pour qu'ils aient vécu des événements majeurs, et qu'ils sachent comment y répondre.

La sagesse des anciens est ancestrale et nécessaire à l'histoire humaine, et il est fondamental de rester sceptique face à elle lorsqu'elle est déplacée ou inopportune. Les parents ont un intérêt primordial à ce que leur progéniture soit grandement effective dans l'environnement qu'elle habitera. Si le logiciel (l'esprit) a besoin d'une mise à jour que les jeunes sont capables d'apporter, il est dans l'intérêt de tous que le paradigme obsolète soit remplacé. Ceci explique pourquoi, pour des parents en bonne santé, se voir dans ses enfants est tout aussi gratifiant que troublant, mais les voir prospérer est un bonheur et un soulagement. Voilà qui nous ramène aux enfants comme solution du problème au vieillissement : ils permettent d'installer les logiciels, les compétences, la mémoire et la sagesse dans des corps jeunes et câblés pour exploiter, enrichir et améliorer cet ensemble cognitif autant que nécessaire. Il est naturel de désirer vivre une longue vie, et de vouloir voir ses descendants bien préparés pour le futur. Beaucoup pensent qu'en tant qu'individus, nous avons droit à plus, que nous devons personnellement être conservés, mais ce désir est une erreur. Une telle préservation viendrait interrompre le mécanisme primaire par lequel les humains innovent et répondent au changement. Nous rejetons ce mécanisme ancestral à nos risques et périls.

L'amour entre espèces

Après nous être intéressés aux enfants comme antidote au vieillissement, interrogeons-nous maintenant sur nos animaux de compagnie : nous les aimons, mais nous aiment-ils ?

Les humains ont domestiqué des dizaines d'espèces animales sur la planète, la plupart nous procurent de la nourriture ou travaillent pour nous. Certaines de ces relations ont commencé de manière purement fonctionnelle – les chats chassaient les souris, les chiens montaient la garde – et se sont transformées en amitiés inter-espèces. Les chats sont devenus nos amis plus récemment que les chiens, et sont restés plus sauvages, plus proches de leurs origines, bien qu'ils s'attachent aux humains dans certaines circonstances. Mais les chiens, avant même l'agriculture, étaient nombreux à nos côtés, en cours de domestication. Les chasseurs-cueilleurs avaient déjà des amis canins.[18]

Les chiens sont de bien des manières une construction humaine. Nous avons co-évolué depuis si longtemps qu'ils sont maintenant adaptés au comportement, au langage et aux émotions des humains. Vous pourriez répondre que les humains sont eux aussi, du moins partiellement, une construction canine.

Les animaux de compagnie nous aiment-ils ? Le vôtre vous aime, bien sûr. (Précisons : il peut vous aimer s'il est un mammifère, ou de certains clades d'oiseaux, comme le perroquet. Si votre animal est un gecko, un python ou un poisson rouge, il est probablement incapable d'aimer). L'amour se développe chez tous les couples de l'évolution qui exigent du dévouement. Nous aimons nos animaux de compagnie, et ils nous aiment. Les chiens, en particulier, sont des générateurs d'amour qui vivent avec vous et vous font savoir que vous n'êtes pas seul. Le chien est amour.

Observez la manière dont les chats et les chiens communiquent entre eux, et avec nous. Ils n'utilisent pas le langage pour exprimer du sens ou des émotions, mais ils les expriment bel et bien. Vous n'avez aucune raison de douter que votre chien est déçu lorsque vous arrêtez de lui lancer la balle, ou que votre chat préfère se poser sur vos genoux. Nous nommons nos émotions – amour, peur, colère – et en attribuant ces mots aux animaux, nous pourrions être accusés d'anthropomorphisme. Frans de Waal, qui a passé une vie entière à étudier les émotions des animaux, explique que cette idée repose sur l'hypothèse selon laquelle les humains ne sont pas exceptionnels, mais totalement différents des animaux avec qui ils ont des ancêtres communs.[19] Il nous faut prendre toutes les précautions lorsque nous attribuons des émotions et des intentions aux animaux – ainsi qu'aux individus de notre propre espèce – mais il ne fait aucun doute que de nombreuses espèces se projettent, pleurent, aiment et pensent.

Lorsque nous interagissons avec nos animaux de compagnie, nous lisons leurs signes, dénués de langage. Lorsque nous interagissons avec les gens, il est également utile de parfois baisser le volume. Étudiez le comportement animal, ou agissez à la manière d'un humain avant que n'existe le langage. Nous utilisons souvent le langage pour masquer notre état réel, pour mentir, pour travestir ce qui se passe réellement. En observant les gens de loin, et particulièrement les inconnus, il est relativement facile de lire les émotions de la situation. Prêtez attention à leur comportement, et non pas à ce qu'ils racontent de leur comportement. Voilà ce que votre chien fait. Votre chien n'écoute pas l'histoire que vous lui vendez, bien qu'il soit prêt à pardonner vos faiblesses.

Deuil

Dans ses *Métamorphoses*, Ovide conte l'histoire des vieux mariés Baucis et Philémon. Ils ont été pauvres toute leur vie, mais généreux avec le peu qu'ils possédaient. Les dieux reconnaissent leur droiture et leur demandent ce qu'ils désirent plus que tout. Baucis et Philémon demandent, une fois leur heure venue, de mourir ensemble afin de ne pas voir l'autre mourir et rester seul. Les dieux exaucent leur souhait. Les vieux amants deviennent des arbres – un chêne et un tilleul – dont les branches s'entremêlent en grandissant.

Sans une intervention de Zeus, la seule manière d'éviter le chagrin est de vivre sans amour. Le deuil a évolué de nombreuses fois chez les espèces hautement sociales et qui font preuve de soin parental. Le deuil des chimpanzés est vraisemblablement le même, à la racine, que celui humain. Mais le deuil des chiens a des origines distinctes, puisque notre dernier ancêtre commun était un petit mammifère quelconque avec peu de structure sociale, voire aucune. L'histoire qui raconte peut-être le mieux la manière dont le deuil se manifeste chez les chiens est celle de Hachikō, un chien akita né au Japon en 1923. Hachikō a été recueilli par Hidesaburō Ueno, un professeur d'agriculture qui se rendait au travail en train. Tous les soirs, lorsque Ueno rentrait chez lui, Hachikō l'attendait à la gare, et ils marchaient ensemble jusqu'au domicile. Un jour, Ueno, mort d'une hémorragie cérébrale en donnant son cours, n'est pas revenu. Hachikō a continué à se rendre à la gare tous les jours pendant presque 10 ans pour y attendre son maître, jusqu'à ce qu'il meure.

Le chagrin des canidés – les loups et les chiens domestiques – a évolué séparément du nôtre. Les éléphants ont du chagrin, les orques également. Dans tous ces cas, le deuil a évolué indépendamment mais reste similaire : il est une réponse émotionnelle extrêmement forte à la mort d'un partenaire, imprévisible dans sa durée et dans sa manifestation.

Les approches modernes de la perte et du deuil ont tendance à survaloriser les chiffres et la logistique (Depuis combien de temps était-il malade ? Comment obtenir un certificat de décès, fermer un compte bancaire et annuler les rendez-vous ?) et ne considèrent que trop peu le sens et le récit (Que nous a-t-il apporté ? En quoi sa vie a-t-elle fait de nous de meilleures personnes ?). Nous ne voulons souvent pas voir le corps, ou rester auprès de lui. La mort est tenue à l'écart, et cette situation particulièrement nouvelle – le choix de ne pas être confronté au corps du défunt – peut nous déboussoler après le décès.

Par le deuil, nous recalibrons nos cerveaux pour un monde dépouillé de l'une de ses pièces centrales. Il nous faut reformuler notre compréhension, car il ne nous est plus possible de nous rendre auprès de la personne (ou de l'animal) pour y trouver des mots, de la sagesse ou du réconfort, mais nous sommes toujours capables de nous souvenir, d'apprendre et de trouver du réconfort dans une relation qui, si elle ne peut plus grandir, peut toujours être remémorée. Nous ne voulons pas croire en leur absence permanente, et nos cerveaux créent des fictions, des fantômes : était-ce lui au coin du café que nous fréquentions ? C'était sûrement elle qui montait dans le train, j'ai reconnu ses cheveux, sa veste.

Le deuil est le revers de l'interdépendance à haute fréquence. Le deuil est le revers de l'amour. Bien souvent, les modernes tentent de protéger leurs enfants du chagrin. Par exemple, nous avons connu des parents qui ne laisseraient pas leurs enfants assister aux funérailles de leurs grands-parents, de peur que cela les effraye ou les blesse. Cette peur et cette anxiété créent des enfants à leur tour anxieux et peureux. Dans le chapitre qui suit, nous nous intéressons à l'enfance et aux moyens d'éduquer des enfants qui explorent, sont indépendants et remplis d'amour.

UN NOUVEAU REGARD

- **Prenez le temps de faire votre deuil de la manière qui vous semble le plus juste.** Au milieu du deuil le plus profond, il vous arrivera d'être joyeux, et parfois même de ne pas penser à l'être que vous avez perdu. Le chagrin va et vient, perd de son intensité, mais ne disparaît jamais entièrement. Quoi qu'il en soit, faites honneur aux souvenirs et suivez vos envies.

- **Passez du temps auprès du corps de l'être aimé.** Ceux qui n'ont pas pu car le corps n'avait pas été retrouvé souffrent souvent de deuils plus longs. Lorsque nous voyons nos morts, nous nous asseyons auprès d'eux et parlons avec eux, nous établissons des fondations auxquelles notre deuil, notre recalibrage neuronal, peut s'amarrer.

- **Baissez le volume des conversations, et observez les actions.** Agissez tel un spécialiste du comportement animal, interprétez les interactions entre vous et votre partenaire romantique. Il y a beaucoup à apprendre des émotions en jeu lorsque vous cessez d'écouter les mots et que vous observez les comportements.

- **Observez en spécialiste du comportement animal votre propre état émotionnel.** Et reconnaissez que si vous ressentez du mépris, du dégoût ou une colère persistante pour quelqu'un avec qui vous êtes en relation, ces sentiments sont incompatibles avec l'amour.

- **Évitez les applications de rencontre**, si vous le pouvez. Dans un monde de plusieurs milliards d'individus, où les citadins interagissent anonymement tous les jours, ces applications peuvent être un bon moyen de faire le tri parmi une quantité presque infinie de choix. Néanmoins, les risques sont nombreux, notamment celui de pouvoir considérer autant de partenaires et de perdre alors l'envie d'une relation profonde. Devant un tel océan d'opportunités, il est également possible de devenir perfectionniste, de développer l'idée que la personne « parfaite » doit bien exister là quelque part. Il vaut mieux développer des interactions réelles et régulières avec les personnes qui vous semblent dignes d'intérêt.

- **Encouragez l'alloparentalité pour vos enfants** – par les grands-parents, les aînés de la fratrie, les amis. Si chez vous, les adultes sont des femmes uniquement, ou des hommes uniquement, un alloparent du sexe opposé sera particulièrement bénéfique à votre enfant.

- **Donnez le sein à votre nourrisson**, si vous le pouvez. Les adultes qui ont été allaités ont un palais mieux formé et des dents mieux alignées, comparés à ceux qui ont été nourris au biberon[20] ; et le lait maternel contient toutes sortes de nutriments et d'informations que nous ne comprenons pas. Il pourrait par exemple contenir des signaux qui influeraient sur le cycle du sommeil de l'enfant. Ainsi, si vous donnez le sein, et que vous tirez également le lait pour nourrir votre bébé à d'autres moments, donnez à votre nourrisson le lait qui a été tiré à la même heure de la journée pour l'aider à s'endormir. Autrement dit : prenez garde au lait de Chesterton.

Chapitre 9

L'enfance

L'enfance est un moment d'exploration, une période durant laquelle l'enfant apprend des règles, les brise, et en construit de nouvelles. Lorsque notre aîné, Zack, avait 5 ans, il a inventé une nouvelle manière de descendre les escaliers, à l'aide d'une balle et d'un matelas. Ça a très bien fonctionné, jusqu'à ce qu'il se casse le bras. On lui a inséré des broches métalliques pour stabiliser le cartilage de croissance de son humérus, et elles ont été retirées six semaines plus tard. Il s'en est remarquablement bien remis, s'en est retourné à ses innovations, mais avec plus de sagesse.

Un jeune orang-outan qui suit sa mère à travers la forêt pourra gémir et lui demander de l'aide face à un vide trop large pour lui. Elle fera marche arrière, aménagera l'espace à franchir, permettant au jeune de traverser et d'observer son travail.[1]

Les jeunes corbeaux vivent des années en grands groupes sociaux après avoir quitté leurs parents, et avant de former un couple durable avec leur partenaire. Des alliances se forment durant cette période, des conflits surviennent, et les corbeaux qui réussissent à se réconcilier connaîtront moins d'agressions par la suite.[2]

Lorsqu'une jeune femelle singe des neiges, nommée Imo, innove et nettoie ses patates douces en les plongeant dans la mer, les adultes de son groupe mettent du temps à s'en rendre compte. Ils vivent ensemble sur un minuscule îlot japonais, mais au bout de cinq ans, deux adultes uniquement reproduisent son comportement. Par contre, les jeunes singes et les subadultes ont observé et appris. Après cinq ans, presque 80 % des jeunes lavent leurs patates douces à la manière d'Imo.[3]

Pendant l'enfance, nous apprenons comment être. Nous apprenons aussi qui nous sommes, et nous rêvons de qui nous pourrions devenir.

Les humains ne sont pas des ardoises vierges, mais de tous les organismes de la planète, nous sommes les plus vierges.[4] Nous avons l'enfance la plus longue[5], et nous arrivons au monde avec plus de plasticité que n'importe quelle autre espèce, ce qui signifie que nous sommes les moins figés. Le logiciel, qui est l'interaction de l'expérience et de la connaissance avec la capacité, est plus grand chez les humains que chez les autres espèces. On en trouve une profonde démonstration dans le peuplement des Amériques. Quelques ancêtres sont arrivés sur le Nouveau Monde avec une technologie de l'âge de pierre, et ils ont développé des centaines de cultures sur deux continents, inventant en cours de route l'écriture, l'astronomie, l'architecture et les villes-États. La vitesse de cette diversification est trop élevée pour être attribuable aux gènes, tout s'est joué du côté du logiciel.

Notre capacité à apprendre une langue fait partie de notre matériel physique. Presque tous les bébés humains possèdent cette compétence latente. Mais la langue qu'un bébé parlera dépend entièrement du contexte : c'est le logiciel. En outre, nous perdons rapidement de notre capacité à entendre et à construire les phonèmes et les tons qui sont absents de notre environnement, indépendamment de notre ethnicité ou de notre généalogie. Tout comme nous naissons avec un potentiel neuronal plus grand que celui que nous utilisons (la plupart de nos neurones meurent avant l'âge adulte), nous naissons également avec un potentiel linguistique plus grand que celui que nous utilisons, et dont une grande partie meurt durant l'enfance. Nous naissons avec un large potentiel, qui se restreint avec le temps.[6]

À première vue, cette détérioration de la capacité initiale peut ressembler à un gâchis monumental. Comment l'expliquer ? La réponse est que lorsque nous naissons, nous sommes dans un mode d'exploration. Nous ne pouvons pas prédire les neurones dont nous aurons besoin, ou quelle langue nous allons parler, donc nous naissons avec un surplus de capacité. Cela nous permet d'optimiser notre esprit en fonction du monde dans lequel nous naissons, sans avoir besoin de connaissances préalables. Nous naissons pour explorer le monde autour de nous, découvrir ses secrets, et structurer notre esprit en conséquence. Une fois ce travail accompli, nous perdons cette capacité excédentaire, pour éviter qu'elle ne devienne un fardeau coûteux et inutile.

Les humains sont sociaux, ils connaissent une longue espérance de vie et un chevauchement des générations : les grands-parents, les parents et les enfants peuvent vivre au même endroit au même moment. Ces caractéristiques sont partagées par les autres singes, les cétacés à dents (les dauphins et les orques), les éléphants, les perroquets, les corvidés (les corbeaux et les geais), les loups, les lions et bien d'autres.

Toutes les espèces sociales qui vivent longtemps et dont les générations se chevauchent ont tendance à connaître une enfance longue. L'enfance, chez ces espèces comme chez la nôtre, vient avec ses colères, ses jeux, ses émotions profondes et ses capacités cognitives. Les enfants de ces espèces deviennent des adultes qui font preuve d'une complexité sociale que l'on retrouve chez les humains : les dauphins à long bec chorégraphient des groupes de chasse élaborés[7], les corbeaux calédoniens partagent de l'information à leurs amis[8], les éléphants ont du chagrin[9].

Une enfance longue permet aux animaux d'en apprendre plus sur leur environnement. C'est pourquoi voler l'enfance aux jeunes – en organisant et en planifiant le jeu pour eux, en les éloignant du risque et de l'exploration, en les contrôlant et en les calmant avec des écrans, des algorithmes et des drogues légales – leur garantit presque une arrivée à l'âge adulte sans la capacité à être pleinement adultes. Toutes ces actions – presque toujours bien intentionnées – empêchent le logiciel humain d'affiner le matériel physique brut et rudimentaire.

Sans enfance, les animaux dépendent plus du matériel physique, et sont donc moins flexibles. Chez les oiseaux migrateurs, ceux qui sont nés en sachant comment, quand et vers où migrer – ceux qui basent leur migration uniquement sur les instructions avec lesquelles ils sont nés – empruntent parfois des routes particulièrement inefficientes. Ces oiseaux qui naissent en sachant comment migrer ne s'adaptent pas facilement. Lorsque les lacs s'assèchent, que les forêts deviennent des champs, ou que le changement climatique repousse les zones de reproduction plus au nord, ces oiseaux continuent de migrer selon les mêmes règles et les mêmes cartes. Comparativement, les oiseaux avec les enfances les plus longues, et ceux qui migrent avec leurs parents, ont tendance à emprunter les routes migratoires les plus efficientes.[10] L'enfance nous donne la flexibilité dans un monde qui change.[11]

Apprendre le salto arrière et à traverser la rue

Le désir humain de réaliser un salto arrière doit être aussi vieux que la bipédie. La possibilité de se filmer en train d'apprendre à faire le saut est plus moderne.

On peut trouver une myriade de vidéos sur YouTube dans lesquelles de jeunes personnes tentent de maîtriser l'atterrissage d'un double salto arrière. Il faut la volonté de s'y essayer, de nombreuses fois pendant des jours, des semaines, voire des mois. Il faut prendre le risque de se blesser, il faut de la persévérance face à l'échec. Il n'y a aucune garantie quant au temps que cela prendra, il n'y a aucun chemin tout tracé vers le succès. Si vous n'acceptez pas ces éléments, il y a peu de chances que vous réussissiez à maîtriser le salto arrière.

S'asseoir dans une salle et écouter une conférence sur le salto arrière ne vous permettra pas non plus de le maîtriser, mais cela vous aidera à répondre aux questions sur le sujet. Vous pourrez apprendre à avoir l'air d'un expert, bien que vous ne possédiez aucune réelle expertise.

Les enfants apprennent par l'observation et l'expérience. Si de nombreuses cultures, notamment celles des pays WEIRD, se focalisent chaque fois plus sur les instructions directes (formalisées par l'école), d'autres cultures, des Navajos aux Inuits, évitent autant que possible l'enseignement.[12]

Les enfants apprennent de leurs parents, de leur fratrie, de leur famille et de leurs groupes d'amis. Les frères et sœurs, particulièrement, ont été des forces correctrices historiques, en étant brutalement honnêtes (et parfois juste brutaux) lorsque l'un d'eux se montre médiocre ou fait une erreur de jugement. La manière dont les enfants renforcent leur compréhension d'un comportement approprié peut paraître dure aux adultes, mais lorsque les enfants sont autorisés à gambader librement, en groupe, et qu'ils s'engagent dans de longs moments de jeu non structuré, les tyrans et les caïds risquent plus de perdre du pouvoir que d'en gagner[13], et tout le monde apprend à créer et à suivre des règles qui fonctionnent. Au sein des cultures où le jeu a été observé, les très jeunes enfants qui sont autorisés à se lancer dans de grands jeux sur des terrains dangereux et sans supervision d'adultes ont tendance à résoudre leurs conflits rapidement entre eux et n'ont que rarement des accidents.[14]

Comparez cela à la cour de récréation moderne : tous les jeux sont supervisés, les enfants n'ont souvent pas le droit de créer et de jouer à des jeux qui limitent le nombre de joueurs (car ils feraient preuve d'« exclusion »), et le moindre différend est immédiatement arbitré par un adulte.[15] Des enfants limités à de tels environnements ne deviendront pas des adultes compétents.

À Quito, une métropole grouillante de véhicules rapides dont le respect du code de la route est irrégulier, nous avons observé un enfant de peut-être quatre ans frayer seul son chemin au travers d'un carrefour complexe. Après avoir traversé plusieurs voies – certainement sans que les véhicules n'aient besoin de s'arrêter pour lui – il est entré dans une boutique, a acheté un sac de fruits, a retraversé l'intersection et a disparu dans un immeuble où, vraisemblablement, une mère, une tante ou tout autre adulte l'attendait après l'avoir envoyé faire les courses. À l'époque, nos enfants avaient neuf et onze ans, et nous ne pouvions pas les imaginer traverser ce carrefour seuls. Ils n'avaient jamais été exposés à une telle situation – comment pouvaient-ils en connaître tous les risques ? Néanmoins, ils connaissaient bien ceux de la forêt amazonienne, et nous les avons laissés explorer la jungle, ce qui aurait été risqué pour un enfant de Quito qui n'a certainement jamais vécu en Amazonie.

C'est une tâche complexe : donner aux enfants suffisamment d'espace pour qu'ils prennent leurs propres décisions et fassent des erreurs, tout en les protégeant des vrais dangers. Notre pendule sociétal est allé trop loin dans une direction – protéger les enfants de tous risques – et ceux qui ont grandi avec un tel paradigme perçoivent tout comme une menace, pensent avoir besoin de lieux sûrs, et perçoivent les mots comme de la violence. À titre comparatif, les enfants exposés à une diversité d'expériences – physiques, psychologiques et intellectuelles – apprennent ce qui est possible, et deviennent plus complets. Il est impératif que les enfants fassent l'expérience de l'inconfort physique, psychologique et intellectuel. Sans cela, ils deviennent des adultes désorientés face à ce qui blesse réellement. Ils sont des enfants dans des corps d'adultes.

Les enfants sont parfaitement construits pour acquérir, et pour vouloir acquérir, le jeu de compétences dont ils auront besoin à l'âge adulte. Nous, modernes, avons remarquablement perturbé cela. Les enfants se programmeront eux-mêmes, si nous les laissons faire. De manière similaire, les adultes fourniront une carte routière de l'environnement dans lequel leurs enfants grandissent, à moins que les forces du marché n'interviennent (un point auquel nous reviendrons à la fin du livre). Acheter de la poudre de perlimpinpin sous la forme de livres pédagogiques (certainement bien intentionnés) qui font autorité est devenu un gage de bonne éducation, mais ça ne devrait pas (et nous le disons en sachant bien que nous sommes présentés comme des autorités offrant des conseils pédagogiques). Dans le même temps, si vous vous faites confiance et laissez votre enfant explorer et prendre des risques, on vous regardera de travers.[16] C'est le monde à l'envers.

Plasticité

L'enfance – et par extension la parentalité – est une alternance d'amour et d'indépendance, de liens étroits et de liberté d'exploration jusqu'à quitter le foyer. En biologie, nous parlons de *plasticité*, souvent de *plasticité phénotypique*, pour se référer aux nombreuses issues possibles à partir d'un même matériel initial. En gros, un génotype (disons les allèles des yeux marrons) produit un phénotype (les yeux marrons). Le phénotype est la forme observable d'un organisme. Mais pour de nombreux traits, un génotype particulier encode l'information pour un *éventail* de phénotypes possibles[17], et les interactions avec les environnements moléculaire, cellulaire, gestationnel et externe déterminent quel phénotype sera effectivement produit.

La plasticité phénotypique permet aux individus de répondre en temps réel aux environnements changeants, pour éviter d'être prisonniers de schémas et de modes de vie figés par leurs gènes.

Les crânes des hyènes sauvages dominantes sont larges et robustes, avec une crête sagittale prononcée sur le dessus et de grandes arcades zygomatiques aux joues. Ces deux structures offrent des attaches aux muscles – très utiles s'il vous faut affirmer votre dominance à coups de dents. Comparez ceci aux crânes des hyènes nées et élevées en captivité : elles n'ont pas de telles structures.[18] Les environnements des hyènes sauvages et captives affectent leur forme (leur *morphe*).

Dans la même veine, les enfants humains qui mâchent des aliments mous et transformés ont à l'âge adulte des visages plus petits que ceux qui mâchent une nourriture plus dure et plus robuste.[19]

Les têtards des crapauds peuvent grandir lentement vers un morphe omnivore, mais s'ils sont à l'étroit ou qu'ils manquent de temps et d'espace dans leur mare éphémère, ils peuvent grandir plus rapidement vers un morphe cannibale plus grand, plus féroce et qui se nourrira des autres.

La forme que le têtard aura dépend entièrement du contexte.[20]

Lorsque les températures grimpent, le diamant mandarin communique l'information à ses œufs non éclos. Les poussins, avertis par leurs parents de la forte chaleur alors qu'ils sont encore dans l'œuf, ont un comportement différent à l'enfance et, à l'âge adulte, préfèrent des lieux plus chauds pour installer leur nid.[21]

Même notre crosse de l'aorte, première branche artérielle d'une importance critique, qui achemine le sang oxygéné du cœur au reste du corps, présente différentes anatomies courantes au sein de la population humaine, qui peuvent se développer à partir de situations génétiques pourtant très semblables.[22]

La plasticité offre la possibilité d'alterner les phénotypes, souvent par de simples règles qui ne dictent pas de résultats précis. Le résultat est l'exploration d'un nouveau territoire, au sens propre comme au figuré. C'est d'autant plus vrai lorsque le niveau de complexité est élevé.[23]

La plasticité se manifeste chez les humains au travers de la grande variété d'approches de la parentalité selon les cultures. Au Tadjikistan, les bébés et les tout-petits sont placés des heures durant dans des berceaux nommés gahvoras. Les gahvoras sont précieusement transmis de génération en génération. Les enfants tadjiks sont au centre de la vie familiale ; les mères, les grands-mères, les tantes et les voisines sont toujours disponibles et répondent aux pleurs du bébé avec de la nourriture, des chants et autres réconforts. Contrairement aux exigences occidentales, les bébés, quelques semaines après leur naissance, sont placés dans les gahvoras équipés de trous pour l'urine et les excréments, et leurs jambes et leur torse sont étroitement maintenus.[24] Les enfants ainsi bercés ne peuvent que bouger la tête. Ces enfants, qui rarement peuvent se mettre à quatre pattes ou apprendre à marcher, ne marchent pas aussi tôt que les enfants occidentaux. L'Organisation Mondiale de la Santé considère qu'un enfant commence à marcher entre 8 et 18 mois[25], mais les enfants tadjiks marchent rarement avant les 2 ou 3 ans.[26] Les bébés tadjiks sont-ils balourds ou physiquement incompétents ? Non.

À l'inverse, les enfants d'un village kényan s'assoient et marchent plus tôt que les bébés occidentaux.[27] Les bébés kényans sont-ils naturellement destinés à la grandeur, leurs compétences motrices précoces prédisant une maîtrise prématurée de nombreuses compétences ? Non plus.

Les différences d'éducation des bébés au sein des cultures illustrent la grande plasticité des humains. Les bébés kényans marchent plus tôt que les bébés occidentaux, mais tous les bébés occidentaux, à l'exception des plus handicapés, marcheront.

Les parents WEIRD ne s'intéressent pas uniquement à leurs enfants, mais également aux données chiffrées, faciles à mesurer et à partager avec les autres : le *quand* du premier sourire, du premier mot, du premier pas. Une fois ces données en main, nous sommes facilement amenés à penser que ce *quand* est une mesure critique non seulement de santé, mais également de compétences futures. À nouveau, les éléments facilement mesurables – les calories, la taille, la date – viennent remplacer de manière faussée une analyse plus large de la santé du système. L'idée que le *quand* serait une mesure pertinente de la santé et du progrès va de pair avec notre peur moderne du risque. Il est *dangereux* pour mon enfant de ne pas atteindre un marqueur. Il est *dangereux* pour moi de ne pas forcer mon enfant à respecter un échéancier arbitraire. Une telle focalisation des parents peut instiller chez nos enfants de la peur, qui prendra la forme d'une aversion pour le risque.

Fragilité et antifragilité

Les humains sont antifragiles : nous devenons plus forts en étant exposés à des risques raisonnables.[28] En devenant des adultes, l'exposition à l'inconfort et à l'incertitude – physiques, émotionnels et intellectuels – est nécessaire si nous voulons devenir les meilleurs de nous-mêmes.

Juste après fécondation, le zygote est incroyablement fragile. Un grand pourcentage des grossesses se terminent en fausses couches précoces[29] – et dans grand nombre de ces cas, cela se produit si tôt que la femme n'a jamais su qu'elle était enceinte. À chaque jour qui passe, le zygote devient plus robuste, plus résilient et plus compétent – mais à la naissance, le bébé n'est pas tout à fait prêt pour le rock'n'roll. Nous naissons dépendants d'un soin parental presque permanent.

D'un zygote extrêmement fragile, nous passons à un bébé plutôt fragile, puis à un enfant et à un jeune adulte de moins en moins fragile. L'objectif de l'individu, et de ses parents, est de devenir antifragile, et non pas simplement moins fragile. Il faut pour cela considérer le développement tel un continuum. Tout comme il est conseillé aux futures mamans de ne pas nourrir leur fœtus avec de l'alcool en buvant pendant la grossesse, nous ne donnons pas d'alcool aux bébés et aux enfants. La ligne se fait de plus en plus floue avec le temps, et arrive le moment où il devient acceptable pour une jeune personne de boire de l'alcool, puisque les systèmes anatomique et physiologique sont suffisamment développés pour faire face aux altérations que l'alcool suscite. Également et autant que possible, nous n'exposons pas nos enfants au risque physique et émotionnel *in utero*. La naissance semble être une ligne claire, une frontière non équivoque – et elle l'est à certains égards – mais moins cette ligne sera marquée pour le bébé, et plus il deviendra fort et antifragile.

« Exposer les enfants au risque et au défi » est donc une règle qui dépend du contexte, comme de nombreuses règles des systèmes complexes. Mais bien qu'exposer votre enfant à des risques toujours plus grands alors qu'il grandit soit essentiel à son développement antifragile, vous ne pouvez pas le jeter dans l'inconnu. Vous devez d'abord vous assurer que votre enfant sait, au plus profond de lui, qu'il est aimé, que vous êtes derrière lui, et que quoi qu'il arrive, vous ferez tout votre possible pour le secourir.

Construisez des liens étroits avec vos enfants dès le plus jeune âge. Comme nous l'avons montré, la manière de faire varie selon les cultures. Nous sommes fans de l'attachement parental : portez votre enfant quand vous parcourez le monde, afin qu'il voit ce que vous voyez et qu'il soit en contact direct avec vous, et dormez avec votre bébé (ce qui, contrairement à certains avis, facilite la parentalité). Lorsqu'il pleure, allez à lui, assurez-le qu'il n'est pas seul. Un enfant ainsi traité sera plus susceptible d'avoir confiance, très tôt, de sortir et d'explorer, car il sait que quelqu'un – ses parents – est derrière lui, quoi qu'il arrive.[30]

Ainsi, lorsque certains parents essayent de développer la résilience de leur enfant en le laissant seul dans une chambre noire, attendant qu'il se calme de lui-même, ils ne comprennent pas quelle sorte d'être ils ont mis au monde. Il n'y a rien parmi les millions d'années d'histoire de l'évolution qui permette à un enfant de se sentir en sécurité seul dans une pièce. Les pleurs qui en résultent, s'ils rendent fous les parents, sont aussi un moyen pour le bébé d'évaluer s'il est en danger. S'il est en sécurité (et les nourrissons, contrairement aux étudiants, *ont besoin* de lieux sûrs), il peut retourner à son apprentissage de la vie humaine. On pourrait croire qu'il n'est pas en train d'apprendre, mais c'est pourtant le cas, et les circuits neuronaux qu'il est en train d'établir différeront selon qu'ils émergent d'une situation de « Je suis confiant et en sécurité parce qu'on s'occupe de moi », ou de « Je ne sais pas quoi est quoi ». La dernière est susceptible de produire peur et anxiété.

Que l'enfant n'ait aucune idée de ce qu'il est en train de faire, ni de pourquoi il le fait, ne le rend pas moins réel ni moins le fruit de l'évolution. Le calcul impliqué dans la construction de la coquille de l'escargot est bien réel, même si personne ne peut conclure que les escargots font consciemment des calculs.

Plus l'enfant est jeune et plus il a besoin de savoir qu'il est en sécurité, ce qui lui donne la force et la résilience d'aller explorer plus tôt, avec de plus grandes compétences et avec plus de courage. Qu'un parent sache qu'il adore son enfant et qu'il se battrait pour le protéger n'implique pas que ceci soit connu de l'enfant. Les formes larvaires minuscules ne peuvent savoir cela. La seule information qu'un bébé peut recevoir est : lorsque je communique mes besoins, sont-ils satisfaits ? Ai-je la preuve que mes parents sont présents quand je les appelle ?

Bien sûr, les enfants apprendront rapidement à tester le système et à jouer avec leurs parents. Parents et enfants sont ensemble sur un long parcours, et les enfants sont sélectionnés pour deviner les gestes de leurs parents et essayer de les manipuler. En effet, la manipulation commence avant la naissance.[31] Un fœtus est sélectionné pour extraire des ressources de sa mère, et sa mère est sélectionnée pour en fournir à son enfant, tout en en conservant certaines, aussi bien pour sa santé que pour celle de ses futurs enfants.[32]

Les règles statiques ne fonctionnent pas avec les enfants. Les règles se doivent d'être souples, changeantes avec le mûrissement de l'enfant, et elles doivent répondre à ses besoins et à ses stratégies. Cela étant dit, dès que possible – bien avant que l'enfant ne puisse comprendre ce que vous dîtes – parlez-lui comme s'il était adulte et responsable. Tenez-le pour responsable de ses actions, et acteur de ses besoins alors qu'il grandit. Donnez-lui du vrai travail à faire, pas du travail inutile. Ne formulez pas de fausses menaces (« Si tu continues comme ça, je fais demi-tour ! »). Assurez-vous toujours qu'il sait qu'il est aimé.

En ayant pleinement conscience que la chance et le timing échappent au contrôle de la famille, et que les plans parentaux même les mieux construits ne garantissent pas le succès, permettez-nous de vous raconter comment cela s'est passé pour nous. Avec nos enfants, nous avons attendu d'eux qu'ils préparent leurs petits déjeuners et leurs repas eux-mêmes dès l'école primaire, qu'ils nourrissent les animaux et qu'ils fassent leur propre lessive chaque semaine. Nous les avons également exposés, graduellement, à un large éventail de risques. À 10 ans, ils savaient se comporter de manière appropriée au sommet des falaises d'Eastern Washington, face au serpent corail d'Amazonie ou dans les bois, et savaient circuler dans des environnements variés (ils étaient moins compétents en ville). Lorsqu'ils se blessaient légèrement, nous ne mettions pas de pansements sur leurs « bobos », mais nous leur disions de se relever et de remonter sur le vélo, sur le scooter ou au sommet de l'arbre.

Mais lorsqu'ils étaient tout petits, ils étaient régulièrement en contact avec l'un de nous, lorsque nous les habillions, les portions ou dormions avec eux. Aujourd'hui, ils ont l'esprit d'aventure, le sens de l'humour et de la justice, et sont polis. Ils savent faire honneur aux règles qui sont bonnes et questionner les mauvaises. Nous leur avons dit que nous commettrions parfois des erreurs et leur donnerions de mauvaises règles, mais que nous sommes à 100 % dans leur équipe, qu'ils devaient demander pourquoi les règles sont ce qu'elles sont, et qu'il était contre-productif de les briser dans le seul but de les briser. Pour la plupart d'entre elles, ils ne l'ont pas fait.

Il y a, à l'heure du coucher, des règles que la plupart des parents WEIRD fixent et qui sont fréquemment enfreintes par les enfants. Comment accroître les chances d'obtenir d'un enfant qu'il ne sorte plus de son lit après l'heure du coucher, comme nous l'avons fait, et ainsi garantir des heures, des semaines et des mois de disponibilité aux adultes ? Sur leur première année, nos garçons ont dormi avec nous, et quand ils pleuraient, nous répondions rapidement. Parfois, cela paraissait interminable, c'est sûr, mais rapidement ils ont beaucoup moins pleuré. Quand ils ont commencé à dormir dans leur propre chambre, nous avons établi des rituels familiaux, comme la lecture d'une histoire, en indiquant clairement que l'heure du coucher était sérieuse et qu'ils ne devaient pas jouer avec nous. Nous les bordions, et aucun d'entre eux n'est jamais sorti de sa chambre pour des réclamations nocturnes. Nous pensons que c'est en partie parce qu'ils savaient que nous étions là, et que s'ils avaient vraiment besoin de nous, nous viendrions.

Jeu, bricolage et sport

Les humains sont compétitifs tout autant que collaboratifs. Nous ne pouvons pas être humains sans ces deux qualités. Les enfants appréhendent la compétition et la collaboration grâce au jeu non structuré.

Il a été suggéré que le jeu sert à permettre aux enfants mammifères de développer une flexibilité cinématique et émotionnelle utile dans les situations imprévues et incontrôlables.[33] Chez les jeunes tamarins-lions dorés – des petits singes brésiliens à la crinière orange – le jeu peut être sauvage et agité. Il est coûteux en énergie métabolique, et oblige les adultes à être vigilants car le risque de prédation par les rapaces, les fauves et les serpents est réel pour ces jeunes.[34] Malgré ces coûts et ces risques, le jeu complexe persiste, et – pour revenir au test d'adaptation en trois parties présenté au chapitre 3 – il doit donc être adaptatif.

Le jeu peut prendre de nombreuses formes. Il peut explorer le monde physique, le monde social, ou une combinaison des deux. Le bricolage, la manipulation d'objets physiques, leur déplacement à travers l'espace et leur séparation pour tenter de les remettre ensemble sont tous d'une valeur extraordinaire. Nous nous souvenons des premiers magasins de bricolage qui facilitaient une telle investigation ; le déclin et la disparition de ces lieux, conjugués au remplacement des pièces mécaniques par celles électroniques (aussi bien dans les voitures que dans les grille-pains) rendent ce genre de jeu moins accessible au XXIe siècle. Mais il mérite pourtant d'être encouragé. Cette étude de l'espace mécanique n'est pas moins exploratoire qu'une randonnée hors-piste à travers un espace physique. De nombreuses filles préféreront explorer des espaces sociaux explicites comme les goûters, où elles mettent en scène les mots et les intentions de leurs invités, qu'ils soient des poupées ou des peluches, avant de recevoir de vrais invités avec qui elles pourront interagir. C'est ici encore de l'exploration.

Le sport formel réunit souvent les deux, surtout les sports d'équipe. Les sports d'équipe peuvent réunir le physique et le social d'une manière amusante et créative. Ils sont des plates-formes d'exploration précieuses. Ils ne sont pas pour tous, mais les sports sont une manière de développer les compétences physiques, encourageant la clarté mentale et la force. Cela dit, les sports d'équipe ne remplacent pas complètement le jeu non structuré ni l'engagement physique avec ce qui est nommé le monde du « travail ». Le travail doit être fait, et il est dans l'intérêt des enfants d'y participer. Par exemple, les clôtures existent parce qu'elles sont construites par quelqu'un, et il est trop facile pour ceux qui n'en ont jamais construit de penser que cette construction est simple ou facile. Dans les familles de salariés de bureau, si les enfants pratiquent une activité physique uniquement dans un cadre conçu pour le sport formel, les parents créent l'illusion que le vrai travail physique est toujours une option, jamais une nécessité. Bien que ceci puisse servir vos aspirations (et refléter la réalité de votre vie), cela n'aide pas votre enfant. Le sport est précieux, et ne doit pas remplacer complètement le travail physique.

Le sport formel est précieux, le travail physique l'est également, mais le jeu l'est encore plus, car dénué d'application hiérarchique des règles. Lorsque les enfants jouent dans le quartier, établissant leurs propres règles, adaptant des règles de jeux officiels au terrain et aux outils qu'ils ont à portée de main, ils apprennent de profondes vérités. Ces enfants apprennent encore plus s'ils sont de compétences et d'âges divers. Les plus jeunes ont accès aux activités qu'ils ne pourraient faire seuls, observent des activités pour lesquelles ils ne sont pas prêts, et reçoivent un tutorat et une présence affective qui va au-delà de ce que leurs camarades du même âge peuvent offrir. De même, les plus âgés du groupe acquièrent une expérience de l'encadrement, du tutorat et de la direction, et développent souvent des activités créatives.[35]

Souvenez-vous de la clôture de Chesterton – cet objet irritant que vous ne devez pas retirer tant que vous ne connaissez pas son utilité – et considérez le jeu de Chesterton, dans toute sa diversité désordonnée. Vous l'éradiquez à votre péril, et à celui de vos enfants.

Le danger des objets faussement animés et qui ne peuvent pas répondre

Ne laissez pas les objets inanimés éduquer vos enfants. Laissez un enfant seul avec des écrans qui semblent vivants – avec des acteurs ou des dessins animés – mais qui ne le sont pas, et qui donc ne répondent pas aux êtres vivants, et l'enfant apprendra toutes les mauvaises leçons. Pourquoi observe-t-on une hausse des diagnostics du spectre autistique ?[36] Nous suggérons que c'est, en partie, associé au nombre d'enfants qui grandissent en regardant des écrans qui montrent des créatures qui semblent vivantes mais ne le sont pas. Ces créatures en apparence vivantes, qui ne peuvent répondre et ne répondront pas aux regards, aux gestes et aux questions de l'enfant, envoient au cerveau en développement le message que le monde n'est pas un endroit émotionnellement réceptif. Qu'est-ce que l'enfant fera d'un tel monde ? Comment développera-t-il une théorie de l'esprit nuancée, cette capacité à attribuer des états mentaux aux autres et à comprendre que les autres ont des désirs et des opinions différents des nôtres ?

La capacité à reconnaître que les autres individus sont différents de nous et qu'ils méritent le respect et un traitement juste n'est pas propre aux humains. Les babouins par exemple font preuve d'une profonde théorie de l'esprit. Une femelle peut évaluer avec précision si les vocalisations menaçantes d'une autre femelle lui sont destinées, d'après les relations sociales qu'elles ont eues récemment. Un babouin comprend que, lorsqu'un autre individu regarde de la nourriture, c'est qu'il la défendra coûte que coûte. Mais les babouins échouent à des tâches qui sembleraient évidentes aux humains – les mères portent leurs bébés sur leur ventre, et quand elles traversent des étendues d'eau entre deux îles, elles maintiennent ce port du bébé, qui se retrouve submergé et parfois se noie.[37]

Les humains font appel à la théorie de l'esprit plus souvent et avec plus de profondeur que les autres espèces. Nous interagissons différemment avec les objets animés et inanimés, et apprenons à ne pas attribuer d'intentions à ceux qui ne réagissent pas. Laisser les objets inanimés éduquer votre jeune enfant risque de lui envoyer le message que d'autres dans ce monde ne sont pas réceptifs au respect et à la justice ou ne les méritent pas.

Drogues légales et enfants

Conjuguées à l'accès limité au risque et au jeu (la parentalité hélicoptère) et à l'usage des écrans comme baby-sitters, les drogues légales qui sont désormais régulièrement données aux enfants participent à la tempête parfaite de facteurs sociétaux qui abîment nos enfants.

La hausse considérable, ces dernières décennies, des médicaments psychotropes donnés aux enfants[38] est, nous le postulons, en partie une réponse à la résistance des enfants à la culture scolaire, question que nous explorons dans le chapitre suivant. Le TDAH (trouble déficit de l'attention avec hyperactivité) est plus souvent diagnostiqué chez les garçons, à qui il est prescrit des amphétamines qui leur « permettent » de se concentrer, et augmente les chances de les voir tolérer l'assise immobile en rangs parfaits, le regard droit. Parce que le jeu brut et agité ne convient plus à nos sensibilités culturelles, nous préférons droguer nos enfants pour les soumettre. Les filles, elles, sont moins enclines à une « mauvaise conduite » et plus disposées à se montrer agréables, mais aussi anxieuses. Elles se verront facilement prescrire des anxiolytiques et des antidépresseurs. La plupart des écoles semblent plus adaptées aux manières d'être et d'apprendre des filles qu'à celles des garçons[39], mais cela ne signifie pas pour autant qu'elles soient saines pour les filles.

Les affections diagnostiquées chez les garçons sont souvent classées parmi les troubles de l'apprentissage ou, depuis peu, sous le terme moins négatif de neurodiversité. Nous soutenons deux choses quant à la *neurodiversité*.

La première est qu'à l'exception de quelques rares et extrêmes exemples, la plupart de ceux qui font preuve de « neurodiversité » développent une connaissance et des compétences accrues dans d'autres domaines. Il y a une valeur ajoutée à être le « phénotype rare », à observer le monde avec un regard différent de celui de la majorité. Cette logique ne s'applique pas uniquement à ceux qui souffrent de troubles du spectre autistique de haut niveau, mais à tous ceux qui ont un TDAH, sont dyslexiques, dysgraphiques, daltoniens, gauchers...[40] Vous ne choisiriez pas forcément l'un de ces traits pour vous ou pour vos enfants, mais cette préférence reflète notre incapacité à comprendre les compromis – et spécialement ceux intellectuels – ainsi que ce qui est réellement bénéfique aux individus et à la société.

La deuxième est que si les différences d'apprentissage ne sont intrinsèquement ni bonnes ni mauvaises, elles peuvent aider à briser de mauvaises relations pédagogiques. Une bonne relation professeur-étudiant est libératrice, mais une mauvaise peut s'avérer dévastatrice, surtout lorsque la quantification de l'enseignement transforme les enseignants en dresseurs de phoques plus qu'en éducateurs holistiques. Une fois que l'éducation est devenue fortement canalisée – en orientant inexorablement les individus vers des choix banals et génériques – les canaux eux-mêmes deviennent toxiques. Un trouble de l'apprentissage peut ôter à un jeune la *capacité* à jouer le jeu du canal toxique, et ainsi l'obliger à forger son propre chemin éducatif. Ceci en dit long sur ce système de mesures de performance chiffrées qui trop souvent échoue à révéler sagesses et compétences. Dans un futur alternatif et meilleur, de multiples routes existeront pour réussir, devenir productif et antifragile.

Mais l'industrie pharmaceutique a trouvé dans la neurodiversité une nouvelle opportunité de faire du profit. Parce que des étudiants calmes et dociles arrangent les écoles qui ont trop d'élèves et trop peu de ressources, la neurodiversité est effacée par les drogues.

En 15 ans d'enseignement en université, nous avons reçu l'historique de santé de tous nos étudiants à chaque trimestre, avant de les emmener sur le terrain étudier les Scablands de Washington, les îles San Juan ou la côte de l'Orégon. En 2008 et 2009, plus de la moitié des étudiants de nos programmes prenaient ou avaient pris des médicaments psychotropes – bien souvent (mais pas toujours) des amphétamines pour les garçons et des antidépresseurs et des anxiolytiques pour les filles. La proportion a diminué les années suivantes (mais parallèlement, les médecins ont prescrit plus d'hormones sexuelles exogènes et d'inhibiteurs d'hormones), mais une minorité substantielle d'étudiants est restée sous traitement. Nombre de ces étudiants ont tenté activement de se sevrer de ces cocktails, certains ont réussi.

Un papillon sait-il encore être une chenille ?

Lorsqu'un enfant grandit, entre 2 et 10 ans, il change. Ce ne sont pas uniquement l'anatomie et la physiologie (la taille, la forme et les proportions) qui évoluent, mais son cerveau et sa psychologie également. Ces changements, ce processus par lequel nous apprenons à être des adultes, sont le but de l'enfance.

Il est donc particulièrement compliqué d'être un enfant à une ère qui vous rappelle constamment les époques passées. Lorsque, à 13 ans, vous voyez un portrait de vous à vos 6 ans, vous savez que vous êtes et que vous n'êtes plus la même personne. Vous êtes pris dans ce processus de transformation. Nous, humains, nous nous transformons tout au long de notre vie, mais la période la plus intense de transformation est l'enfance, pendant laquelle l'identité se forme. Cette transformation n'aide pas à réconcilier celui que vous étiez à la tendre enfance avec celui que vous êtes à l'adolescence. Encore moins facile est la réconciliation de celui que vous étiez à l'adolescence, et que vous considériez déjà peut-être comme un adulte, avec le jeune adulte que vous êtes devenu. Ceci est d'autant plus difficile que vous êtes entouré de souvenirs qui vous rappellent ces phases précédentes.

Si ces photographies de vous à d'autres phases de l'enfance ne vous aident pas à vous réconcilier avec le vous nouveau et actualisé, les réseaux sociaux ne font qu'empirer le problème. Si vous êtes aujourd'hui un adolescent de classe moyenne dans un pays occidental, vous êtes certainement sur les réseaux sociaux, et vous y publiez de formidables photos de vous-même. Dans quelques années seulement, ces publications sembleront donner des preuves de qui vous étiez, même si vous savez au fond de vous-même que ces photos étaient au mieux sélectionnées, au pire de grands mensonges. Les enfants d'aujourd'hui sont en compétition avec les versions précédentes d'eux-mêmes. Conjuguez les injonctions à « être authentique » avec cette tendance culturelle occidentale à avoir toujours raison, et les anciennes publications sur les réseaux sociaux ne peuvent alors que perturber et contrarier les enfants qui sont en train de se métamorphoser en adultes.

Ces photographies de vous et de vos camarades publiées sur les réseaux sociaux en début d'adolescence ne vous aident pas, mais plus vous serez jeune pour démarrer ce jeu et plus les choses seront compliquées. Si vous êtes sur les réseaux sociaux dès le collège, votre identité a de fortes chances d'être troublée. Si vos parents publient des images de vous à 7 ans, avec lesquelles vous pouvez vous comparer, c'est encore plus difficile. Oui, nous avons le droit d'avoir des images de nos enfants à toutes les phases de leur développement. Mais ces photos ne devraient pas être exposées à la vue de tous, sauf si elles illustrent clairement un moment particulier qui n'a rien d'universel.

Nous sommes figés par la modernité, dans des états qui autrefois auraient été plus éphémères. Considérez la question philosophique introduite par les Grecs avec le bateau de Thésée : si au fil du temps, nous remplaçons une planche du bateau parce qu'elle a pourri, puis une autre et encore une autre jusqu'à ce que toutes les pièces aient été remplacées, le bateau est-il toujours celui de Thésée ? Est-il toujours le même bateau ? Pour un organisme individuel encore plus que pour un bateau, la réponse est oui dans un sens, et non dans un autre. Oui, il existe une ligne continue de notre naissance jusqu'à notre mort. Mais les transformations qui surviennent, plus intensément de l'enfance à l'âge adulte, signifient que nous ne sommes pas les êtres que nous étions, et que si nous essayons de nous accrocher à une identité passée, nous entravons notre futur.

Le papillon sait-il encore être une chenille ? Non. La nature incomplète de la mémoire, dans ce cas précis, n'est pas une faille du système. Un papillon n'a nul besoin de se souvenir de sa vie de chenille. De même, les humains adultes, pour vivre une vie heureuse, n'ont pas besoin de se souvenir précisément de ce qu'ils pensaient du monde étant plus jeunes, surtout si ces pensées et ces images avaient été trafiquées et ne représentent pas la réalité passée. Le fait d'être constamment exposé à ce dont nous avions l'air, à comment nous agissions et aux pensées que nous décidions de publier sur les réseaux sociaux lorsque nous étions plus jeunes et différents vient entraver notre capacité à grandir. Ceci s'applique aux adultes comme aux enfants.

UN NOUVEAU REGARD

- **N'attendez pas de vos enfants qu'ils aillent aussi vite que leurs camarades.** Certains « retards » du développement sont effectivement des retards, qui indiquent des problèmes physiques ou neurologiques. Mais le développement est très plastique, et ne se déroule pas toujours dans l'ordre souhaité, ni à des moments déterminés. Ne paniquez pas si votre enfant ne lit toujours pas en CE1. Les chances qu'il demeure illettré sont quasi-nulles. Le plus tôt n'est pas nécessairement le mieux. Ceux qui marchent, parlent ou lisent les premiers ne deviennent pas nécessairement des adultes plus habiles, plus malins ou plus productifs.

- **Encouragez un engagement actif avec le monde physique.** Faites-le avant tout par l'exemple, mais aussi en créant des opportunités, et dans une certaine mesure des jeux, qui rendent cet engagement facile, amusant et accessible. Permettez les erreurs. Attendez-vous aux accidents, aux chutes et aux blessures bénignes. Soyez préparés à la possibilité de blessures plus graves. Souvenez-vous que l'on n'apprend pas uniquement de ce que les autres nous transmettent. Les vérités physiques, par exemple, doivent être expérimentées.

- **Ne laissez pas les objets inanimés faire la baby-sitter**, encore moins si ces objets se présentent comme étant animés.

- **Laissez les enfants jouer sans la supervision d'adultes**, aussi tôt et aussi souvent que possible. Ceci inclut les jeux et les sports aux règles établies.[41]

- **Tenez vos engagements, qu'ils soient positifs ou négatifs.** Ne proférez pas de menaces (« Si les cris continuent, je prends ton jouet. ») sans les appliquer. Le mieux est de ne pas proférer de telles menaces, mais une fois prononcées – et il nous arrive tous de le faire – assurez-vous de les mettre à exécution.

- **Attendez-vous à ce que les règles statiques soient contournées.** Devenir adulte, c'est, en partie découvrir le système, ses faiblesses, et comment en tirer profit. Les enfants apprennent avec le système du foyer natal. Construisez des systèmes respectables, écoutez les revendications des enfants dès leur plus jeune âge et prenez-les au sérieux, mais ne prétendez pas être dans une relation d'amitié, maintenez une relation parent-enfant et ne les manipulez pas à chaque revendication.

- **Ne faites pas l'hélicoptère ou le chasse-neige avec vos enfants.* Autrement dit, ne volez pas constamment au secours de vos enfants.** Laissez-les faire des erreurs. Dans le même temps, établissez des règles claires. Nous avions posé la règle suivante : « Vous êtes autorisés à vous casser le bras, la jambe ou le poignet. Mais vous ne pouvez pas vous briser le crâne ou le dos, ni abîmer vos sens. » Ceci donnait à nos enfants une idée des risques qu'il était acceptable de prendre, et du genre de précautions qu'ils devaient considérer pour protéger par-dessus tout leur cerveau et leur système nerveux.

- **Ne gâtez pas vos enfants.** Donnez-leur plutôt des responsabilités très jeunes. Un enfant dont tous les désirs sont assouvis finit par s'y habituer et est amené à être insatisfait du monde hors du foyer et probablement incapable de se bouger pour lui-même.

- **Laissez vos enfants participer à (presque) toutes les conversations.** Félicitez l'intérêt de vos enfants pour les conversations, et ne simplifiez pas les idées pour eux. Bien sûr, certaines choses sont inappropriées à certains âges et stades du développement, et ce qui est considéré comme étant approprié dépendra des personnes. Mais en règle générale, considérez que votre enfant est intelligent et qu'il peut comprendre les conversations des adultes. N'essayez pas de les intéresser, mais démontrez par vos

---

* Note de l'éditeur : en Amérique du Nord, les termes parent hélicoptère et parent chasse-neige sont connus et utilisés. Le parent hélicoptère vole constamment au secours de son enfant, et le parent chasse-neige ouvre constamment la voie à son enfant afin qu'il puisse progresser sans encombres tout au long de sa vie. Dans les deux cas, ces comportements ont des conséquences, dont la perte d'autonomie de l'enfant.

actions que ces conversations sont importantes, et ils finiront par les valoriser (il en est de même pour la nourriture). Pareillement, impliquez-les dans les tâches réellement utiles, et faites-le d'une manière qui encourage leur compréhension du monde.

- **Laissez les frères et sœurs (et les amis) enseigner les uns aux autres, et n'intervenez pas lorsque surgit un différend ou une altercation.** Si la querelle s'intensifie et que vous devez intervenir, ne récompensez pas un tel comportement. Ils doivent résoudre leurs disputes le plus tôt possible.

- **Laissez vos enfants dormir.** Le sommeil joue un rôle crucial dans le développement du cerveau, et quand les synapses – les connections entre les neurones – se régénèrent à grande vitesse, le sommeil prend plus d'ampleur.[42]

- **Ne cédez pas aux attentes de la parentalité dominante.** Elles sont bien souvent ridicules, au mieux inutiles, au pire réellement nocives. Écoutez-vous, et ne laissez pas la pression des autres parents vous faire faire des choses avec lesquelles vous êtes en désaccord ou qui vous semblent mauvaises pour vos enfants. (Par exemple, des plannings rigides de jeu, de devoirs et de réunions.)

- **Ne prenez pas l'habitude d'exposer vos enfants sur les réseaux sociaux.**

- **Offrez à vos enfants de grands moments de temps libre**, et, si possible, permettez-leur d'explorer sans surveillance durant ces moments (même si de nombreuses personnes modernes vivent dans des situations qui ne le permettent pas.)

- **Soyez le genre de personne que vous souhaiteriez qu'ils deviennent.** Le singe voit, le singe fait. Ne soyez pas surpris si votre enfant mange des produits transformés et vous demande d'acheter des choses dans tous les magasins, si c'est ce qu'il vous voit faire.

Chapitre 10

L'école

À travers les cultures et le temps, les enfants ont réussi à devenir des adultes et des membres fonctionnels de leur société sans aller à l'école. Sautez dans le XXIe siècle, et vous trouvez un monde dans lequel une enfance sans école est impensable.

DAVID LANCY, *Anthropologie de l'enfance*[1]

L'objectif premier d'une vraie éducation n'est pas de livrer des faits mais de guider les étudiants vers les vérités qui leur permettront d'assumer les responsabilités de leur vie.

JOHN TAYLOR GATTO, *A Different Kind of Teacher: Solving the Crisis of American Schooling*[2]

L'Amazonie de l'ouest était en proie à la sécheresse. Notre classe de 30 étudiants, et nos garçons alors âgés de 9 et 11 ans, étaient installés au bord du Rio Shiripuno, en un lieu reculé. Le Shiripuno se jette dans le Cononaco, qui alimente le Curaray, puis le Napo, pour retrouver le fleuve Amazone.[3] Il faisait une chaleur écrasante. Bret, nos garçons, dix étudiants et Fernando, notre guide chevronné, marchaient à travers la jungle à la recherche d'un bloc de sel autour duquel les animaux se retrouvent, et dont ils tirent les précieux nutriments. Il fait toujours sombre dans les bois, mais la lumière se faisait encore plus faible car après une longue période sans pluie, l'eau commençait à tomber du ciel. Très vite, le chemin s'est transformé en ruisseau, puis a complètement disparu. Fernando a demandé au groupe de ne pas bouger pendant qu'il partait à la recherche de traces du sentier. Le vent s'est levé, balayant violemment la canopée. Les singes se sont tus, le vent a commencé à mugir, les arbres pris par les lianes s'entraînaient dans leurs mouvements, et sous la tension, des cris jaillissaient. C'est là qu'un *craquement* aigu s'est fait entendre.

Bret a vu le mouvement et s'est jeté sur les garçons, les a couverts et plaqués au sol. Ils ont disparu sous un arbre massif. Recouverts de branches et de feuilles, ils avaient été atteints par la cime, mais pas par le tronc. Immédiatement, les cris des étudiants – ils étaient tout saufs – se sont fait entendre. « Zack ! Toby ! » criaient-ils, sous le choc. « Zack ! Toby ! »

Après quelques minutes, Zack, Toby et Bret ont émergé de sous la cime, sains et saufs malgré quelques piqûres de fourmis. Le vent était toujours violent, la pluie ruisselante, le sol se transformant en torrents rapides, mais tout le monde allait bien.

Quelques semaines plus tard, une houle au large des îles Galápagos manqua de tuer Heather et le capitaine du bateau. L'accident aurait pu tuer tous ceux à bord, nos huit étudiants y compris. Certains venaient tout juste d'assister à la chute de l'arbre sur le Shiripuno. Cette histoire est longue et terrifiante, et nous l'avons déjà racontée ailleurs[4], mais certaines de ses leçons seront toujours utiles : restez sur vos gardes, gardez confiance en vos capacités, construisez une communauté forte, et, celle-ci établie, soyez certain qu'elle sera là pour vous.

Nous avions choisi les étudiants de ce programme à l'étranger pour leur compétences intellectuelles, leur curiosité, leurs aptitudes physiques, leur capacité à résoudre des problèmes et leur esprit de groupe, pas pour leurs compétences parentales latentes. Néanmoins, beaucoup ont agi de manière parentale. La construction de la communauté était centrale dans notre approche de l'éducation, ainsi que la relation réelle et authentique, pas uniquement entre étudiants ou entre étudiants et enseignants, mais également – lors de ce voyage universitaire – entre nos enfants et les étudiants, qui pour la plupart étaient plus proches en âge de nos garçons que de nous.

C'était un moment d'éducation pour tous : pour nos étudiants, pour nos enfants et pour nous-mêmes.

L'école est toute nouvelle dans notre histoire évolutionnaire. Elle est plus récente que l'agriculture ou que l'écriture. Comme tous les êtres vivants sociaux vivant longtemps, avec une longue enfance et un chevauchement des générations, nous avons besoin d'apprendre à être des adultes. Ce qui n'est pas la même chose que d'avoir besoin d'un enseignement. Si l'école est rare dans l'histoire humaine, l'enseignement l'est également.[5] On trouve quelques cas d'enseignement ailleurs que chez les humains, et ces exemples sont fascinants.

Chez de nombreuses espèces de fourmis, les ouvrières qui découvrent quelque chose digne d'intérêt – de la nourriture ou un lieu pour un nid éventuel – transmettent l'information aux autres en les guidant jusqu'à la nouvelle opportunité. Les plus compétentes pourraient porter leur camarade sur le dos jusqu'à destination – c'est plus rapide et il arrive effectivement que cela se produise. Mais la fourmi portée aura plus de difficultés à apprendre le chemin, notamment parce qu'elle est souvent harnachée au dos de sa collègue, la tête en bas et vers l'arrière.[6] La marche côte à côte prendra plus de temps à la fourmi qui connaît et enseigne le chemin, mais celle qui apprend deviendra ainsi mieux informée et plus efficace.[7]

Parmi les espèces qui nous sont plus proches, il y a le suricate qui chasse et se nourrit d'animaux variés. Certaines proies, comme les scorpions, sont difficiles à capturer et potentiellement dangereuses. Les suricates adultes nourrissent les plus jeunes avec des proies déjà tuées. Après quelques mois, ils présentent aux petits des proies vivantes, leur enseignent comment les manipuler et les chasser, et récupèrent celles qui réussissent à s'échapper des jeunes, chaque fois plus compétents.[8] Pareillement, les guépards et les chats ramènent des proies à leurs petits, avec lesquelles ils apprennent à chasser, sans les manger immédiatement. Chez les dauphins tachetés de l'Atlantique, certaines mères chassent plus longtemps et avec des mouvements exagérés lorsqu'elles sont accompagnées de leurs petits.[9] De nombreux primates non humains – mais pas les chimpanzés – montrent des tendances à enseigner à leurs petits.[10] Mais aucune autre espèce – et aucune culture humaine autre que celle WEIRD – n'a externalisé la grande majorité de l'apprentissage à l'environnement scolaire.

En fait, de nombreuses cultures humaines *évitent* fermement l'enseignement. Une Japonaise qui pratique la pêche aux ormeaux en plongée s'est révoltée lorsqu'il a été suggéré que sa mère lui avait enseigné cet art. Elle a expliqué que sa mère l'avait repoussée alors qu'elle débutait, lui avait dit de trouver ses propres ormeaux, de « dégager, et de trouver ses foutus ormeaux elle-même ».[11] Dans des cultures et des traditions aussi variées que celles de la pêche des femmes japonaises, de la chasse des Youkagirs de Sibérie ou du métier à tisser des Mayas du Guatemala au XXe siècle, les compétences sont apprises sans instructions directes. Dans tous ces cas, l'enseignement est absent, et vigoureusement évité.[12]

À la lumière de la relative rareté de l'enseignement chez les autres espèces aussi bien que chez les autres cultures humaines, nous devrions nous demander : qu'avons-nous besoin d'apprendre pour devenir la meilleure version de nous-mêmes ? Et parmi ces éléments, lesquels ont besoin d'être enseignés, lesquels peuvent être appris autrement – par l'expérience directe, ou par l'observation et la pratique par exemple ? Dit autrement : à quoi l'école est-elle nécessaire ?

Vous n'avez pas besoin de l'école pour apprendre à marcher, ni pour apprendre à parler.

Vous avez besoin de l'école pour apprendre à lire et à écrire. Ou plutôt, la plupart des gens ont besoin d'*instruction*. La lecture et l'écriture sont si récents qu'un supplément éducatif est nécessaire pour les apprendre. L'école est utile pour apprendre la biologie cellulaire, l'histoire écrite ou les mathématiques, si ce n'est les plus élémentaires. Néanmoins, la lecture, les maths et la pensée élémentaires permettent de gravir une pente adaptative : une fois que vous les dominez, vous pouvez apprendre par vous-même de nombreuses choses sans avoir besoin de l'école.

Nous pouvons également utiliser l'école pour discuter des textes avec de vraies personnes, être sensibilisés à des idées et des représentations du monde que nous ignorions, et gagner de l'expérience en construisant des protocoles et en réalisant des expériences scientifiques. L'école n'est pas nécessaire à ces explorations, mais elle peut aider.

À l'école, nous pouvons également découvrir ce qui se passe lorsque des positions inconciliables se rencontrent. Ceci permet à une personne clairvoyante de faire la même chose à l'intérieur d'elle, c'est-à-dire confronter dans son esprit deux positions inconciliables. Les bénéfices de cet exercice sont grands ; la personne apprend à débattre avec elle-même, ce qui développe sa capacité à déceler et reconnaître la vérité. Les humains sont peut-être les seuls à être dotés d'une théorie de l'esprit – cette capacité à comprendre que les autres êtres vivants ont des perspectives potentiellement différentes des nôtres – si développée qu'elle permet d'explorer la contradiction et le paradoxe. Les paradoxes sont ce que nous voyons lorsque nous sommes au mauvais endroit et que nous traitons ce que nous voyons avec des schémas erronés : pourquoi les Malgaches font-ils si souvent la fête alors qu'ils meurent de faim ? Les paradoxes sont le X sur la carte au trésor analytique, qui nous invite à *creuser ici*. Si l'Occident a eu tendance à éviter les paradoxes et à les trouver problématiques, les traditions orientales ont plus facilement embrassé l'incohérence. Nous soutenons que le bouddhisme, truffé de contradictions[13], est adaptatif et sert précisément le but pédagogique que nous défendons. De la même façon, les salles de classe devraient être remplies de paradoxes, laissés à des niveaux d'interprétation divers, pour que les enfants et les étudiants plus âgés puissent les découvrir, les questionner et les comprendre.

Nous pouvons également faire usage de l'école pour aiguiser notre mémoire, mais à nouveau, l'école n'est pas nécessaire à cela. Le grand auteur argentin Jorge Luis Borges a écrit une parabole édifiante sur le fait d'avoir une mémoire prodigieuse. Le protagoniste, Funes, est condamné à se souvenir de toutes ses expériences : « Sans effort, il avait appris l'anglais, le français, le portugais et le latin. Je le soupçonnais néanmoins d'être incapable d'avoir des pensées. Penser, c'est oublier des différences, généraliser, abstraire. Dans le monde surchargé de Funes, il n'y avait que des détails, quasi-immédiats. »[14] Funes était pris dans les arbres, incapable de voir la forêt.

Parce que la mémoire et le souvenir sont faciles à évaluer et à mesurer, ils peuvent facilement devenir les métriques* poursuivis par les étudiants et le corps enseignant. Bien plus difficiles à enseigner et à quantifier – et tout aussi précieuses, voire plus – sont la pensée critique, la logique et la créativité. Les exercices de mémoire ont tendance à s'arrêter aux détails, aux éléments qui ne sont pas modifiés par le contexte. Les compromis étant omniprésents, mettre l'accent sur les détails mémorisés se fera bien souvent au dépend de la compréhension de l'ensemble.

L'école permet aussi d'enseigner les sciences et l'art, une tâche rendue plus facile si l'on suppose que les enfants ont des prédispositions scientifiques et artistiques latentes. Bien que la formalisation de la méthode scientifique n'ait rien d'intuitive, les enfants sont enclins à observer les motifs, à suggérer des raisons à ces motifs, et à tenter d'éprouver leur validité. Tout le monde est enclin au vérificationnisme, à s'assurer de sa propre justesse plutôt qu'à falsifier des preuves pour conforter sa précieuse théorie. L'école – ou un parent,

---

* Note de l'éditeur : d'après l'ouvrage *La tyrannie des métriques* de Jerry Z. Muller, qui traite de l'obsession des métriques dans la société, c'est-à-dire de la mesure chiffrée des performances.

un ami impliqué ou l'expérience directe et répétée – peut enseigner le concept de falsification. Si seulement elle pouvait le faire plus souvent.

Pareillement, la méthode par laquelle les pigments de la palette sont générés, ou l'histoire des mouvements artistiques, n'ont rien d'intuitifs, mais les individus sont enclins à observer et à représenter le monde, aussi bien de manière réaliste que fantasque, et n'ont pas besoin d'éducation formelle pour cela.

Laissés à eux-mêmes, les gens révéleront leur inclinaison aussi bien à l'art qu'à la science.

Qu'est-ce que l'école ?

Pour les enfants, l'école peut être comprise comme l'amour et la parentalité marchandisés. Dit autrement : l'école est, en partie, une parentalité externalisée. Nous avons déjà vu beaucoup des dommages et des risques du réductionnisme. Le réductionnisme facilite également la marchandisation de choses facilement quantifiables, tout en ayant tendance à ignorer celles moins quantifiables. Ainsi, l'école se concentre sur les métriques : combien, à quelle vitesse, avec quelle perfection le petit lit-il, récite-t-il ses tables ou mémorise-t-il un poème ? Il va de soi que la lecture, les multiplications et la poésie ont une valeur évidente et durable. Mais se focaliser sur la vitesse et la quantité est une erreur. Tant et tant de choses ne sont pas apprises à l'école parce qu'elles répondent moins bien aux évaluations réductionnistes. L'école repose sur l'efficience économique, mais elle manque d'imagination quant à ce qui pourrait être accompli. L'économie de l'école – pour ne pas mentionner les incitations perverses de son caractère obligatoire – a tendance à remplir la tête des enfants de connaissances, sans leur montrer le chemin de la sagesse.[15]

L'école devrait peut-être servir l'intérêt des jeunes avec la question « Qui suis-je, et que vais-je en faire ? »[16] Ou bien, dit autrement : « Quel est le plus grand et le plus important problème que je peux résoudre avec mes dons et mes compétences ? Comment prendre conscience de mon moi le plus vrai ? » L'école pourrait alors constituer une plate-forme idéale pour formaliser et prononcer les rites de passage. Mais plutôt que de se concentrer sur ces questions, l'école moderne, et spécifiquement celle obligatoire du monde WEIRD, est plus apte à enseigner la quiescence et la conformité.

Et si l'un des objectifs de l'école était d'enseigner aux enfants comment comprendre et façonner leurs propres structures incitatives ? Faites-les tomber du petit sommet adaptatif sur lequel ils se tiennent certainement (« Je ne suis pas bon en maths, en langues, en sport » ou inversement « Je suis si fort en maths, en langues, en sport, que rien d'autre n'attire mon attention ») pour des vallées moins confortables, mais où de nombreux autres sommets sont à gravir.[17]

L'école devrait peut-être montrer aux enfants que les positions à la marge sont à explorer et à considérer, et non pas à rejeter pour la simple raison qu'elles sont impopulaires. Parier contre la marge est facile, souvent sans danger, et lorsque c'est fait avec une indulgence paternaliste ou un dédain autoritaire, cela permet souvent de faire taire les dissidences. Bien que la plupart des idées marginales soient effectivement fausses, c'est précisément à la marge que se fait le progrès. C'est ici que le changement de paradigme se produit.[18] C'est ici que l'innovation et la créativité surviennent, même si elles sont bien souvent fausses ou inutiles. Les idées les plus importantes et sur lesquelles reposent notre compréhension du monde et de notre société sont venues de la marge : le Soleil est au centre du système solaire, les espèces s'adaptent à leur environnement au fil du temps, les humains peuvent créer des technologies qui leur permettent de communiquer à travers l'espace et le temps, de voler, de créer et d'explorer des mondes virtuels. Toutes ces idées ont été impossibles, risibles. Ceux qui aujourd'hui se moquent facilement des idées à la marge auraient certainement ri de toutes ces idées à d'autres époques.

L'école devrait être amusante, mais ne devrait pas être un jeu. Un enfant ne devrait pas pouvoir « gagner » (nombreux sont ceux qui gagnent, encore plus nombreux ceux qui perdent). Les règles sociales et les mœurs sont apprises à l'école, mais l'école devrait surtout inviter à découvrir la vérité, qu'elle soit universelle ou locale.

L'école, pour le meilleur et pour le pire, remplace les parents, leurs familles, et ceux avec qui les enfants partagent un destin commun.

L'école ne devrait donc pas enseigner par la peur. Le risque et le défi aident les enfants à apprendre. Comme pour la parentalité, ceci requiert, très tôt, la construction de liens affectifs forts, une base solide qui donne aux enfants la confiance d'aller explorer le monde, car ils savent qu'ils ont quelqu'un derrière eux quoi qu'il arrive. Une école qui fonctionne par la peur enseignera la leçon inverse.

La peur est un mécanisme simple de contrôle, et il n'est pas surprenant que les enseignants l'utilisent pour contrôler les étudiants de tous âges. Si la punition corporelle à l'école a été abandonnée en de nombreux endroits (mais pas partout), elle a été remplacée par le contrôle psychologique et émotionnel, qui laisse moins de marques. Les enfants sont menacés de mauvaises notes, de mauvais résultats, et leurs parents seront informés s'ils se comportent mal (ce que la plupart des enfants comprendront comme « tu es une mauvaise personne »). L'essor des métriques – souvent trop simplistes, mal définies et pseudo-quantitatives – dans un système a tendance à accompagner une dégradation de la confiance sociale.[19] Comment de bons enseignants, pris dans un système qui leur est imposé et qui mesure toujours plus, peuvent-ils s'opposer aux forces culturelles dominantes ? Une approche, qui fonctionne mieux avec les plus grands et les jeunes adultes, est que l'enseignant remette explicitement en cause sa propre autorité, en invitant les étudiants à ne pas le croire pour la seule raison qu'il est la figure devant le tableau. Lorsqu'un enseignant gagne le respect et la confiance de ses étudiants, que son autorité est devenue légitime car il l'a gagnée et non pas imposée, alors cette autorité servira bien mieux les étudiants et leur éducation.

Utiliser la peur pour maintenir les enfants assis en rangs, le regard droit et la bouche fermée, pour les empêcher de bouger si ce n'est durant quelques moments planifiés, voilà qui participera à construire des adultes incapables de réguler leur corps et leurs sens, incapables de faire confiance à leur capacité à prendre des décisions, et susceptibles d'exiger à l'âge adulte des environnements tout aussi contrôlés, faits d'avertissements au public, de lieux sécurisés, etc.

Pour les jeunes élèves, une solution serait d'avoir un jardin à l'école, et d'y aller par tous les temps. Des excursions fréquentes dans des aires naturelles et du temps passé en extérieur plutôt que sous les climats contrôlés des centres de loisirs aideront également. Tout cela sera-t-il toujours confortable ? Non. Certains enfants seront-ils mal préparés à la pluie, au vent et au soleil ? Oui. Apprendront-ils de leurs petites et premières erreurs, commenceront-ils à devenir responsables de leur corps et de leur destin et à mieux tracer leur chemin dans ce monde ? Oui, c'est certain.

Les humains sont antifragiles ; l'exposition à l'inconfort et à l'insécurité – physiques, émotionnels et intellectuels – est nécessaire. Préparer les étudiants à comprendre le risque les encourage à élargir leur vision du monde et à embrasser des expériences qui mènent à la maturité. Ceci a cependant un coût : comprendre le risque ne peut pas protéger complètement du danger.

En bref, le risque est risqué ! Des tragédies auront lieu, et ce n'est pas négligeable. Pour ceux d'entre nous qui ont eu la chance de les éviter, il est impossible d'imaginer la vie de quelqu'un dont l'enfant est mort, ou de quelqu'un qui a été impliqué dans la mort d'un enfant. Des tragédies qui se produisent parce que quelqu'un a introduit du risque dans un voyage scolaire sont faciles à dénoncer. L'histoire est si simple à raconter, et tout aussi convaincante. En revanche, les tragédies qui surviennent parce que des pans entiers de la population ont du mal à maîtriser les risques et les évitent à tout prix sont également des tragédies, mais bien plus lourdes de conséquences.

L'école moderne a tendance à protéger des tragédies individuelles tout en rendant possibles celles collectives. Placez ces garçons et ces filles en rangs parfaits, assignez-leur une place et dites-leur de ne pas ouvrir la bouche tant qu'ils n'y ont pas été invités, parce qu'il sera plus facile pour vous de les surveiller. Dans le même temps, à la maison, enseignez à ces mêmes enfants qu'ils sont au centre de l'univers, qu'ils peuvent et qu'ils doivent interrompre les adultes à tout moment pour la moindre raison. Enseignez-leur que les caprices sont acceptables en y cédant à chaque fois qu'ils surgissent, et dites-leur qu'ils sont la chose la plus précieuse et la plus infaillible de l'existence, et que pour cette raison, la moindre critique qui leur est faite est un crime envers leur intégrité.

Nous ne devrions pas être surpris quand nos enfants élevés ainsi n'arrivent pas à traiter les messages confus et déroutants que l'école et la maison leur envoient. Nous ne devrions pas non plus être surpris lorsqu'ils gravitent autour des systèmes les plus négociables :

- « Maman n'aime pas lorsque je crie ou que je pleurniche, mais si j'insiste, elle capitule pour que je cesse ? C'est noté. »
- « Le maître me laisse tranquille si je contribue de temps en temps et que j'obtiens de bonnes notes, même si je n'apprends rien en régurgitant les manuels ? C'est noté. »

Félicitations, société, tu as réussi à produire des gagnants satisfaits d'eux-mêmes, habitués à obtenir ce qu'ils désirent, qui sont bons à l'école sans pour autant savoir penser, et qui ne sont ni intelligents ni éclairés.

Vous n'êtes pas le centre du monde

Les enfants ont été abîmés – et ce n'est pas de leur faute – par une tempête parfaite de facteurs sociétaux qui ont émergé à la fin du XXᵉ et au début du

XXIe siècle et que nous avons déjà traités. La hausse des médicaments prescrits aux enfants, la parentalité surprotectrice et la quasi-omniprésence des écrans (qu'importe ce qu'il y a dessus) ont rendu l'école encore plus difficile qu'auparavant. Aux États-Unis, ajoutez à cela les forces politiques et économiques qui ont réduit le financement de l'école et augmenté les évaluations, limitant ainsi la liberté et la créativité des enseignants.

Lorsque Heather préparait, avec ses étudiants, leurs voyages d'étude à l'étranger – au Panama ou en Équateur – elle essayait de construire non seulement les compétences universitaires requises pour le travail, mais également celles sociales et psychologiques nécessaires à une aventure loin de tout ce qu'ils avaient déjà connu. Elle leur demandait : « Quelle est votre relation au risque ? Et quelle est votre relation au confort ? Ce n'est pas parce que vous dites aujourd'hui que vous n'avez pas de problème avec les insectes, la boue et l'absence d'accès à Internet que ce sera toujours vrai là-bas. Peut-être que le plus important sera de savoir rester ouverts aux heureux hasards. Nous ne pouvons pas savoir ce qui arrivera pendant ce voyage. Nous y allons, et des choses intéressantes se produiront. »

Ces conversations abordaient les risques, qui différaient selon le territoire où l'on se rendait, si c'était un lieu sûr ou bien une zone dépourvue de toute aide médicale. Nous parlions des dangers méconnus de la jungle – la montée des eaux, les chutes d'arbres – et les comparions à ceux connus, comme les serpents et les fauves.

Le risque et le potentiel vont ensemble. Nous devons laisser les enfants et les étudiants prendre le risque de se blesser. Protéger de la douleur garantit la faiblesse, la fragilité, et une plus grande souffrance dans le futur. L'inconfort peut être physique, émotionnel ou intellectuel – Ma cheville ! Mes émotions ! Ma perception du monde ! – et tous sont nécessaires pour apprendre et grandir.

Les étudiants que nous avons emmenés à l'étranger ont tous été soigneusement sélectionnés pour leur maturité, leur intelligence et leur habileté. Même ainsi, l'incapacité à contrôler l'environnement ou le désir de succomber à la sérendipité en pleine jungle en ont mis certains dans des états confus, manifestés parfois par la colère. Nombreux sont ceux qui pensaient être excités par l'exploration et la découverte... mais uniquement quand celles-ci correspondaient à ce qu'ils avaient imaginées. En inculquant aux enfants le sentiment que l'ordre est meilleur que le chaos, que le fait d'être facilement comptés et que dominer les choses qui sont facilement comptées permettent de réussir honorablement l'école (et, par extrapolation, sa vie), la société crée des adultes qui se hérissent devant l'inattendu et la nouveauté. Non seulement la jungle ne ressemble pas à ce à quoi vous vous attendiez, malgré l'étude des meilleurs documentaires animaliers, mais en plus, les gens de Panama City ou de Quito ne sont pas comme vous l'imaginiez. La forêt de nuage et les peuples qui l'ont habitée bien avant que n'arrivent les Incas ou les Espagnols vous surprendront, comme tout le reste si vous retirez vos œillères et que vous vous autorisez à faire l'expérience du monde sans tout prendre de manière aussi personnelle. Vous n'êtes pas le centre du monde. Mais vous pouvez apprendre du monde. C'est précisément ce qu'une éducation devrait vous permettre.

L'enseignement supérieur

Imaginez un étudiant. Comment vous le représentez-vous ? Laissez de côté les stéréotypes phénotypiques – les lunettes et les patchs sur les coudes – et réalisez que, selon toute probabilité, vous imaginez quelqu'un qui *consomme* quelque chose qui a déjà été produit. Votre étudiant-type est en train de lire un livre, parcourant peut-être les rayons de la bibliothèque. Lorsqu'ils entrent à l'université, les étudiants sont ainsi conditionnés. D'abord lire, puis répondre. Peut-être, un jour, écrire un pavé semblable, que d'autres à leur tour liront, et le cycle pourra se répéter.[20]

Ce modèle d'activité académique, cette recherche d'une vie de l'esprit, d'un engagement critique en tant que citoyen du monde, n'a jamais vraiment correspondu à certains champs académiques. La science et l'art, souvent et à tort définis comme aux deux extrémités d'un supposé spectre de la recherche de la vérité et de la signification, ne révolutionnent pas le monde par une étude ou une critique soignée et attentive de ce qui a été produit auparavant. Oui, nous sommes juchés sur les épaules de géants, et oui, l'histoire des idées et des créations fait partie intégrante de ce que nous savons, pensons et faisons, mais cela ne signifie pas qu'elle doit être notre priorité ni notre mission.

Il y a *bel et bien* de nouvelles choses sous le soleil, mais c'est le lot de chaque génération de penser qu'elle arrive trop tard, que tout a été compris et que la meilleure réponse est de tomber dans un désarroi nihiliste.

Une éducation universitaire qui fonctionne a le pouvoir d'ouvrir à des univers d'émerveillement, de créativité, de découverte, d'expression et de connexions. C'est ce que nous avons fait pendant quinze ans à l'Evergreen

State College, une petite université d'arts libéraux du Nord-Ouest Pacifique. Là-bas, la capacité à plonger dans des sujets complexes, avec des étudiants que nous apprenions à connaître en classe, en laboratoire et sur le terrain, à proximité du campus et loin de celui-ci, a offert un aperçu de ce qui est possible dans l'enseignement supérieur.

Drew Schneidler, qui a été notre étudiante, qui est d'une intelligence extraordinaire et pour qui l'école s'était très mal passée, un peu comme pour Bret (et qui est aujourd'hui une amie, et notre assistante de recherche pour ce livre), nous a dit alors que nous écrivions ce chapitre : « Entrer dans votre classe était comme découvrir un mode ancestral pour lequel j'étais faite, mais dont j'avais jusqu'ici ignoré l'existence. »

Cette déclaration, comme presque tout le reste de l'ouvrage, mérite un livre à part entière. Voici quelques-unes des choses que nous avons apprises et développées pendant nos années à la faculté et dans l'enseignement supérieur.

Les outils sont plus précieux que les données

L'un de nos messages à nos étudiants était celui-ci : il existe des outils intellectuels qui sont plus précieux que les données, notamment parce qu'ils sont plus difficiles à acquérir. Vous pouvez manipuler ces outils avec puissance et précision, et avec eux, vous pouvez découvrir des choses que personne n'a encore approchées.

Mais comment enseigner des outils sans matière? Comment enseigner comment penser, et non pas *quoi* penser ? C'est facile à dire, mais comment procéder ? Un critique bienveillant pourra rétorquer que les étudiants ont besoin d'un minimum de matière à laquelle penser. Certainement, de la matière à débattre facilite les choses, mais une fois qu'elle est introduite, il devient trop facile pour tout le monde, étudiants et enseignants, de tomber dans les rôles historiques de l'informateur et de l'informé, dont l'expression la plus frappante est la main levée après une discussion passionnante : « Est-ce que ce sera à l'examen ? ».

Une clé du problème est de briser le paradigme de la carotte et du bâton. Dites explicitement aux étudiants – et assurez-vous que ce soit vrai – qu'ils ne sont pas en compétition les uns avec les autres. Nos étudiants ont appris bien plus lorsqu'ils ont collaboré les uns avec les autres. Il n'y a jamais eu cette « courbe » des notes, qui garantit l'échec de certains.

Une autre pièce du puzzle est de briser le paradigme « voici le moment de la journée pendant lequel nous apprenons », en sortant de la salle de cours et en passant plus de temps ensemble. Lorsque les étudiants et le corps enseignant passent du temps et cassent la croûte ensemble, jour après jour, pendant des semaines voire des mois, il devient évident que les bonnes questions surgissent à toute heure de la journée, quel que soit le jour de la semaine, et si vous voyagez avec une boîte à outils que vous avez construite avec logique, créativité et pratique, vous êtes capable de poser ces questions au moment et à l'endroit où elles surgissent, et pas uniquement dans la salle de cours, lorsque l'autorité titulaire du diplôme approprié se trouve devant vous et est payée pour y répondre.

Autonomie intellectuelle

> *Lorsque je sors la nuit et que j'observe les étoiles, je ressens quelque chose de délicieusement inconfortable. Savoir qu'il y a tant de choses que je ne comprends pas, et sentir la joie en comprenant que le mystère est énorme, ça n'a rien de confortable. Je pense que c'est là le principal don de l'éducation.*
>
> **TELLER, dans *Teaching: Just Like Performing Magic*[21]**
> **(*Enseigner comme on pratique la magie*)**

Imaginez un professeur s'attelant à déstabiliser les idées préconçues de ses étudiants, les mettre mal à l'aise avec ce qu'ils pensent savoir, et les obliger à reconsidérer le soi, la perception et l'autorité. Lorsque les gens sont trop sûrs de ce qu'ils savent et que le monde ne ressemble pas à ce à quoi ils s'attendaient, ils courent le risque considérable d'être manipulés, de devenir furieux ou incohérents.

La perspicacité ne se développe pas lorsque vous êtes trop sûr de ce que vous savez. Vous pouvez ajouter de la connaissance à vos fondations, comme des briques au mur de la maison que vous construisez, et une fois la maison finie, elle ressemblera à ce à quoi les fondations la destinaient. Mais pour la plupart d'entre nous, les fondations avec lesquelles nous arrivons à l'âge adulte ne sont pas les bases de la maison intellectuelle dans laquelle nous souhaitons vivre.

Ces briques du mur tuent notre créativité. Elles tuent la curiosité. Leur existence nous donne l'impression qu'il est impossible de partir de zéro, sans plan ni fondation. Ces briques nous maintiennent dans le confort. Il est facile de continuer à empiler des briques les unes sur les autres, encore et encore.

Le modèle des briques-dans-le-mur crée des esprits qui se ressemblent tous, qui sont de moins en moins capables de générer ou de considérer des idées nouvelles et étranges, des esprits qui sont outragés par le désordre et l'incertitude.

Presque tous nos étudiants étaient prêts à être mis au défi, et ont été mis au défi – quand ils avaient tort, quand nous avions tort, et nous leurs avons dit qu'ils devaient apprendre à poser de vraies questions puis à s'asseoir dans l'ignorance suffisamment longtemps pour comprendre comment en sortir.

En tant que professeurs, nous devons sortir nos étudiants de la salle de cours. Encore mieux, les emmener en des lieux sans Internet ni bibliothèque, comme les Scablands de l'État de Washington, Guna Yala au Panama ou encore l'Amazonie équatorienne. Une fois là-bas, les questions peuvent être posées : « Comment ces rochers sont-ils arrivés ici ? Comment les populations locales pêchent-elles ? Qu'est-ce que ces perroquets sont en train de faire ? ». Pour y répondre, les étudiants doivent faire appel à la logique, à la rigueur et à certains principes élémentaires. La conversation est contrainte par le ici et le maintenant. Quelles réponses les étudiants peuvent-ils donner à ce qu'ils observent, à l'aide de leurs cerveaux et sans celui, collectif, d'Internet. S'ils doivent réinventer la roue, c'est très bien. Ils auront affiné leurs capacités à manier l'hypothèse et la prédiction scientifiques, la conception expérimentale et la logique. Une fois que les étudiants sont capables de cela, ils deviennent éduqués, mais aussi beaucoup plus « éducables ».

Au cours d'une discussion féconde en cours, si une question de fait émerge et que personne dans la classe ne semble avoir la réponse, pourquoi ne devrait-on pas aller la chercher ? Quel mal y a-t-il à savoir si le premier tableau périodique de Mendeleïev ressemblait à celui d'aujourd'hui ? Combien de personnes sont mortes dans le bombardement de Dresde ? À quand est estimée l'arrivée des premiers humains en Amérique par le détroit de Béring ? Quel mal y a-t-il à aller vérifier les réponses à ces questions simples ? Le mal est que cela nous entraîne tous à être moins autonomes, moins capables de connexions dans nos cerveaux, et moins enclins à chercher des choses pertinentes que nous savons déjà, pour les utiliser dans des systèmes que nous connaissons moins.

Si répondre aux « comment » par quelques frappes sur un clavier empêche le développement de l'autonomie, qu'en est-il du désir de répondre aux « pourquoi » de la même manière ? Il est encore plus probable que cela tue la pensée logique et créative. Pourquoi les oiseaux migrent-ils ? Pourquoi y a-t-il plus d'espèces vers l'équateur ? Pourquoi le paysage a-t-il cette apparence ? Avant de demander la réponse, réfléchissez-y. En marchant. En dormant. En conversant.

Partagez vos idées avec vos amis, et s'ils ne sont pas d'accord, acceptez le désaccord. Parfois, « accepter de ne pas être d'accord » est le seul chemin. Bien souvent, on peut en apprendre davantage en creusant un petit peu. Vous et vos amis serez alors plus à même de comprendre le monde.

Restez calme, prenez de la hauteur

Au cours d'un voyage d'étude en Amazonie, Heather a constaté qu'une rumeur prenait de l'ampleur : celle d'une forêt dangereuse, sauvage et impitoyable. Il y avait sur le même campement un autre groupe avec un autre professeur qui expliquait à ses étudiants les dangers mortels des araignées, des pécaris et des crapauds. Toutes ces rumeurs étaient littéralement fausses, mais présentées comme étant vraies. Une en particulier concernait un crapaud qui injecte des toxines dans les yeux des gens (c'est vrai), causant une cécité définitive chez les personnes atteintes (c'est faux). Une fois la rumeur lancée, une étudiante de Heather a reçu dans les yeux la toxine en question. Paniquée bien plus qu'elle ne l'aurait été si elle n'avait jamais entendu la rumeur, l'étudiante a demandé à Ramiro, notre excellent guide, ce qui lui allait lui arriver. Comme tout bon guide, il a été prudent et lui a dit que « certaines personnes disent que » cette toxine peut rendre une personne aveugle. L'étudiante allait bien, bien évidemment, mais elle a paniqué inutilement parce que quelqu'un utilisait la peur et l'hyperbole comme outil d'autorité.

Autrefois, il était rare de se trouver dans un habitat sans en avoir une connaissance profonde. Soit vous aviez reçu le savoir de vos aînés, soit vous étiez parvenu à comprendre l'habitat en y entrant par la marge, en une immersion progressive. Cependant, nous, modernes, vivons dans un habitat qui évolue de manière si rapide et imprévisible que nous ne pouvons pas prétendre y être totalement autochtones. Nous avons également un problème de frontières abruptes que nos ancêtres n'avaient pas, une ligne délimitant clairement ce qui est sûr de ce qui ne l'est pas : la piscine, le broyeur de déchets, le trottoir.

La peur, la colère et l'hyperbole permettent de vendre des produits, d'attirer les gens, et constituent un outil de contrôle utile, mais elles ne sont pas représentatives de ce que nous pouvons faire de mieux en tant qu'êtres humains. Les histoires qui provoquent la terreur permettent de susciter un comportement approprié au sein de la modernité. Pouvoir dormir une nuit dans la ville cosmopolite et animée de Quito, et la nuit suivante au fin fond de l'Amazonie, est un luxe de la modernité, mais cela a le coût de faire atterrir les gens dans un environnement qu'ils ne connaissent pas et auquel ils ne sont pas préparés. En outre, les personnes qui débarquent pour la première fois en Amazonie viennent généralement d'un pays où tout est contrôlé et sécurisé, du moins à court terme. C'est un échec de l'éducation que de faire peur aux gens pour qu'ils adoptent un comportement acceptable. Si le but ultime de l'éducation est de former des adultes capables, curieux et bienveillants, alors aider les élèves à rester calmes et capables de raisonner plutôt que dans un état d'alarme constant, est un bien meilleur moyen d'y parvenir.

Observation et nature

L'enseignement supérieur devrait avoir pour objectifs d'apprendre aux étudiants à aiguiser leur intuition, à acquérir une expérience suffisante du monde pour reconnaître de manière fiable les modèles, à revenir aux principes fondamentaux lorsqu'ils tentent d'expliquer les phénomènes observés et à rejeter les explications fondées sur l'autorité.

Cela nécessite de passer du temps ensemble, construire une relation. Les longues périodes passées ensemble – comme lors des excursions – sont un luxe que tous les professeurs n'ont pas, et c'est dommage. Il est important de dire à des étudiants, qui ont toujours entendu que tout ce qu'ils faisaient était louable: « Non, c'est faux. Voici pourquoi ». Ils doivent être prêts à réparer leurs erreurs. Modéliser pour les élèves le processus réel par lequel les idées émergent, sont affinées et testées, puis rejetées ou acceptées, leur permet de s'éloigner des modèles linéaires d'acquisition de connaissances qui leur ont été inculqués au fil de leur scolarité, par presque tous les manuels scolaires.

Au cours de plusieurs voyages, dans le pays et à l'étranger, nous avons vu des étudiants relever des défis comme ils n'auraient pas pu le faire chez eux. Nous avons délibérément recherché des terrains d'études reculés, non seulement parce que la nature y est plus intéressante et plus intacte – plus de lianes grimpant vers la lumière, plus de serpents imitant ces mêmes lianes – mais aussi parce que la rencontre avec la nature dans son état le moins perturbé entraîne une absence de connexion avec le monde extérieur. Loin des yeux virtuels qui documentent nos moindres gestes, les gens se révèlent, à eux-mêmes et aux autres. Mais il y a des risques. Les fourmis piquent. Les champignons nous envahissent. Des arbres tombent. Des bateaux se retournent.

Pourquoi prendre de tels risques ? L'étude de la politique de l'occupation des sols, les cultures des premiers Américains, ou la territorialité des papillons en valent-elles la peine ?

Sur le terrain, nous avons vu des étudiants sombrer dans leur propre obscurité, la dépression les saisir, et nous les avons vus en sortir, plus forts et plus solides. Les idées romantiques de la jungle disparaissent avec la réalité de la sueur constante et des piqûres d'insectes, et avec la prise de conscience que pour observer des animaux charismatiques faire des choses intéressantes, vous devez vous fondre dans la forêt puis attendre patiemment qu'elle reprenne vie autour de vous.

Certains détestent ça. Ils ne supportent pas le manque de contrôle, ni de découvrir que la nature n'est pas un documentaire animalier. La plupart, cependant, y trouvent une force cachée et une liberté inattendue.

Un soir en Amazonie, nos étudiants présentaient leurs travaux sous un toit en tôle ondulée lorsqu'une bourrasque s'est levée. La pluie battait si bruyamment que nous avons dû reporter la présentation – la voix humaine était inaudible dans ces circonstances, et nous n'avions nulle part où aller. Nous nous sommes dispersés, certains profitant de l'occasion pour rattraper leur sommeil, d'autres s'égarant dans la forêt pour explorer l'étreinte chaude et humide d'une jungle tropicale la nuit pendant une tempête. Si l'éducation est, en partie, une préparation à un monde imprévisible et changeant, enseigner le courage et la curiosité devrait être une priorité.

Nous lisions également dans nos classes – littérature scientifique primaire, livres de toutes sortes, essais, fictions – et certaines de nos lectures en contredisaient d'autres. Mais pour construire une boîte à outils, pour éduquer les esprits à évaluer le monde activement et avec confiance lorsque de nouvelles idées ou données surgissaient, il fallait s'éloigner des textes. Nous sortions alors et allions à la rencontre du monde physique et de ses myriades d'habitants évolués. Louis Agassiz, l'un des plus éminents naturalistes du XIXe siècle, exhortait les gens à « aller dans la nature, prendre les faits dans leurs mains et voir par eux-mêmes ». En créant l'opportunité d'aller dans la nature – quels que soient votre discipline et ce que vous essayez d'enseigner – vous permettez aux étudiants de commencer à croire en eux, plutôt que de prendre les paroles d'autres comme vérité.

Lorsque vous enseignez à un petit nombre d'étudiants de manière intensive pendant deux ou trois trimestres, comme nous l'avons fait, l'éducation devient personnelle. Nous avons dit aux étudiants des choses auxquelles ils ne s'attendaient pas :

- Nous avons besoin de métaphores pour comprendre les systèmes complexes.
- Vous n'êtes pas ici en tant que consommateurs, et nous n'avons rien à vendre.
- La réalité n'est pas démocratique.

Et nous n'avons pas accepté de réponses génériques de leur part. Nous les avons poussés à bout intellectuellement. Ils ont été obligés de se livrer, parce que nous répéter ce qui était dans les manuels n'était pas suffisant, et nous voulions savoir quelque chose de chacun d'entre eux, afin de pouvoir, nous aussi, apprendre d'eux.

Mais de nombreux professeurs forment les étudiants à être des professionnels sans cervelle. Un jour, un professeur a dit à Heather, sans ironie, qu'il considérait que c'était son travail d'apprendre aux étudiants à être des rouages, car c'était là leur destin. Les enseignants devraient mieux savoir, mais avec les étudiants, c'est différent. La séduction et l'éducation sont des sœurs étymologiques. Les étudiants peuvent penser qu'ils veulent être séduits, égarés par de fausses louanges, car cela leur fait du bien sur le moment. La plupart de ceux que nous avons rencontrés, cependant, souhaitaient être éduqués, libérés d'une croyance étroite et fondée sur la foi, pour accéder à l'autonomie intellectuelle, d'où ils pourraient évaluer le monde et ses affirmations à partir des principes fondamentaux, avec respect et compassion pour tous.

UN NOUVEAU REGARD

L'école et les parents devraient :

- **Enseigner le respect, et non la peur.**

- **Apprendre à honorer les bonnes règles et à questionner les mauvaises.** Tout le monde se heurte à de mauvaises règles, que ce soit dans le système judiciaire, à la maison, à l'école ou ailleurs. Si vous êtes un parent, efforcez-vous de montrer à vos enfants que vous êtes à 100 % dans leur équipe, quels que soient les problèmes qu'ils rencontrent. Les enfants doivent être libres de demander pourquoi les règles de leurs parents sont ce qu'elles sont, mais ils doivent aussi savoir qu'il est contre-productif d'enfreindre les règles simplement pour le plaisir de les enfreindre.

- **Encourager les enfants et les étudiants à sortir de leur zone de confort et à explorer de nouvelles idées.**[22] Ils apprennent probablement moins dans les domaines où ils ont déjà des connaissances, qu'elles soient exactes ou non.

- **Enseigner l'importance de connaître la réalité du monde physique.** Lorsque les enfants et les étudiants ont une expérience de la réalité physique, ils sont moins susceptibles d'être manipulés par la sphère sociale. Il est important qu'ils apprennent à ne pas accepter de conclusions sur la base de l'autorité ; s'ils trouvent que cela ne correspond pas à leur expérience du monde. Ils doivent apprendre à chercher les incohérences.

- **Montrer ce à quoi ressemblent réellement les systèmes complexes**, même si le caractère désordonné de ces systèmes dépasse le cadre de la leçon. La nature est un exemple de système complexe. Elle fournit, entre autres, un correctif aux idées selon lesquelles la douleur émotionnelle est équivalente à la douleur physique, et que la vie est ou peut être rendue parfaitement sûre. L'exposition à la complexité est essentielle.

L’enseignement supérieur devrait reconnaître que :

- **La civilisation a besoin de citoyens capables d’ouverture d’esprit et de curiosité ;** ces qualités devraient donc être la marque de l’enseignement supérieur. La nécessité d’une pensée agile, d’une créativité tant dans la formulation des questions que dans la recherche de leurs solutions, d’une capacité à revenir aux principes primaires plutôt que de s’en remettre à des moyens mnémotechniques et à la sagesse reçue – tout cela est de plus en plus important à mesure que nous avançons dans le XXIe siècle.[23] Une mauvaise compréhension de ce que sera le travail à l’avenir pousse les jeunes à se spécialiser davantage, et plus tôt. L’enseignement supérieur est l’endroit naturel pour contrecarrer cette tendance et pousser vers plus d’ampleur, de nuance et d’intégration. Les étudiants en âge de fréquenter l’université ne peuvent pas prédire à quoi ressemblera leur carrière lorsqu’ils auront 70, 50 ou même 30 ans. L’université est l’endroit où l’on devrait inculquer les connaissances les plus larges.

- **L’université ne peut pas simultanément privilégier la recherche de la vérité et la recherche de la justice sociale**, comme l’a souligné Jonathan Haidt.[24] Il s’agit d’un compromis fondamental et inévitable. Il devient alors important de se demander quel est le but d’une université. Est-il nécessaire que nous nous concentrions sur la recherche de la vérité ? Oui, en effet.

- **Les risques sociaux – intellectuels, psychologiques, émotionnels – doivent être pris en compte**, mais le faire devant des inconnus est particulièrement difficile. Les classes de petite taille et le temps passé ensemble à construire une communauté sont des correctifs à l’anonymat.

- **L’autorité ne doit pas être utilisée comme une matraque pour mettre fin à l’échange d’idées.** Bob Trivers, biologiste évolutionniste par excellence, et notre mentor à l'université, nous a un jour conseillé d'observer les positions qu'il nous arrive d'adopter lorsque nous enseignons aux étudiants de premier cycle. Son raisonnement est le suivant : les étudiants de premier cycle ne connaissent pas encore la discipline et sont donc susceptibles de poser des questions auxquelles on ne s'attend pas, des questions « stupides » ou des questions que l'on croit déjà résolues. Lorsque l'enseignant est confronté à de telles questions, trois situations peuvent se présenter :

- Le domaine est correct, et la réponse est simple. Terminé.
- Le domaine est correct, mais la réponse est complexe, nuancée ou subtile. Trouver comment expliquer cette complexité ou cette subtilité est une tâche digne de tout penseur.
- Le domaine est erroné, et la réponse n'est pas comprise, mais il faut une compréhension naïve de la matière pour poser la question.[25]

- **Les salles de classe sont effectivement des boîtes stériles retirées du monde.** Il est difficile d'apprendre dans une telle situation, car vous ne serez pas confronté à ce que vous devez apprendre et qui ne peut être enseigné, comme survivre aux chutes d'arbres, aux accidents de bateau et, nous le verrons dans le prochain chapitre, aux tremblements de terre.

Chapitre 11

Devenir adultes

Les bébés naissent. Les enfants deviennent des adultes. Les adultes se marient et ont leurs propres enfants. Les gens meurent. Ces changements de statut sont marqués, dans de nombreuses cultures, par des rites de passage. Parmi les rites de passage qui marquent l'entrée dans l'âge adulte, citons les quêtes de vision des jeunes hommes Nez-Percés[1] et la purification cérémoniale, la course et l'habillage des jeunes femmes Navajo[2]. Chez les gens WEIRD, des moments semblables peuvent être la majorité, l'obtention du baccalauréat ou l'entrée à l'université, le premier emploi ou l'achat d'une maison. Ils marquent l'avant et l'après, deviennent une ligne dans le sable temporel. Nous utilisons les rituels pour rendre plus distinctes les frontières au sein de systèmes souvent complexes.

Les rites de passage sont utiles en tant que marqueurs de transition – *vous êtes désormais un homme ou aujourd'hui vous devenez une femme*. Mais ils sont plutôt rares chez les gens WEIRD, moins ritualisés, et cela a contribué à nous faire perdre la trace des caractéristiques de l'âge adulte. Historiquement, les adultes étaient ceux qui savaient se nourrir et se loger, être des membres constructifs et productifs d'un groupe, penser de manière critique. Mais ces connaissances ne viennent pas par magie avec l'âge. Elles doivent être acquises. Rappelez-vous le test d'adaptation en trois parties que nous avons exposé au chapitre 3, dans lequel nous avons suggéré que si un trait est complexe, a un coût énergétique ou matériel et persiste au cours de l'évolution, il s'agit d'une adaptation. Si l'on se concentre sur le dernier élément, celui du temps, et qu'on le replace dans le contexte de l'évolution culturelle : si un trait persiste au cours du temps culturel, il s'agit probablement d'une adaptation culturelle. Cela ne signifie pas, bien sûr, que c'est intrinsèquement bon, pour les individus ou la société, ou que les conditions qui l'ont rendu adaptatif dans le passé n'ont pas changé, le rendant neutre ou inadapté aujourd'hui. En général, cependant, si nous faisons preuve de prudence lorsque nous modifions l'ancien – en évoquant, peut-être, les traditions de Chesterton – il y a peu de chance que nous démantelions quelque chose qui s'avère avoir réalisé un travail important pour nous et pour notre monde.

Dans toutes les cultures, les rites de passage fournissent donc des signaux clairs à l'individu pour lui indiquer où il en est et ce que la société peut attendre de lui. Sans ces repères, nous risquons davantage d'aboutir à une confusion généralisée – des trentenaires restés des enfants, peu habitués aux responsabilités, et des enfants de huit ans à qui l'on accorde un statut d'adulte en ce qui concerne leur capacité à déterminer, par exemple, leur véritable sexe. Les rites de passage structurent donc la société en définissant ce qui est attendu des individus aux différents stades de développement, et il en existe deux formes : ceux temporels (âge) et ceux de mérite (gagnés). L'âge est un guide approximatif de ce qu'une personne devrait être capable de faire, et le mérite est un guide spécifique de ce qu'un individu est capable de faire ou, dans le cas du mariage, s'engage à faire. Ils ont été abandonnés ou corrompus dans la culture WEIRD. Les rites temporels sont appliqués de manière vague et incohérente, et les rites de mérite sont largement trafiquables.

Les personnes qui méritent d'être appelées « adultes » sont capables de s'observer avec attention et esprit critique, et de se poser régulièrement des questions comme : « Est-ce que j'assume la responsabilité de mes propres actions ? Suis-je fermé d'esprit ? Suis-je ancré dans une vision du monde, et si oui, pourquoi ? Est-ce que je parviens à des conclusions de manière indépendante ou ai-je accepté une idéologie qui pense à ma place ? Est-ce que j'évite des collaborations précieuses parce qu'elles pourraient être compliquées ? Est-ce que je laisse mes émotions, surtout les plus intenses, prendre des décisions à ma place ? Est-ce que j'abandonne mes responsabilités d'adulte, et est-ce que je me trouve des excuses quand je le fais ? »

Toutes ces interrogations posent la même question : « Suis-je en train de faire aussi bien que je le devrais ou le pourrais ? » Il sera plus facile d'y répondre par les rites de passage des deux catégories. Ceux-ci nous disent quoi attendre des autres et permettent à la société de tenir les individus pour responsables lorsqu'ils ne sont pas à la hauteur. Ils nous apprennent à nous demander : « Est-ce que je fais mon travail ? Parce que les autres s'attendent à ce que je le fasse. »

Les rites de mérite nous apprennent à penser par nous-mêmes, et lorsqu'ils sont accomplis, à nous considérer comme des personnes ayant des connaissances et des compétences. Choses qu'ils transmettent à la société également. Cela rehausse les exigences et la signification attribuées à l'idée de « faire son travail ». L'interaction entre les attentes et la responsabilité entraîne naturellement un examen de conscience plus poussé pour s'assurer que l'on est à la hauteur de ce qui est attendu de nous.

S'il est vrai que nous avons perdu de vue les caractéristiques de l'âge adulte, il est également vrai que notre monde hyper-nouveau et ses acteurs économiques rendent plus difficile le fait d'être adulte. Le marché est rempli d'escrocs qui veulent que vous ignoriez vos responsabilités d'adulte. L'une de ces responsabilités est de ne pas dépenser d'argent pour toutes les dernières nouveautés. La vente de gratification différée est rarement une stratégie commerciale gagnante, et il est donc rare de la trouver sur le marché. Au lieu de cela, tout prend un caractère ordurier : la nourriture, les divertissements, le sexe et les informations. Le marché vend des valeurs infantiles, qui font de vous un consommateur parfait mais un adulte médiocre.

En l'absence d'hyper-nouveauté et de marché libre, propres aux sociétés WEIRD du XXIe siècle, l'enfance est ce moment où l'on reçoit de l'information de ses ancêtres et où l'on découvre le monde dans lequel on vit, tant sur le plan physique que cognitif. Puis à l'âge adulte, on met en pratique ce qui a été appris, pour devenir productif.

La principale modalité des publicitaires consiste à créer de l'insatisfaction et le sentiment que d'autres sont plus satisfaits. Pour ne prendre qu'un seul exemple bien documenté: peu après l'introduction de la télévision sur les îles Fidji, les adolescentes se sont focalisées sur les idéaux de beauté occidentaux à l'encontre de leurs propres normes culturelles.[3] Loin des îles Fidji, les algorithmes des réseaux sociaux ont également investi ce créneau. La capacité des publicitaires à créer de l'insatisfaction est facilitée par notre obsession humaine naturelle pour les récits, alimentée par une machine à produire des histoires qui n'ont pas eu à faire leur preuve sur le long terme. La plupart des histoires que nous recevons sont conçues pour vendre des produits, et sont donc ce que les publicitaires et les algorithmes veulent nous faire croire, plutôt que ce que nous avons besoin de savoir.

Nos récits ne sont plus partagés par l'ensemble de la société. Le choix gigantesque de récits qui s'offrent à nous fait que lorsque nous nous associons à d'autres, nous partageons une même langue mais pas les mêmes croyances et valeurs fondamentales comme cela aurait été le cas dans un environnement ancestral. Historiquement, les récits partagés, ou du moins la pollinisation croisée des récits, permettait de contrôler la manipulation. Aujourd'hui, ces systèmes sont en train de s'effondrer. Dans le passé, ceux qui créaient et ceux qui consommaient les récits – qu'il s'agisse de religion, de mythes, de nouvelles ou de ragots – avaient un destin commun, et ils le savaient. Aujourd'hui, nous vivons dans une société tellement fracturée que la plupart d'entre nous n'ont guère conscience de notre destin commun – que nous vivons tous, par exemple, sur une seule planète dont nous dépendons. Ainsi, alors que nous vivons dans un monde qui semble de plus en plus pluraliste, dans lequel des personnes de religions différentes peuvent se côtoyer sans haine, notre tribalisme politique ne cesse de croître, « aidé » par des algorithmes qui nous divisent en silos.

Les enfants grandissent dans un monde qui est conçu pour leur nuire. L'école, qui devrait aider les jeunes à devenir des adultes accomplis, est, au mieux, sans gouvernail et, trop souvent, activement nuisible à leur développement. Les produits et algorithmes destinés aux enfants leur feront du mal, leurs structures de motivation seront manipulées, et leurs camarades les détourneront. Ils n'en sortiront pas indemnes. Comment, alors, devenir des adultes fonctionnels ?

Un laboratoire du soi

Le « soi » est par nature une anecdote, un échantillon d'une personne. Par conséquent, le concept de « soi en tant que laboratoire » va mettre en difficulté les scientifiques qualifiés. Le problème pour les humains qui tentent de comprendre comment vivre dans le monde, est que nous sommes tous des systèmes uniques et complexes. Il y a bien sûr des universaux – les toxines, la publicité et les modes de vie sédentaires sont risqués pour chacun d'entre nous, et nous en avons déjà parlé dans ce livre. Considérez cependant que notre câblage interne est tellement différent de celui de notre voisin que, pour de nombreux sujets, les conseils qui fonctionnent pour une personne A peuvent très bien ne pas convenir à une personne B.

Pour emprunter très librement à Tolstoï, tous les foies fonctionnels sont (essentiellement) les mêmes, alors que chaque esprit humain moderne est dysfonctionnel à sa manière. L'anxiété de votre meilleur ami, son sommeil perturbé et son perfectionnisme ne sont pas les mêmes que l'anxiété, le sommeil perturbé et le perfectionnisme de votre cousin germain, que ce soit dans leur étiologie ou dans leur manifestation.

Le puzzle de la modernité multiplie ce problème par mille. Les humains sont capables d'habiter toutes les niches humaines possibles : nous sommes hyperplastiques. Si l'on ajoute à cela un environnement moderne ultra-bruyant, nous sommes tous confrontés à un paysage de dysfonctionnements. Cela signifie que nous devons tous trouver ce qui fonctionne pour nous en tant qu'individus. L'applicabilité des conseils donnés varie considérablement, même si ces conseils sont efficaces pour la personne qui les donne. Nous devons apprendre à tester scientifiquement les éléments qui entraînent un changement positif net au sein de nos propres systèmes individuels et complexes.

Les conseils sont partout. Des millions de personnes ont prétendu avoir trouvé comment nous aider à devenir le meilleur de nous-mêmes. (Et nous sommes conscients que, dans un sens, avec ce livre, nous prétendons l'avoir fait aussi). En gros, ces gourous du développement personnel se répartissent en quatre catégories : les escrocs, les confus, les corrects mais d'application limitée, et les universellement utiles. Nous postulons et nous espérons que vous serez d'accord, que de nombreuses vérités évolutionnistes sont universellement utiles.

Les escrocs efficaces sont difficiles à repérer, mais il nous appartient d'apprendre à le faire. Dans la deuxième catégorie, on trouve les confus, qui débitent une « sagesse » parce qu'elle attire les gens et l'argent, sans reconnaître que cette sagesse peut n'avoir aucun rapport avec la vérité ou la valeur. Les escrocs et les confus jouent un jeu parfaitement social. Ils semblent avoir renoncé à toute croyance fondamentale, naviguant dans un mode entièrement social déconnecté de la réalité extérieure. Plutôt que de construire des idées en adéquation avec la réalité, ils les construisent en fonction de leur réception par leur public. Il y aura parfois des indices dans leur manière de présenter leur sagesse. Qu'importe comment vous découvrez qui ils sont, ne demandez pas conseil à ces personnes.

Dans la troisième catégorie se trouvent les personnes qui ont raison de prétendre qu'elles ont découvert quelque chose qui a fonctionné pour elles, mais (et elles n'en sont peut-être pas conscientes) ce qui fonctionne pour elles peut ne pas fonctionner pour vous. Leur sagesse a une zone d'application limitée. Enfin, la quatrième catégorie comprend les rares personnes dont les conseils sont universellement applicables.

Il reste donc à trouver comment :

- se débarrasser des escrocs et des confus (les deux premières catégories) ;
- apprendre à distinguer, au sein de la troisième catégorie, ceux dont les conseils fonctionnent pour eux mais sont inapplicables pour vous, et ceux qui savent quelque chose qui, si vous parvenez à l'appliquer, améliorerait votre vie presque instantanément. Pour ce faire, engagez-vous dans une sorte de bouddhisme scientifique. Bannissez le bruit, identifiez les modèles, et testez vous-même les hypothèses ;
- adopter les bons conseils de ceux de la quatrième catégorie, ces quelques personnes qui ont des conseils universellement applicables.

Il y a plusieurs années, le monde WEIRD est devenu obsédé par le gluten. Cela ressemblait à une nouvelle tendance applicable à une infime partie de la population uniquement. De son côté, Bret a souffert d'asthme pendant des décennies, utilisant des inhalateurs de stéroïdes et d'autres produits pharmaceutiques au quotidien, sans fin en vue. Au bout du rouleau – les médecins n'avaient été d'aucune aide, si ce n'est de lui conseiller d'autres médicaments et de se débarrasser des chats et de toute poussière – il a supprimé le gluten de son alimentation, totalement. Aujourd'hui, non seulement ses problèmes respiratoires ont disparu, et ce depuis des années, et presque tous ses autres petits problèmes de santé également (et si nous avons essayé de réduire la poussière chez nous, nous n'avons pas fait de même avec les chats). Cela signifie-t-il que vous aussi, vous auriez intérêt à supprimer le gluten de votre alimentation ? Peut-être. Peut-être pas. Cela dépend de vos antécédents en matière de développement, d'immunologie, de gastronomie et peut-être de génétique, et c'est en expérimentant que vous le saurez le mieux. La sensibilité au gluten n'est ni fictive ni universelle.

Le soi est soumis aux mêmes principes scientifiques que tout le reste, avec les mêmes types de contraintes que l'on rencontre en étudiant les phénomènes biologiques sur le terrain. La complexité et le bruit sont les ennemis du signal. Pour mener au mieux vos expériences, la solution consiste à contrôler les contraintes de l'environnement. Ne changez qu'une seule chose à la fois.

Faites-le entièrement et complètement (si vous trichez, vous n'aurez rien appris, tout en croyant peut-être avoir acquis des informations). Et donnez-vous du temps.

Les types de réalité

Vous vous souvenez de Coyote, dont l'activité principale consistait à poursuivre Bip Bip dans les dessins animés des *Looney Tunes* ? Il lui arrivait souvent de courir au-delà de la falaise, volant dans les airs jusqu'à ce qu'il regarde vers le bas. La gravité ne s'appliquait pas à lui tant qu'il n'y pensait pas. C'était drôle parce que ridicule. C'était parfaitement ridicule, et pourtant, trop de gens modernes semblent s'imaginer qu'en changeant les opinions ou les perspectives des gens, on change la réalité sous-jacente. En bref, ils croient que la réalité elle-même est une construction sociale.

Nous avons fait valoir précédemment que les escrocs et les confus opèrent souvent sur un plan entièrement social, plus que sur un plan analytique. Comment éviter de devenir quelqu'un qui évalue le monde sur la base de réponses sociales plutôt que sur celle d'une analyse, une de ces personnes qui se laissent facilement berner par les escrocs et les confus ? Deux bonnes stratégies consistent à s'engager régulièrement dans le monde physique ainsi qu'à comprendre la valeur des situations critiques.

La triste vérité est que plus vous êtes « éduqué » et plus cela vous sera difficile. Notre système actuel d'enseignement supérieur est imprégné d'une philosophie qui doute de notre capacité à percevoir le monde physique. Cette philosophie s'appelle le post-modernisme.[4]

Les post-modernes ont été les principaux promoteurs de l'idée selon laquelle la réalité est socialement construite. Le post-modernisme et son successeur idéologique, le post-structuralisme, étaient autrefois confinés dans un coin reculé de la pensée académique. Ces idéologies contiennent des grains de vérité. Elles nous enseignent que notre appareil sensoriel nous biaise, et que nous n'en sommes généralement pas conscients. Elles révèlent que les écoles, les usines et les prisons sont similaires dans leur utilisation du pouvoir pour contrôler les populations (comme l'a analysé Michel Foucault dans son extension métaphorique du Panoptique de Bentham). Et la *Critical Race Theory* (la « théorie critique de la race ») repose sur le constat réel que le système juridique américain a eu beaucoup de mal à se défaire de son passé raciste, chose qu'il n'a pas encore totalement réussie d'ailleurs. Ce sont là quelques contributions réelles et précieuses que ces idéologies ont apportées au monde. Mais la plupart des incarnations modernes du post-modernisme se sont plantées.

Parfois, lorsque des idées académiques marginales se déchaînent, elles persistent plus longtemps qu'elles ne le devraient, mais leur impact se limite à quelques départements universitaires. Ce n'est pas le cas du post-modernisme et de ses effets. Ce qui se passe sur le campus n'est pas resté sur le campus. Le post-modernisme et ses adeptes ont infiltré des systèmes bien au-delà de l'enseignement supérieur, du secteur technologique aux écoles primaires et secondaires en passant par les médias, et ils font des dégâts considérables.[5]

L'une des conclusions les plus étonnantes de certains post-modernistes est que l'entière réalité est socialement construite. Ils ont même contesté les conclusions de Newton et d'Einstein, au motif que le privilège de ces scientifiques est évident dans leurs équations et que, en tant que vieux Blancs, leurs préjugés les empêchaient par nature de connaître quoi que ce soit du monde.[6] Les personnes de phénotypes particuliers, selon cette vision du monde biologiquement déterministe et ironiquement régressive, ne peuvent avoir accès à la vérité.

Comment en sommes-nous arrivés à une telle confusion, à penser que toute réalité est socialement construite ? En raison d'une expérience du monde réel limitée. Aucun charpentier ou électricien ne pourrait croire que toute réalité est socialement construite. Aucun opérateur de chariot élévateur ni aucun marin ne le pourrait. Pas plus, aurions-nous pensé, qu'un athlète.[7] Les actions physiques ont des ramifications physiques, et toute personne opérant dans le monde physique le sait.

Si vous n'avez pas lancé ou attrapé beaucoup de balles, ni utilisé d'outils, ni posé de carrelage, ni conduit de boîte de vitesses manuelle – bref, si vous n'avez que peu ou pas d'expérience des effets de vos actions sur le monde physique, et que vous n'avez donc pas eu l'occasion d'observer les réactions qu'elles produisent, vous serez plus enclin à croire en un univers entièrement subjectif, dans lequel chaque opinion est également valable.

Toutes les opinions ne sont pas également valables, et certains résultats ne changent pas simplement parce que vous le voulez. Les résultats sociaux peuvent changer si vous vous disputez ou piquez une crise. Les résultats physiques ne changeront pas.

Tout le monde, et quelles que soient les limitations du corps, avec ses défauts et ses forces, a la possibilité d'expérimenter les actions et les réactions dans le monde physique. Tout le monde ne peut pas faire de VTT, mais pour ceux d'entre nous qui le peuvent et le font, nous sommes confrontés à la réalité objective sous la forme de racines, de collines et de gravité. Comment, compte tenu de votre corps, pourriez-vous forcer votre esprit et votre corps à se confronter à la réalité physique ?

Considérez ceci : nos yeux ne produisent pas une image statique, telle une photographie. Ils sont plutôt les outils de notre cerveau, qui lui prend note du monde. Nous sommes pleinement incarnés : notre corps n'est pas une pensée de notre cerveau, et n'est pas inutile à son interprétation du monde. Ces yeux, dans ce crâne, sur cette nuque, ce torse, ces jambes et ces pieds, qui bougent, tout cela fait partie de la perception. La perception est une action.[8]

Par conséquent, plus vous bougerez, même au sein de vos propres limites physiques, et plus votre perception du monde sera susceptible d'être intégrée, complète et précise.

Le mouvement accroît la sagesse. Il en va de même pour l'exposition à divers points de vue, expériences et lieux. Nous avons besoin à la fois de la liberté d'expression et de la liberté d'explorer, car toutes deux témoignent de la valeur des environnements dans lesquels les résultats sont incertains. La nature est encore à portée de main. Passons du temps avec elle et, ce faisant, développons de la force et ajustons la compréhension que nous faisons de notre propre existence.[9]

L'être humain a évolué pour être antifragile : nous devenons plus forts en nous exposant à des risques acceptables, en repoussant les limites, en nous ouvrant à la sérendipité et à ce que nous ne connaissons pas encore. Cela est vrai pour les os comme pour le cerveau. Faire des choses aux issues non négociables dans le monde physique – faire du skateboard, cultiver des légumes, gravir un sommet – permet de faire tomber de nombreuses idées fausses qui pourtant paraissaient solides. Parmi celles-ci, citons : toute réalité est une construction sociale, la douleur émotionnelle est équivalente à la douleur physique, et la vie est ou peut être rendue sans danger.[10]

L'un de nos mentors à l'université, George Estabrook, mathématicien de l'écologie qui a passé de nombreuses années à travailler et à vivre avec les membres d'un système d'agriculture traditionnelle des collines portugaises, écrivait ceci en introduction de l'un de ses articles :

> *Il est remarquable de constater que l'empirisme persistant des êtres humains qui s'efforcent de gagner leur vie dans la nature aboutit à des pratiques qui ont un sens écologique, même si elles sont codifiées par des rituels ou des justifications qui semblent superficiels ou peu convaincants sur le plan écologique. En effet, les acteurs locaux peuvent avoir des concepts, tout aussi justifiables mais très différents de ceux des universitaires, de ce qui constitue une explication utile.*[11]

Si nous devions choisir entre l'« explication utile » donnée par un villageois et celle fournie par un universitaire, d'un objet dont le villageois dépend pour sa subsistance, nous choisirions certainement celle du villageois. Ce villageois costaricien qui nous a probablement sauvé la vie en nous empêchant d'entrer dans une rivière en crue, et dont nous avons parlé en introduction, en savait bien plus que nous, universitaires en herbe, sur l'endroit où nous nous trouvions et sur la façon d'interpréter les signes.

Vous pouvez tromper une personne, elle peut vous tromper, mais vous ne pouvez pas tromper un arbre, un tracteur, un circuit électrique ou une planche de surf. Cherchez donc la réalité physique, pas seulement l'expérience sociale. Recherchez les réponses du vaste univers, au-delà des êtres humains. Observez vos réactions lorsqu'elles vous parviennent. Plus vous passerez de temps à confronter votre intellect à des réalités qui ne peuvent être influencées par la manipulation ou les flatteries, moins vous serez enclin à blâmer les autres pour vos propres erreurs.

Les bénéfices des situations critiques

« Quand je réussis, c'est grâce à mon travail acharné et mon intelligence ; quand j'échoue, le système est contre moi et je n'ai pas eu de chance. » Il est ici facile de voir la faille lorsqu'elle est énoncée si clairement, mais la plupart des adultes d'aujourd'hui sont animés par des convictions semblables. Le fait que nous ayons tendance à croire à la malchance, mais pas à la chance, rend plus difficile l'apprentissage de nos erreurs.

Lorsque nos fils connaissent des échecs – qu'ils brisent un verre, tombent dans les escaliers ou se cassent un bras – nous leur demandons : « Qu'as-tu appris ? ». Nous leur posons aussi cette question, à leur grande irritation, lorsqu'ils *manquent* de briser un verre, de tomber dans les escaliers ou de se casser un os. Ils s'y attendent désormais, mais en général, les enfants et les adultes sont étonnés lorsque vous leur posez cette question à la suite d'un événement qui a mal tourné. Cette question peut être perçue comme une accusation plutôt que comme de la sympathie, et la sympathie est ce que nous voulons après un accident ou une blessure. Même si vos émotions aimeraient surtout être apaisées, ne seriez-vous pas un humain plus productif et plus engagé si vous pouviez tirer des leçons de ce qui vient de se passer, et ainsi réduire les risques de revivre une telle expérience ? Il s'agit, comme nous le disons à nos enfants, de l'avenir.

Tenter de nier le passé, plutôt que d'en tirer des leçons et passer à autre chose, est une mauvaise utilisation du temps et des ressources intellectuelles.

Les accidents font partie des expériences nécessaires pour grandir. Si votre enfant a grandi dans un environnement totalement sûr, vivant une vie sans risque, alors vous avez fait un mauvais travail de parent. Cet enfant n'a aucune capacité à extrapoler à partir de l'univers. Si vous, en tant qu'adulte, êtes constamment en sécurité, vous n'atteignez probablement pas votre plein potentiel.

Mais que signifie « sûr »? Lorsque nous pensons à la sécurité, il est tentant d'élaborer une règle universelle et de s'y tenir. Mais comme tout, cela dépend du contexte. Les règles statiques sont faciles à retenir, mais peu utiles. Les montagnes russes sont-elles dangereuses? Comparez les risques d'un grand-huit d'un grand parc tel que Disneyland à celui d'une fête foraine. Les parcs sont permanents, et les manèges sont en place depuis longtemps; il est donc presque certain qu'ils sont plus sûrs que les manèges fréquemment déconstruits et reconstruits d'une fête foraine itinérante.

De même, considérez les risques des outils électriques. Toutes les lames qui fonctionnent à l'électricité sont dangereuses, c'est certain, et nécessitent une attention et une pratique particulières pour rester sans danger. Mais si vous pensez que « Attention, c'est un outil électrique ! » est un avertissement suffisant, vous n'êtes probablement pas assez informé pour être vous-même en sécurité. Pensez aux scies à ruban, aux scies circulaires, aux scies sur table et aux scies à bras radial: le risque augmente considérablement au fil de cette liste. Vous avez beaucoup plus de chances d'éviter l'accident que de perdre un doigt (ou pire) si vous comprenez les différents risques des différents outils que vous utilisez.

Enfin, comparez les risques d'une promenade en forêt d'une banlieue américaine à ceux d'une promenade au Yosemite ou en Amazonie. Les risques liés à l'environnement sont différents dans chaque cas: les gens représentent une menace bien plus grande dans un parc de banlieue tandis que les blessures sont plus probables en Amazonie et au Yosemite. La principale différence en matière de risque réside toutefois dans l'éloignement des soins médicaux dans un parc national et, plus encore, au milieu de l'Amazonie. Comme nous avions l'habitude de le dire à nos étudiants avant de partir à l'étranger, « Soyez courageux, mais conscients de vos limites et responsables face aux risques que vous prenez. L'évaluation des risques est différente lorsque vous êtes loin de toute aide médicale. Des avocats n'ont pas examiné les environnements que nous visiterons et ne les ont pas sécurisés – c'est dans cette vérité que réside une grande partie du plaisir, et une grande partie du danger du voyage. »

Pendant notre voyage d'études de onze semaines à travers l'Équateur en 2016, nous avions une règle primaire et explicite : personne ne rentre chez soi dans un cercueil. Nous l'avons échappé belle à trois reprises pendant et juste après ce voyage. Vous avez déjà lu le récit de la chute de l'arbre. Aux Galápagos, quelques semaines plus tard, un remarquable accident de bateau a presque tué Heather et le capitaine, et aurait pu tuer les douze personnes à bord, dont huit étudiants. Heather est restée brisée à bien des égards, presque invalide, mais elle n'est pas rentrée chez elle dans un cercueil.[12] Nos étudiantes Odette et Rachel étaient deux des victimes de l'accident de bateau : Odette a été blessée, mais Rachel est restée indemne. Ensemble, elles ont toutes deux survécu à la dernière épreuve, encore plus dramatique, qui a eu lieu deux semaines plus tard et qui mériterait un récit complet de leur part. En voici un aperçu.

Nos 30 étudiants s'étaient dispersés sur leurs sites de recherche pour réaliser des projets indépendants cinq semaines durant. Odette et Rachel avaient commencé à travailler sur un site de la côte de l'Équateur, mais s'étaient rendues en ville pour établir le contact hebdomadaire obligatoire par courriel et pour célébrer l'anniversaire de Rachel. Elles avaient réservé une chambre au deuxième étage de l'Hôtel Royal, le plus haut bâtiment de Pedernales, six étages de maçonnerie non renforcée.

Elles venaient tout juste de rentrer après avoir contemplé le coucher de soleil, quand la pièce a commencé à trembler. Elles sont tombées à genoux entre les deux robustes lits jumeaux. Puis l'hôtel s'est effondré, en-dessous d'elles comme au-dessus. Elles ont été brièvement en chute libre, tout comme les plusieurs étages de parpaings qui les entouraient.

Le tremblement de terre du 16 avril 2016 était de 7,8 sur l'échelle de Richter. Il a dévasté une grande partie de la côte équatorienne. Pedernales se trouvait à l'épicentre et a été largement détruite.

Nous avons appris le tremblement de terre dans l'heure qui a suivi. Nous savions où se trouvaient tous nos élèves, et seuls quelques-uns étaient dans la zone dangereuse. Nous avons rapidement réussi à contacter tout le monde, sauf Odette et Rachel. Nous savions qu'elles avaient rejoint une ville côtière, que nous pensions être Pedernales. Les rapports de la côte équatorienne étaient sombres. Nous avons parlé à la mère d'Odette à plusieurs reprises, en essayant de la rassurer, et aux personnes qui dirigeaient la station où les filles étudiaient – on nous a assuré qu'une équipe était à leur recherche. Des membres du personnel étaient également portés disparus. Bret a commencé à s'organiser pour retourner en Équateur à leur recherche. Heather pouvait à peine bouger à cause de ses blessures dues à l'accident de bateau, mais Bret pouvait y aller. Il n'était pas certain que ce soit la bonne décision, mais c'était la seule action possible, et nous avions besoin que les filles aillent bien.

Dans l'après-midi du jour suivant, après vingt heures passées à espérer des signes de vie, nous avons reçu un bref courriel de Rachel, reconnaissante. Elles étaient vivantes. Elles n'avaient pas encore récupéré mais elles étaient en vie.

Pour autant que l'on sache, Rachel et Odette ont été les seules survivantes de l'Hôtel Royal. Elles sont tombées au bon endroit – entre des lits si solides qu'ils ont résisté à plusieurs étages de maçonnerie – et elles ont eu de la chance. Puis leur sagesse et leur lucidité considérables leur ont permis de traverser ce qui allait être un spectacle d'horreur.

Elles étaient piégées sous des gravats de béton et de poussière, la lumière de la tablette d'Odette fonctionnait encore et leur permettait d'avoir un peu de lumière. D'autres secousses ont légèrement déplacé la dalle de béton au-dessus de leur tête. Elles ont entendu des voix à l'extérieur, et elles ont crié. Trois hommes les ont entendues, et ensemble, ils ont creusé de leurs mains, faisant apparaître un espace suffisamment grand pour que les filles puissent sortir. Odette a subi des blessures considérables mais sans danger pour sa vie. En tant que danseuse de ballet, elle était habituée à la douleur, mais là, c'était différent ; elle ne pouvait pas marcher. Rachel était, une fois de plus, indemne.

Il leur fallait se rendre à Quito, mais le voyage n'a pas été simple. Elles ont été aidées par de nombreuses personnes, et ignorées ou repoussées par beaucoup d'autres qui pouvaient à peine prendre soin des leurs. À Pedernales, c'était le chaos. Elles ont vu une femme tenir son enfant sans vie dans ses bras. Elles ont entendu les gens parler du tsunami. Un de leurs nombreux trajets pour sortir de la ville a pris fin lorsque le chauffeur a appris le sort de sa famille. Alors qu'elles se sont installées à l'arrière d'une camionnette, un infirmier de fortune a nettoyé et recousu la longue entaille au pied d'Odette, une blessure qui a ensuite nécessité plus d'une opération pour guérir. Un de leurs véhicules est tombé en panne d'essence. Un autre a dû faire demi-tour en raison d'un pont manquant. Encore et encore, elles ont été renvoyées à Pedernales, scène de gravats et de gens en pleurs, ville recouverte d'une fine poussière blanche, tout comme les restes de l'Hôtel Royal. Après avoir trouvé des places dans un bus pour Quito, elles se sont heurtées à des glissements de terrain qui bloquaient la route. Alors qu'elles avançaient, des blocs de terre disparaissaient dans le gouffre en dessous.

Finalement, elles sont arrivées saines et sauves à Quito. Personne n'est rentré chez soi dans un cercueil. Et malgré les importants dommages physiques et les traumatismes psychologiques qu'elle a subis, Odette nous a dit plus tard : « Ce voyage était unique, remarquable, terrifiant, extraordinaire. Si c'était à refaire, j'irais quand même. Ça a été tellement important pour moi. »

De l'équité et de la théorie de l'esprit...

De nombreuses personnes échouent à être adultes précisément dans les domaines dans lesquels elles sont censées l'être.

Lorsque l'université d'Evergreen, dans laquelle nous étions titulaires et que nous aimions, s'est déchaînée dans une rafale d'actions stratégiquement qualifiées de « justice sociale », presque aucun adulte ne s'est levé. Pour ceux qui y ont prêté attention, un groupe hétéroclite d'étudiants ont pris le contrôle d'une université par la force, et c'est effectivement une partie de l'histoire. Une version plus précise, mais toujours tristement incomplète, est que, dans les coulisses, quelques brutes de la faculté avaient endoctriné les étudiants et pris le contrôle de plusieurs fonctions-clés de l'université ; et l'administration – les personnes payées pour agir comme des adultes lorsque les choses vont mal – a manqué à son devoir.[13] Être un adulte signifie, en partie, ne pas abdiquer face à ses responsabilités, en particulier lorsque d'autres personnes dépendent de vous.

Être adulte, c'est aussi s'engager dans la coopération, à différents niveaux. Nous pouvons nous engager dans une sélection de parenté (aider de préférence nos proches), de réciprocité directe (*je vous aide à construire votre grange ou à emménager dans un nouvel appartement, vous m'aiderez plus tard*) et de réciprocité indirecte (je fais une bonne action, ce qui améliore ma réputation).[14] Nous sommes rarement conscients de ces considérations théoriques lorsque nous agissons, bien sûr. Notre moralité est un mélange de ces formes de coopération. Au sein d'un groupe et au fil du temps, l'engagement envers les autres membres et pour la réussite du groupe varie en fonction de sa stabilité.[15] Lorsque votre groupe est menacé, vous vous rassemblez et les liens se renforcent. Mais en période de prospérité, lorsque les choses sont faciles, la stabilité du groupe a tendance à s'effriter, d'abord sur les bords, puis en son cœur. Là encore, les acteurs économiques exploitent cette tendance, déstabilisant notre sentiment d'identité et de communauté, nous poussant à chercher ailleurs l'ingrédient manquant qui nous rendra enfin heureux, productifs et en sécurité.

Nous, humains, sommes particulièrement doués pour reconnaître que nos perceptions du monde ne sont pas partagées par tous. Cette capacité à reconnaître que d'autres personnes comprennent le monde différemment est la théorie de l'esprit, que nous avons déjà évoquée.

Les organismes dotés de théorie de l'esprit ont la capacité de faire la distinction entre le sujet et l'objet. Les babouins du delta de l'Okavango au Botswana, par exemple, savent faire la différence entre « Elle menace ma sœur » et « Ma sœur la menace ». Ils présentent les premiers signes d'une théorie de l'esprit – cette capacité à reconnaître leur propre modèle de réalité, mais aussi celui d'autres individus, même lorsque ces modèles diffèrent du leur.[16] Nous pouvons penser que tous les suspects habituels – les loups, les éléphants, les corbeaux et les perroquets – ont une théorie de l'esprit étant donné leur sociabilité, leur longévité, leur famille multi-générationnelle et l'importance de leurs soins parentaux.

La théorie de l'esprit donne potentiellement accès au sens de l'équité. Le concept de ce qui est « juste » n'est pas né chez les philosophes. Il n'a pas émergé avec les cités-États, ni avec l'agriculture. Il n'est pas né avec les chasseurs-cueilleurs, ou chez nos premiers ancêtres bipèdes. Les singes savent ce qui est juste et ce qui ne l'est pas, ils ont des opinions bien arrêtées sur les pratiques injustes dans leur univers social.

Les capucins – des singes du Nouveau Monde qui vivent en grands groupes – sont capables, en captivité, de faire du troc avec les gens toute la journée, surtout s'il s'agit de nourriture. *Je te donne cette pierre et tu me donnes une friandise.* Si vous mettez deux singes en cage, et que vous leur offrez des tranches de concombre en échange des pierres, ils mangeront volontiers les concombres. En revanche, si vous donnez à l'un des singes du raisin (le raisin étant universellement préféré au concombre), le singe qui reçoit encore des concombres commencera à les renvoyer à l'expérimentateur. Même s'il est toujours « payé » le même montant pour son effort, et que sa situation n'a donc pas changé, la comparaison avec un autre singe rend la situation injuste. De plus, il est maintenant prêt à renoncer à tous ses gains – les concombres – pour communiquer son mécontentement à l'expérimentateur.[17]

Les marchés s'attaquent à notre sens de l'équité. Ils nous font croire que les autres ont du raisin et que nous sommes coincés avec du concombre.

Si d'autres possèdent ces choses, pourquoi pas nous ? Notre sens de l'équité est ainsi maintenu sous tension, menacé par des consommateurs invisibles qui possèdent déjà la prochaine grande nouveauté et qui doivent donc être plus heureux que nous. Nous essayons de nous maintenir au niveau de nos voisins, mais il ne s'agit en fait plus de nos voisins. Il s'agit désormais d'une minuscule fraction de l'élite mondiale diffusée sur nos écrans, et retouchée qui plus est.

Chez les humains, tester la morale et évaluer l'humeur d'un groupe ainsi que ses limites peut se faire par l'humour.

Il aide à apaiser les questions d'équité. L'humour est le mécanisme par lequel nous faisons le tri dans la zone grise de ce qui peut et ne peut pas être dit. Une société, une communauté ou un groupe d'amis sans humour a probablement de gros problèmes qui se cachent juste sous la surface. Introduire le rire de manière inorganique – comme avec le rire enregistré des sitcoms – est une tentative de plus du marché à s'immiscer dans la tendance humaine à se lier par l'expérience et la compréhension communes. Le rire enregistré nous fait perdre le sens de l'humour et la capacité à nous lier à des êtres humains réels.

... à la dépendance

Beaucoup de tendances ont leur versant pathologique. La pathologie n'est pas synonyme de « détérioration » : la sénescence est une détérioration des traits adaptatifs précoces, mais elle n'est pas pathologique. En revanche, l'arrogance est une confiance pathologique.

L'obsession positive a de nombreux mots en français : passion, intérêt, appétence. La principale manifestation de l'obsession négative, pathologique, est la dépendance.

L'obsession est agnostique quant au caractère sain ou malsain de l'objet de l'obsession. On peut être obsédé par un sentiment amoureux, qui peut mener à l'amour de sa vie. Vous pouvez être obsédé par une variété spécifique de mangue, ce qui peut vous amener à passer plus de temps que nécessaire à chercher de telles mangues. Vous pouvez être obsédé par la couleur de vos murs, par l'ordre des paragraphes, par la nécessité de dire à votre amie que son mari est un rustre.

La dépendance est l'un des risques d'une obsession malsaine.

Une idée fausse sur la dépendance est que si vous consommez une substance addictive, vous deviendrez dépendant. Prenons l'exemple de l'héroïne. Il semble que l'ajout d'opioïdes exogènes à votre organisme vous rende moins capable de les produire de manière endogène, c'est-à-dire de l'intérieur, par le corps lui-même. Par conséquent, lorsque la molécule exogène disparaît, parce que vous n'avez plus d'argent, que votre dealer a été arrêté ou que vous êtes entré en cure de désintoxication, c'est douloureux car vous n'avez plus la capacité de produire des opioïdes endogènes. On pourrait en conclure que tous ceux qui consomment de l'héroïne et autres opioïdes exogènes ont tendance à devenir dépendants.

Et pourtant, nous savons que la plupart des personnes qui essaient des drogues ne deviennent pas dépendantes.[18]

Donnez à des rats un levier qui fournit de l'amphétamine à la demande, ils appuieront sur le levier. S'il n'y a rien d'autre à leur disposition, ils deviendront dépendants. Mais si vous leur offrez un environnement enrichi, avec de nombreuses autres activités intéressantes, ils ne deviendront pas dépendants. Ils feront d'autres trucs chouettes plutôt que de devenir dépendants.[19] Peut-être sont-ils faits pour devenir obsédés par quelque chose de sain.

Ce qui est « sain » est de plus en plus difficile à déterminer, et les forces du marché en présence dans presque toutes les décisions ne nous aident pas. Comprendre les humains en tant que phénomène évolutif, comme nous le faisons dans ce livre, suppose que nos esprits font, en coulisse, une analyse coûts-bénéfices de tous les choix que nous percevons avoir. Notre façon de marcher, la personne avec qui s'accoupler ou le livre à lire, il y a toujours une analyse coûts-bénéfices dont l'objectif est d'améliorer notre aptitude. Notre logiciel est conçu pour maximiser notre aptitude, même si notre esprit conscient a d'autres priorités. Mais notre logiciel a de plus en plus de mal à distinguer le signal du bruit, car notre carte de ce qui améliore notre aptitude dans le monde ancestral n'est pas adaptée au monde moderne.

Notre intuition de l'aptitude est donc souvent erronée dans la modernité. Elle avait plus de chances de nous conduire au bon choix avant la révolution industrielle, avant que l'hyper-nouveauté ne soit omniprésente. Aujourd'hui, beaucoup d'entre nous sont effectivement capables de tirer des leviers, comme des rats ayant accès à des amphétamines, et d'obtenir un concentré d'euphorie qui occulte les risques de cette euphorie, et qui rend encore moins probable la capacité à s'en détourner à l'avenir. C'est une autre manifestation de la Folie des Crédules : la récompense masque le coût.

Chaque drogue, ou autre objet potentiel de dépendance, crée un niveau de récompense qui varie en fonction d'autres paramètres. La « récompense » n'est pas binaire – elle n'est pas positive ou négative. La valeur et la taille de la récompense dépendent, en partie, des autres possibilités – le coût d'opportunité.

Devrais-je faire de cette personne mon partenaire? Devrais-je fumer un joint? Regarder en boucle la dernière série Netflix? Traîner sur les réseaux sociaux? Ces questions ne sont pas complètes tant que vous ne savez pas à quoi vous renoncez pour être avec lui, fumer ce joint, regarder une série ou interagir en ligne. En d'autres termes, l'analyse coûts-bénéfices est incomplète tant que vous n'avez pas considéré ce à quoi vous pourriez consacrer votre temps.

Ce que les expériences d'enrichissement des rats suggèrent, c'est que l'ennui peut contribuer à la dépendance. L'ennui ou, plus précisément, une méconnaissance, ou une occultation, du coût d'opportunité. L'ennui est synonyme de « coût d'opportunité nul »: si vous pensez qu'il n'y a rien d'autre d'enrichissant auquel vous pourriez consacrer votre temps, le calcul de l'opportunité de vous engager ou non dans une substance ou une action spécifiques est faussé, en particulier si cette substance ou cette action donnent lieu à un sentiment d'enrichissement, même faux.

Il est bien sûr simpliste de dire que l'ennui provoque la dépendance. De nombreux facteurs entrent en jeu: la nature limitative des environnements ancestraux n'exigeait pas d'autorégulation pour la plupart des substances ou des comportements; les traumatismes et les troubles psychologiques perturbent les processus décisionnels; les émotions sont malmenées par les substances et les comportements addictifs qui créent une fausse structure d'incitation; et les pressions sociales poussent à la consommation.

Tout cela fait partie de l'équation. Ce qui est intéressant et certainement instructif, c'est que tous les facteurs que nous venons d'énumérer faussent l'analyse coûts-bénéfices et compliquent notre compréhension du coût d'opportunité. L'ennui, marqueur d'un coût d'opportunité nul, semble être un élément crucial de l'histoire de la dépendance.

Nous profitons de notre vulnérabilité en créant des systèmes conçus pour être addictifs. Les réseaux sociaux en sont un excellent exemple.[20] Rétrospectivement, nous ne devrions pas être surpris d'avoir créé un système dont ses propres créateurs sont devenus dépendants. À l'avenir, il nous faudra être plus prudents avant d'ouvrir les boîtes de Pandore. Nous devrions créer – et encourager la création à des échelles plus larges – de nouvelles opportunités d'engagement, de création, de découverte et d'activité qui offrent une alternative à l'ennui qui mène à la dépendance.

UN NOUVEAU REGARD

- **Œuvrez à être un adulte.** Notamment en vous posant régulièrement les questions proposées au début du chapitre (« Est-ce que j'assume la responsabilité de mes actions ? Suis-je fermé d'esprit ? »...), et en minimisant les effets des forces économiques sur votre vie quotidienne.

- **Prenez conscience du flux constant d'informations qui vous disent quoi penser ou ressentir, ou comment agir.** Ne les laissez pas entrer dans votre esprit. Ne les laissez pas vous guider. Votre système interne de récompense doit être indépendant et inattaquable. Cette indépendance, à son tour, doit vous permettre de collaborer avec d'autres, tout aussi indépendants. Méfiez-vous de ceux qui sont peut-être gentils, mais qui sont prisonniers.

- **Soyez toujours en train d'apprendre.** Cherchez des collaborateurs. Jouez la compétition et soyez prêt à arrêter si les choses deviennent sérieuses. Soyez sceptique, voire méfiant, à l'égard de toute nouvelle injonction dont la rationalité n'est pas énoncée ou trop fragile.

- **Faites revivre ou créez des rites de passage dans votre vie.** Célébrez le passage du temps (anniversaires, vacances), mais aussi les phases de développement. Honorez les diplômes et les mariages, les naissances et les décès, les changements de carrière et les promotions, l'achèvement de travaux analytiques ou créatifs importants, ainsi que les fins d'époques, lorsqu'elles sont reconnaissables comme telles.

- **Recherchez la réalité physique, et pas uniquement l'expérience sociale.** Recherchez des réponses dans l'univers physique, et pas seulement auprès de sources sociales subjectives. Bougez votre corps. Acquérez de l'expérience avec des systèmes de modèles qui vous disent comment les choses fonctionnent réellement.

- **Surmontez votre sectarisme.** La diversité est notre force. Pas seulement le sexe, la race et l'orientation sexuelle, mais aussi la classe sociale, la neurodiversité, les caractéristiques de la personnalité – tout cela s'ajoute à ce que nous pouvons accomplir sur Terre.

- **Donnez à l'égalité toute la place qu'elle mérite.** L'égalité devrait être axée sur l'égale valorisation de nos différences. Elle ne doit pas être un instrument d'uniformisation.

- **Souriez aux gens :** ceux avec qui vous vivez, la personne derrière le comptoir, l'étranger dans la rue...

- **Soyez reconnaissant.**

- **Riez tous les jours, avec d'autres.**

- **Posez votre téléphone. Mais posez-le vraiment.**

- **Luttez pour les personnes et les idées que vous aimez**, plutôt que contre les personnes et les idées que vous détestez. Si une foule s'en prend à des personnes que vous considérez comme des amis, levez-vous et dites : « Non, vous avez tort. » Soyez digne et courageux lorsque les brutes interviennent. Défendez ce que vous savez être vrai, même si cela fait de vous un paria.

- **Apprenez à formuler des critiques constructives, sans placer l'autre au pied du mur.** Avec nos enfants, lorsqu'ils tombent d'un monocycle ou n'obtiennent pas de bons résultats en mathématiques, nous leur disons qu'ils ont « déjà fait mieux. » C'est vrai ; cela ne prétend pas que chaque action mérite une étoile, et affirme que nous savons qu'ils peuvent faire mieux, et que ce n'était pas le cas.

- **Comptez moins de choses dans votre vie (calories, pas, minutes), et faites-en plus.**

- **Développez une théorie de la situation critique.** Lorsqu'une situation difficile se produit, ayez un plan pour savoir comment en tirer profit et développer une meilleure compréhension du monde et de vous-même. Calmez-vous et prenez de la hauteur.

- **Apprenez à passer à autre chose.** Les rendements décroissants sont inhérents aux phénomènes complexes, alors apprenez à passer à autre chose (en d'autres termes : développez de nouvelles compétences plutôt que d'être perfectionniste et d'essayer de devenir encore meilleur dans ce que vous savez déjà très bien faire). Nous en reparlerons dans le dernier chapitre.

Chapitre 12

Culture et conscience

Sur la rive d'un lac de l'île Orcas, dans le coin le plus au nord-ouest des États-Unis, il y a un feu de camp. C'est une nuit fraîche d'octobre, et le ciel sombre et dégagé permet de voir les étoiles. Nos étudiants sont assis autour du feu. Certains ont une guitare, un harmonica, il y a de la musique. Parfois elle domine, parfois elle se mêle à la conversation. Nous réchauffons nos corps et partageons nos idées, nos souvenirs de la journée. Nous parlons des plans de recherche que chaque groupe a élaborés pour répondre à la question suivante : « La biodiversité varie-t-elle en fonction de l'altitude sur l'île ? » C'est une question qui a dû préoccuper les gens ici il y a des millénaires. Les chasseurs et les cueilleurs devaient garder, consciemment ou non, une trace de l'endroit où ils avaient le plus de chances de trouver de la nourriture. Nous parlons de sexe et de drogues. Comment considérer le sexe sans engagement ? Si la consommation d'hallucinogènes est adaptative, tout le monde devrait-il en prendre ? Nous parlons de rester au chaud.

Nous nous sommes assis autour de nombreux feux de camp au fil des ans. Nous espérons que vous en avez fait autant.

L'Âge de l'Information fait la promesse d'un feu de camp (métaphorique) collectif, décentralisé, où des gens qui ne se sont jamais rencontrés dans la vie réelle peuvent être réchauffés par la présence d'autres esprits, avec qui partager idées et réflexions.

Mais le monde en ligne, bien qu'il tienne ses promesses, ne possède pas les structures qui rendaient les discussions autour du feu si précieuses.

Un feu de camp ancestral place au premier plan la réputation de chacun, bâtie au cours d'une vie. Autour de ce feu, chacun possède les bases pour apprécier ou écarter les revendications et les propositions d'un individu, en ayant connaissance de ses forces et de ses faiblesses, et en tenant compte de l'historique de la conversation. Le feu de camp virtuel, en revanche, est une foire d'empoigne. Nous ne nous connaissons pas vraiment, notre histoire visible est souvent trompeuse, beaucoup sont anonymes, et certains ont des intérêts cachés. La liste des failles est immense. Les feux de camp traditionnels se font rares, et ceux virtuels apportent souvent de nouveaux problèmes. Comment alors provoquer une renaissance du feu de camp ? Nous en avons besoin. Les feux de camp, métaphoriques et réels, sont un point de convergence de la culture et de la conscience, où les gens se réunissent de bonne foi pour apprendre la sagesse ancienne et la remettre en question.

Commençons par les définitions. Elles ne correspondront pas exactement aux définitions des autres, mais il est important, sur ce sujet, de préciser de quoi nous parlons.

Nous définissons la *culture* comme les croyances et les pratiques partagées et transmises entre les membres d'une population. Ces croyances sont souvent *littéralement fausses*, et *métaphoriquement vraies*, ce qui implique qu'elles entraînent une amélioration de l'aptitude si l'on agit comme si elles étaient vraies, bien qu'elles soient inexactes ou invérifiables. La culture est un mode de transmission particulier car elle est transmise horizontalement, ce qui rend l'évolution culturelle immensément plus rapide et plus agile que l'évolution génétique. À court terme, tant que les nouvelles idées n'ont pas résisté à l'épreuve du temps, la culture peut s'avérer trompeuse. En revanche, ses caractéristiques durables constituent un ensemble efficace de modèles éprouvés. La culture peut se propager horizontalement, mais ses éléments essentiels sont transmis verticalement, de génération en génération. Elle est une sagesse reçue, transmise efficacement par les ancêtres.

Nous définissons la *conscience* – comme nous l'avons exposé dans le tout premier chapitre du livre – comme la part de cognition fraîchement assemblée pour l'échange[1] : les pensées conscientes sont celles qui pourraient être livrées si quelqu'un vous demandait ce à quoi vous pensez.

C'est la cognition émergente, où se produisent l'innovation et le raffinement rapide. Les pensées conscientes ne seront peut-être jamais transmises, mais elles peuvent l'être, et les plus importantes le sont, car la conscience est un processus collectif au cours duquel de nombreux individus partagent connaissances et compétences pour comprendre ce qui était encore incompris. Les produits de la conscience, s'ils s'avèrent utiles, sont alors intégrés à la culture, hautement transmissible.

Nous avons déjà dit que la niche humaine était le changement de niche. Plus précisément, nous soutenons que la niche humaine évolue entre les modes opposés et complémentaires de la culture et de la conscience.

Prenons l'exemple des Nez-Percés, qui vivent dans le nord-ouest du Pacifique depuis plusieurs milliers d'années. Depuis leur arrivée, ils ont habité une terre riche, et ont établi des règles culturelles qui leur permettent de prospérer. Leur régime alimentaire comprend des bulbes – les organes de stockage des plantes. Là où les Nez-Percés sont venus vivre, poussent à la fois des camas (dont les bulbes sont très nutritifs) et des camas de la mort (dont les bulbes sont toxiques). Lorsqu'ils ne sont pas en fleur, ces bulbes sont extrêmement difficiles à différencier. Les Nez-Percés n'étaient peut-être pas les premiers sur cette terre, mais certains l'ont un jour été, et n'ont pas pu bénéficier de noms qui identifient le danger. Pourtant, ils ont appris à faire la distinction, vraisemblablement par essais et par erreurs. Cela a certainement été un processus désordonné et tragique. Cependant, au XIXe siècle, les Espagnols ont observé chez les Nez-Percés un système de distinction presque parfait des camas nutritifs de leurs cousins mortels. Voilà ce qu'est la culture.

Lorsque les humains exploitent une opportunité parfaitement comprise, comme les Nez-Percés du XIXe siècle qui distinguent les camas des camas de la mort, la culture est reine. Mais lorsque la nouveauté rend la sagesse ancestrale inadéquate – comme cela a été le cas pour les Nez-Percés les plus ancestraux à leur arrivée dans le nord-ouest du Pacifique – il nous faut alors passer à la conscience. Grâce au travail en parallèle de plusieurs esprits humains, notre conscience peut devenir collective et nous pouvons résoudre des problèmes que nous ne pouvions résoudre individuellement et que nos ancêtres n'auraient même pas pu imaginer.

En d'autres termes :

- En périodes de stabilité, lorsque la sagesse héritée permet aux individus de prospérer et de se répandre dans des paysages relativement homogènes, *la culture règne*.
- Mais en période d'expansion vers de nouvelles frontières, lorsque l'innovation, l'interprétation et la communication de nouvelles idées sont essentielles, *la conscience règne*.

Cela dit, l'extrême nouveauté, comme celle que nous connaissons actuellement, représente un danger particulier. Cela signifie qu'il est nécessaire et urgent aujourd'hui de faire un usage de la conscience, à une échelle jamais vue auparavant.

La conscience chez les autres animaux

Chez les animaux sociaux, généralistes et répartis sur une vaste étendue géographique, les individus deviennent souvent des experts de la résolution de problèmes et partagent leurs connaissances avec leurs congénères. C'est le cas des humains, mais aussi des loups, des dauphins, des corbeaux, des babouins, etc. Ces animaux peuvent être considérés comme ayant une forme de conscience.

En revanche, les grenouilles arboricoles, les pieuvres et les saumons n'ont pas de conscience. Ces trois clades présentent des différences considérables en termes d'histoire de vie et d'intelligence : les pieuvres sont intelligentes et douées pour résoudre des énigmes ; les grenouilles arboricoles et les saumons, bien que fascinants, ne sont pas capables des mêmes exploits cognitifs. Ce que tous ces clades ont en commun, c'est que les individus ne sont pas sociaux.

Une grande congrégation de rainettes faux-grillons de l'ouest sur un étang du Michigan par une nuit de printemps, aussi bruyante soit-elle, n'est pas un groupe social. Les grenouilles se réunissent pour s'accoupler, puis se séparent les unes des autres et n'interagissent plus jamais. Les parents de la rainette ne rencontrent jamais leur progéniture. Les saumons remontent le courant en masse et passent du temps à proximité les uns des autres, se disputant les meilleurs sites de nidification, mais l'agrégation n'est pas synonyme de socialité.

C'est la différence entre les personnes de votre rame de métro (avec lesquelles vous vous agrégez), et celles avec qui vous partagez un foyer (et avec qui vous êtes, le plus souvent, social). Même cet exemple est imparfait, car, en tant qu'êtres humains, nous remarquons et nous nous souvenons de certaines personnes dans le train, surtout si nous les voyons tous les jours ou si elles nous intriguent, même si nous n'échangeons jamais de mots. S'agréger, c'est se rassembler dans l'espace. Les métros sont des agrégateurs humains qui nous mettent également en contact social, en partie parce que les humains sont toujours à l'affût d'opportunités sociales. Un train rempli de grenouilles arboricoles n'est pas social, quelle que soit la fréquence de leurs déplacements.

En comparaison, une grande congrégation de babouins dans le delta de l'Okavango a un pouvoir durable – de multiples hiérarchies dictent qui sera le premier à manger et quel bébé se développera, et les babouins gardent la trace non seulement des individus, mais aussi des relations entre eux.[2] Leur culture évolue, tout comme la nôtre.

La socialité implique la reconnaissance des individus, le suivi du destin social et des interactions itératives qui, du moins potentiellement, se poursuivent dans le futur.

L'innovation aux marges de la sagesse des ancêtres

Lors du peuplement du Nouveau Monde, à quels moments le recours à la conscience était-il plus efficace que le recours à la culture ? Dans quelles circonstances les règles culturelles sont-elles plus dignes de confiance ?

Lorsque les Nez-Percés ou leurs ancêtres sont arrivés sur les terres où poussent des camas et des camas de la mort, ils cherchaient de la nourriture dans un paysage de moins en moins familier. Les aliments de base qu'ils avaient appris à connaître étaient les piliers de leur culture. Comme ces aliments devenaient plus difficiles à trouver, l'innovation devenait de plus en plus nécessaire. Ils atteignaient les limites de la sagesse ancestrale et étaient confrontés à des défis pour lesquels le meilleur outil était la conscience.

Lorsqu'un peuple se déplace dans l'espace, il est facile de comprendre que la sagesse des ancêtres devient moins adaptée. En revanche, lorsqu'un peuple se déplace dans le temps, comme nous le faisons tous, les anciens peuvent ne pas se rendre compte que leur sagesse devient obsolète. Les jeunes le voient. Ce n'est pas un hasard si ceux qui atteignent l'âge adulte en période de changement repoussent les limites, et si le langage et les normes changent à chaque génération.

Au cours de l'histoire, la sagesse des ancêtres a bien souvent permis aux nouvelles générations de prospérer et savoir ce contre quoi il faut lutter. Cependant, dans un monde qui change extrêmement rapidement, comme c'est le cas actuellement, il devient difficile de savoir quoi faire de l'inutilité croissante de la sagesse des ancêtres, et par quoi la remplacer. Les marges de la sagesse des ancêtres sont rarement solides. À ces marges, où qu'elles se trouvent, il est temps d'opérer un changement de niche.

Considérons trois grands contextes au sein desquels les humains ont appris et innové. Le premier est l'idée totalement nouvelle, celle qui surgit, souvent de manière non intentionnelle et inexpliquée. C'est le terrain qu'ont exploré les Mayas, les Mésopotamiens et les Chinois[3] en développant l'agriculture. Il en est de même pour l'invention de la roue, de la métallurgie et de la poterie. Avant que ces choses n'existent, personne ne savait qu'elles étaient possibles. Le deuxième contexte dans lequel l'innovation se produit est celui où l'on sait que quelque chose est possible, parce que cela a déjà été fait auparavant, mais on ne sait pas comment s'y prendre. Les frères Wright ont vu le vol chez d'autres organismes et étaient convaincus qu'il pouvait être accompli par une machine. Troisièmement, vous pouvez avoir des instructions : vous savez ce que vous visez, et quelqu'un, des règles et des instructions vous disent comment faire. Avec l'école et YouTube, nous pensons souvent que ce troisième type d'apprentissage est le seul possible. Ce troisième type d'apprentissage est le plus culturel ; c'est l'apprentissage de la sagesse reçue. En revanche, c'est dans les deux premiers contextes que l'être humain est le plus conscient, et donc le plus innovant.

Lorsque le *statu quo* ne suffit plus, nous devons chercher à innover, à aller au-delà de ce qui a toujours été fait. Le *statu quo* est en tension permanente avec nos intuitions. Ces idées que nous avons au beau milieu de la nuit sont souvent des synthèses, reflétant la combinaison d'éléments communs en une signification nouvelle.

Conformité

En 1951, le psychologue social Solomon Asch s'est demandé dans quelle mesure les forces sociales modifiaient les opinions des gens. À l'instar des babouins, nous scrutons ce que les autres pensent.

Mais dans quelle mesure le fait de savoir ce que pensent les autres modifie ce que nous proclamons ?

Au cours de l'expérience, désormais classique, sur le conformisme, Asch pose aux gens une question simple et factuelle : « Laquelle de ces trois lignes est de la même longueur que la quatrième ? » La question n'est pas difficile, et la réponse n'est pas ambiguë. Cependant, lorsqu'un participant « naïf » est placé dans une pièce où se trouvent plusieurs « confédérés » – des personnes impliquées dans le protocole – et que ces confédérés donnent des réponses fausses identiques, seul un quart des naïfs résistent à la pression sociale et répondent correctement. La grande majorité des naïfs succombent à la pression sociale.[4]

Contrairement à de nombreuses expériences de psychologie, celle d'Asch a résisté à l'épreuve du temps. Elle a été reproduite dans des conditions très diverses. Au cours des décennies qui ont suivi les premiers travaux d'Asch au milieu du XXe siècle, certaines études ont révélé que les femmes se conformaient davantage que les hommes[5] (car elles seraient également plus « accommodantes »). La conformité a un temps et un lieu – comme la plupart des caractéristiques, elle n'est pas pire (ou meilleure) que la non-conformité.

Il existe une tension entre le fait de se conformer et de ne pas être d'accord face à une incohérence apparente. Cette tension est une force cachée de l'être humain, un va-et-vient entre sagesse et innovation, entre culture et conscience.

Les humains sont des généralistes au niveau de l'espèce, mais ils ont eu tendance à être des spécialistes au niveau individuel. Historiquement, nous avons combiné nos forces au sein de groupes sociaux : dans un même groupe, de nombreuses personnes aux compétences distinctes ont fait émerger un ensemble cohérent aux capacités généralistes, même si tous les membres du groupe étaient des spécialistes. Aujourd'hui, cependant, il est temps d'innover car le changement s'accélère, et la sagesse culturelle reçue ne suffit pas. Les individus eux-mêmes, en devenant plus généralistes – en acquérant des compétences dans plusieurs domaines, par exemple, plutôt que de se plonger dans un seul – nous aideront dans cette entreprise.

Il est important de *savoir* ce que le groupe pense, mais ce n'est pas la même chose que de *croire* ou de renforcer ce que le groupe pense. Dans une période de changements rapides, il est donc important d'être prêt à affirmer sa voix.

Soyez la personne qui jamais ne se conforme aux affirmations erronées dans le seul but de s'intégrer au groupe. Soyez Asch-négatif.

Littéralement faux, métaphoriquement vrai

Les croyances culturelles sont souvent littéralement fausses, mais métaphoriquement vraies.

Prenons l'exemple des agriculteurs des hauts plateaux du Guatemala qui ont pour tradition de ne planter et de ne récolter que lorsque la lune est pleine. Cela permet aux plantes, disent-ils, d'être plus fortes et de mieux résister aux dégâts causés par les insectes. Quelle protection la phase de la lune apporte-t-elle aux cultures ? Vraisemblablement aucune. Mais la phase de la lune *peut* synchroniser les agriculteurs. Une pleine lune est une horloge géante dans le ciel, un gardien du temps que toute la région peut voir. Si tous les agriculteurs de la région croient que la pleine lune a des effets salutaires sur leurs cultures individuelles, ils limiteront probablement les plantations et les récoltes à la pleine lune. Cela profitera aux cultures de tout le monde, mais pas pour les raisons invoquées par les agriculteurs. La croyance dans une capacité de la lune à protéger les cultures limite réellement les prédateurs[6], en concentrant la récolte sur de brèves périodes, sur lesquelles les prédateurs ne peuvent pas manger les cultures de tous.

Il est facile de rejeter les mythes et croyances d'autrefois parce qu'ils sont littéralement faux. C'est presque devenu un sport chez certaines personnes à la tête dure. Prenez l'astrologie. Il n'est pas raisonnable d'imaginer que les étoiles que nous voyons, dont beaucoup sont situées à des milliers d'années-lumière, ont un impact direct sur le comportement humain. De même, il n'est pas raisonnable de croire qu'une ribambelle de dieux en colère soit à l'origine des tsunamis. Pourtant, chez les Moken, ceux qui croient en ces dieux vivent plus longtemps que ceux qui n'y croient pas. Et il n'est certainement pas raisonnable de croire que la pleine lune protège la santé des cultures, mais chez les agriculteurs guatémaltèques, cette croyance se traduit précisément par une agriculture plus productive.

Dans chaque cas, la croyance est littéralement fausse, mais métaphoriquement vraie.

Cela signifie que l'histoire racontée n'est pas vraie, mais que lorsque les gens se comportent comme si elle l'était, ils prospèrent. C'est ainsi que la religion et d'autres structures de croyance se répandent. Même si ces choses ne sont pas littéralement vraies, le fait d'agir comme si elles l'étaient est bénéfique pour les gens, et parfois même pour la biodiversité et la pérennité des terres sur lesquelles ils vivent.[7]

Sous sa forme moderne, l'astrologie est une foutaise. Mais elle ne l'a probablement pas été partout et de tout temps. *Si* – et c'est un grand *si* – vous contrôlez le lieu de naissance d'une personne, le moment de l'année auquel elle est née ne pourrait-il pas avoir des effets sur son développement, et donc sur ce qu'elle deviendra ? Et les signes astrologiques ne sont-ils pas simplement une ancienne façon de suivre les mois ? Si l'on considère l'astrologie sous cet angle, plutôt que comme une lubie moderne dépourvue de contexte et d'histoire, elle commence à être intéressante. Un bébé né en plein hiver du Minnesota est-il exposé aux mêmes pathogènes et activités qu'un bébé né en plein été du même État ? Certainement pas.

Des travaux confirment cette idée : en compilant les données de plus de 1,75 million de dossiers du Centre médical de l'université de Columbia à New York, concernant des personnes nées entre 1900 et 2000, les chercheurs ont trouvé des corrélations claires entre le mois de naissance et les risques de maladie pour plus de cinquante-cinq pathologies différentes.[8] Des systèmes cardiovasculaires et respiratoires, en passant par les systèmes neurologiques et sensoriels, le nombre et l'ampleur des pathologies dont le risque varie en fonction du mois de naissance devraient suffire à faire réfléchir ceux qui rejettent en bloc toute considération astrologique prudente. S'il existe des différences démontrables dans le risque de maladie selon le mois de naissance, pourquoi devrions-nous imaginer qu'il n'existe pas de différences dans la personnalité ?

Il est à noter que si vous considérez à la fois le lieu et la date de naissance, l'astrologie aura plus de difficultés à prédire les risques de maladie en vous rapprochant de l'équateur, où la saisonnalité est beaucoup moins importante que dans les zones tempérées. On pourra suggérer également que plus une personne déménage pendant son enfance et moins l'astrologie sera prédictive pour elle. (Et si vous ne considérez pas le lieu de naissance, l'astrologie ne devrait plus avoir le moindre pouvoir prédictif).

Les distorsions qui vous aident à survivre et à prospérer sont adaptatives. Les mythes et les tabous ont souvent peu de sens pour les étrangers, et certains d'entre eux sont sûrement malavisés, voire contre-productifs pour ceux qui les honorent.

Certains tabous étonnamment précis sont probablement des extrapolations d'événements réels. Chez les Kamayurás d'Amazonie brésilienne, la consommation de poissons sans écailles est interdite aux femmes enceintes et à leurs maris.[9] Il se peut qu'autrefois, un terrible destin ait frappé une femme, son enfant à naître, ou toute sa famille, après la consommation d'un poisson sans écailles, et qu'il soit la seule explication qui ait tenu. Sur les Hautes Terres de Madagascar, dans le village de Mahatsinjo, un tabou interdit la consommation d'ombrette africaine, proche parent des pélicans. Ceci est directement lié au fait que les villageois en ont vu une voler alors qu'un homme mourait.[10] Ailleurs à Madagascar, il est tabou pour les jeunes hommes de manger du mouton avant de faire la cour ; tabou pour les femmes enceintes de manger de la viande de hérisson, ou de marcher dans des champs de citrouilles ; tabou pour un fils de construire sa maison au nord ou à l'est de celle de son père.[11] Pour nos sensibilités occidentales, cela ressemble à de la superstition pure et simple.

Fady, le mot pour tabou en malgache, a une signification complexe. En betsimisaraka, la langue des peuples du nord-est de Madagascar, *fady* signifie à la fois tabou et sacré.[12] Ce qui est *fady* est mandaté par les ancêtres – que ce soit à faire ou à ne pas faire. Malgré les exemples précédents, beaucoup de croyances, de mythes et de tabous sont littéralement faux et métaphoriquement vrais. Les *fadys* malgaches sont enveloppés du langage des dieux et des ancêtres, mais il est souvent facile d'en voir la sagesse si vous considérez simplement l'interdiction. Ne pas construire une maison sur ou contre un glissement de terrain. Ne pas marcher sur un chien mort, car vous pourriez attraper l'hydrophobie (la rage). Ne pas divorcer lorsque votre femme est enceinte.[13] Nous supposons que les tabous qui ont tenu le plus longtemps sont les plus susceptibles de cacher une vérité culturelle importante en plein jour. Méfiez-vous des *fadys* de Chesterton – les vieilles idées peuvent contenir des vérités cachées, et ces vérités peuvent être difficiles à retrouver une fois qu'elles ont été rejetées.

Joseph Campbell observait que « la mythologie est une fonction de la biologie ».[14] Il avait raison. En tant que créature évoluée, vous êtes construit pour réussir, et parfois cela implique de vous raconter des histoires. Sur un radeau au sommet d'une chute d'eau dangereusement haute, vous êtes peut-être sur le point de mourir. Si vous croyez que la rive est à portée de main, et que vous pagayez comme un fou, vous pourriez bien y arriver. Ceux qui se laissent abattre ne laisseront aucune trace. La croyance peut faire la différence entre la vie et la mort.

Religions et rituels

Toutes les cultures ont des rituels. Les rites funéraires sont partout, ceux de naissance presque autant. Certains rituels sont des rites de passage pour célébrer les nouveaux-nés, l'âge adulte, le mariage. Il existe des rituels – des traditions, peut-être, étant donné leur nature répétitive – pour célébrer les premiers semis de l'année, les récoltes et les événements astronomiques comme les solstices et les équinoxes. Comme nous vivons dans des groupes de plus en plus grands, entourés d'un anonymat croissant au quotidien, les fêtes régulières, avec leurs normes culturelles communes, nous aident à rester en phase, à agir comme si nous faisions partie de quelque chose de plus grand. Les rituels, qui ne sont pas intrinsèquement religieux mais ont une forte tendance à l'être, comprennent souvent de la nourriture, de la musique et de la danse.[15]

Le rituel et la dévotion religieuse sont ostensiblement coûteux. La plupart des cultures consacrent une part importante de leurs ressources et de leur temps à des structures et des cérémonies destinées à impressionner un univers froid et indifférent. Les religions dépensent un capital social considérable pour dire aux croyants ce qu'ils ne sont pas autorisés à faire. Si quelque chose écrase le coût de la religion, c'est bien le coût d'opportunité de la religion. Si la religion était inadaptée, ces coûts énormes constitueraient une vulnérabilité majeure pour les populations fidèles. Les athées qui se comportent comme ces croyants, si ce n'est qu'ils font fi de la religiosité et réinvestissent le dividende massif, devraient les supplanter en tant que caractéristique régulière de l'histoire. Si la religiosité n'avait pas d'avantage adaptatif, les grands leaders de l'histoire auraient dit: « Tout ce que vous devez faire, c'est travailler dur, ignorer leurs prêchi-prêcha, et leurs terres seront à vous. » Mais ce n'est pas ce que nous observons. Au lieu de cela, nous trouvons de grands leaders qui parlent de Dieu, de ses spécificités, de ses préférences et de son plan pour nous. Pourquoi donc?

La religiosité est adaptative[16] et les dieux moralisateurs. Sans être une condition préalable à l'évolution de la complexité sociale, ils semblent contribuer à la stabilité des empires multi-ethniques une fois qu'ils sont établis.[17] La religion est une encapsulation efficace de la sagesse du passé, enveloppée dans un emballage intuitif, instructif et difficile à fuir.

Sexe, drogues et rock'n'roll : le sacré face au chamanique

La culture est en tension avec la conscience, tout comme le sacré est en tension avec le chamanique. Le sacré est à la culture ce que le chamanique est à la conscience.

Le sacré est la réification de la sagesse religieuse reçue, la condition *sine qua non* d'une tradition religieuse particulière, ce qui a résisté à l'épreuve du temps et s'est avéré suffisamment précieux aux yeux des ancêtres pour qu'ils le transmettent comme sacré. Ce qui est sacré a un faible taux de mutation – il change rarement – et est très résistant au changement; il est construit pour un monde statique. Le sacré est protégé de la corruption (ou du moins, il est censé l'être), et est souvent isolé des influences corruptrices du pouvoir séculier, de la richesse et de la reproduction. L'orthodoxie du sacré est en tension permanente avec l'hétérodoxie du chamanique.

Le chamanique est à haut risque, de grande créativité. Il a un taux de mutation élevé, et donc un taux d'erreur élevé. Il explore un grand nombre de nouvelles idées, dont la plupart sont pauvres. Il remet en question l'orthodoxie – ce qui est sacré. Le chamanique est pratiquement mandaté pour explorer et jouer avec les normes culturelles. Il le fait de diverses manières, notamment par le biais d'états de conscience altérés, comme les rêves, les transes et l'usage d'hallucinogènes.

Élargir sa conscience par des hallucinogènes est une pratique très répandue. Chez les Huichols du centre du Mexique, dont les ancêtres sont arrivés sur leurs terres il y a au moins 15 000 ans, de petits groupes effectuent des pèlerinages annuels sur des centaines de kilomètres de terrain accidenté pour trouver et ingérer cérémonieusement du peyotl*. Tous espèrent faire ce pèlerinage au moins une fois dans leur vie.[18] Chez les Tarahumara du nord-ouest du Mexique, les chamans ingèrent plusieurs espèces d'hallucinogènes, à la recherche des êtres maléfiques qui ont apporté la maladie, et il en va de même pour leurs coureurs de fond, qui à la fois conjurent le mal et trouvent de la force dans les drogues.[19] Dans presque toutes les cultures connues, il existe un usage de quelque chose, hallucinogène ou non, qui extrait la personne de l'expérience normale et quotidienne et permet l'émergence d'une perspective différente. C'est la conscience qui révolutionne la culture.

Lorsque la sagesse ancestrale se perd, les humains mettent en commun leurs expériences et leurs compétences pour découvrir comment développer de nouvelles façons d'être. Il est difficile de savoir si la sagesse ancestrale a cessé d'être dans un domaine particulier, et il y aura toujours des tensions entre ceux qui veulent garder le cap et ceux qui cherchent à rompre avec la tradition et à essayer de nouvelles voies. Les systèmes fonctionnels ont besoin de ceux qui défendent culture et conscience, orthodoxie et hétérodoxie, sacré et chamanique.

---

* Note de l'éditeur : le peyotl, ou peyot, est une espèce de petit cactus sans épines, originaire du sud de l'Amérique du Nord. Il est utilisé pour ses propriétés psychotropes et hallucinogènes.

UN NOUVEAU REGARD

- **Asseyez-vous plus souvent autour de feux de camp.**
- **Honorez ou créez des rituels annuels, saisonniers, hebdomadaires ou même quotidiens.** Ils peuvent être anciens et d'origine religieuse (comme le sabbat ou le carême, moments communautaires et de privation), astronomiques (comme reconnaître et célébrer les solstices et les équinoxes), ou entièrement nouveaux pour vous et les vôtres.
- **Soyez Asch-négatif.**
- **Apprenez aux enfants à créer leur propre programme**, afin qu'ils puissent être conscients de leur individualité. La tension que nous avons décrite entre culture et conscience a un analogue au cours du développement. Tenter d'enseigner aux enfants précisément comment devenir des adultes en leur inculquant uniquement les règles culturelles qui les ont précédés est voué à l'échec. Dans un monde d'hyper-nouveauté, de nombreux aspects de la culture sont de moins en moins pertinents, et la conscience est impérative.
- **Intéressez-vous aux drogues psychédéliques, avec prudence**, si quelque chose en vous se montre curieux. Ils sont désormais légaux en certains endroits. Mais considérez-les comme les puissants outils cognitifs qu'ils sont, pas comme un divertissement. Cela ne veut pas dire que vous ne pouvez pas vous amuser.

Chapitre 13

La Quatrième Frontière

Les humains donnent un sens au passé et imaginent l'avenir. Nous sommes aidés, en cela, par nos lobes frontaux particulièrement grands, ainsi que par les autres humains. Nos enfants sont exceptionnellement curieux, apprennent des adultes, des autres enfants, de l'environnement et de l'expérience. Nous nous rassemblons en grands groupes, plusieurs générations travaillant et vivant côte à côte. Nous utilisons le langage, vivons la ménopause, pleurons nos morts et avons des rituels pour marquer les événements et les saisons. Nous exploitons la terre, la mer et le ciel. Nous domestiquons d'autres organismes pour la nourriture et le textile, le travail et le transport, la protection et l'amitié. Nous racontons des histoires, réelles ou fictives. Nous avons percé de nombreux secrets de l'univers, en nous affranchissant en grande partie de l'ordre naturel qui nous a créés.

Mais beaucoup de nos forces sont aussi des faiblesses cachées. Nos cerveaux surdimensionnés sont enclins à la confusion et aux erreurs. Nos enfants naissent sans défense et restent dépendants de nous pendant une période exceptionnellement longue. Notre grande diversité linguistique limite sévèrement les personnes à qui nous pouvons parler. Même notre bipédie, si importante pour nous déplacer et transporter des objets, comporte des risques pour la mère et l'enfant lors de l'accouchement et provoque des douleurs dans le dos. Nous sommes bavards, sentimentaux et superstitieux. Nous construisons des monuments extravagants à des dieux fictifs. Nous sommes arrogants et confus, confondant souvent l'improbable avec l'inévitable, tout en minimisant les dangers massifs et évidents. Pour toute chose, il y a des compromis.

Les créatures recherchent des opportunités inexploitées, et elles les exploitent. L'exploitation réussie de nouvelles opportunités augmente temporairement la limite du nombre d'individus pouvant vivre dans un habitat donné – elle produit des périodes d'abondance relative, où les naissances sont plus nombreuses que les décès, et où les populations atteignent leur nouvelle capacité de charge. Les « périodes d'abondance » correspondent à la croissance économique. Lorsque l'ordre habituel est rétabli, que les naissances et les décès atteignent l'équilibre, la vie redevient plus dure. La croissance est agréable, et il n'est pas surprenant que nous en soyons obsédés. Cette obsession est adaptative. Ou du moins, elle l'a été jusqu'à présent.

Notre obsession pour la croissance crée deux problèmes. Le premier est que nous nous sommes convaincus que la croissance est un état normal et qu'il est raisonnable de s'attendre à ce qu'elle se poursuive encore et toujours. Cette idée parfaitement ridicule – tout aussi illusoire que celle d'une machine à mouvement perpétuel – nous pousse à ne plus chercher d'autres possibilités. Si une telle perspective réduit nos chances de poursuivre autre chose que la croissance, elle nous empêche également d'identifier et de poursuivre des options plus durables. Deuxièmement, en considérant la croissance normale plutôt qu'exceptionnelle, nous adoptons un comportement destructeur pour alimenter notre dépendance.

Parfois, nous violons nos valeurs proclamées et trouvons des prétextes pour voler des populations qui possèdent des ressources mais pas les moyens de les défendre. D'autres fois, nous dégradons le monde et infligeons le déclin – le contraire de la croissance – à nos descendants afin d'alimenter l'expansion actuelle. Le premier scénario explique un grand nombre des plus grandes atrocités de l'histoire. Le second explique l'expérience moderne qui consiste à voir la bonté de notre planète liquidée sous nos yeux. La *croissance über alles* est un credo désastreux.

Les humains prospèrent dans presque tous les habitats terrestres de la planète. Nous sommes une espèce généraliste, avec des individus hautement spécialisés, qui ont évolué et se sont adaptés à presque tous les environnements de la planète. Cela a impliqué une interaction avec les frontières, encore et encore et encore. Nous décrirons ici trois types de frontières historiques : géographiques, technologiques et de transfert de ressources. Nous en proposerons ensuite un quatrième.

Les frontières géographiques sont souvent les premières frontières auxquelles nous pensons : les vastes panoramas vierges, les ressources abondantes et encore inconnues. Le Nouveau Monde – l'Amérique du Nord et du Sud, les Caraïbes et les îles proches des côtes – constituait une vaste frontière géographique pour les Béringiens. La frontière du Nouveau Monde étant fractale, les descendants des premiers Américains en ont découvert bien plus : pour les Indiens Ahwahnechee, la vallée de Yosemite était une frontière géographique, pour les Tainos, les Caraïbes étaient une frontière géographique et pour les Selknam de l'extrême sud du Chili, la Terre de Feu était une frontière géographique.

Les frontières technologiques sont les moments où l'innovation permet à une population humaine de construire plus, de faire plus, ou de se développer plus qu'avant l'innovation. Toutes les cultures humaines qui ont aménagé des terrasses, réduisant le ruissellement et augmentant la production agricole, se sont confrontées à des frontières technologiques – des Incas dans les Andes aux Malgaches des Hautes Terres. C'est ce qu'ont fait les premiers agriculteurs de Chine, de Mésopotamie et de Mésoamérique, ainsi que les premiers céramistes qui ont creusé l'argile, lui ont donné des formes utiles et l'ont cuite dans du charbon.

Enfin, il y a les frontières de transfert de ressources. Contrairement aux frontières géographiques et technologiques, ces dernières sont par nature une forme de vol. Lorsque les habitants de l'Ancien Monde ont traversé l'Atlantique et débarqué dans le Nouveau Monde, ils ont peut-être d'abord pensé découvrir une vaste frontière géographique, mais ce n'était pas le cas. En 1491, on estime que le Nouveau Monde comptait entre 50 et 100 millions d'habitants, avec d'innombrables cultures et langues distinctes. Certains vivaient dans des cités-États, parmi les astronomes, les artisans et les scribes, d'autres étaient des chasseurs-cueilleurs.[1] Pour Francisco Pizarro, l'empire inca était une frontière de transfert de ressources. Pour les instigateurs du boom du caoutchouc dans l'ouest de l'Amazonie à la fin du XIXe siècle, le territoire des Zápara était une frontière de transfert de ressources – et une fois les Zápara affaiblis, leurs concurrents de longue date, les Huaorani, se sont également installés.[2] À l'époque moderne, les frontières de transfert de ressources sont partout : forage pétrolier, fracturation et exploitation forestière sur les terres ancestrales, prêts abusifs, comme les prêts à risque ou la dette des étudiants, ou l'Holocauste. L'un des symptômes des frontières de transfert de ressources est la tyrannie.

Les frontières géographiques représentent la découverte de ressources jusqu'alors inconnues des humains. Elles sont par nature à somme nulle : l'espace sur notre planète est limité et nous en ferons le tour. Les frontières technologiques sont la création de ressources grâce à l'ingéniosité humaine.

Elles sont temporairement à somme non-nulle – plus précisément, à somme positive – et cela peut sembler être un état permanent.

Mais il existe des limites physiques : l'électron est le minimum théorique nécessaire pour passer d'un état à un autre dans un transistor, par exemple. Les frontières de transfert de ressources consistent à voler des ressources à d'autres populations humaines. Comme toutes les frontières, celles-ci sont finalement à somme nulle. Le vol a ses limites, même les voleurs doivent obéir à des lois physiques.

Quel autre choix avons-nous que de continuer à chercher de nouvelles frontières et plus de croissance ? Si notre dépendance n'est que la version humaine d'un schéma qui caractérise toutes les espèces ayant jamais vécu, ne sommes-nous pas condamnés à suivre cette trajectoire destructrice ?

Nous avons écrit ce livre, en partie, parce que nous pensons que la réponse est *non*.

Les humains sont obsédés par la croissance parce qu'elle engendre des populations plus importantes qui, à défaut d'autre chose, retardent l'extinction. Mais les grandes populations sont un danger pour elles-mêmes si les ressources qui permettent leur expansion sont limitées ou fragiles. La modération est alors la clé, mais elle ne fonctionne que si notre désir de croissance, notre perception individuelle de celle-ci, est durablement satisfait.

Nous avons épuisé les frontières géographiques, ou presque. Les frontières technologiques, tour à tour éblouissantes et décevantes, comportent des risques (la clôture de Chesterton !) et sont limitées par les ressources disponibles. Les frontières de transfert de ressources sont immorales et destructrices. Que devons-nous faire ? Vers quoi nous tourner pour trouver le salut ? Vers la conscience. La conscience peut indiquer la voie vers une quatrième frontière.

Encore une fois : la niche humaine est le changement de niche, et la conscience est la réponse à la nouveauté. Vivre de manière durable sur une planète finie est difficile, mais nous pouvons, et devons, trouver un moyen. Nous n'avons pas le choix. Ces problèmes de nouveauté requièrent l'attention urgente de l'humanité et ne peuvent être résolus par la bonne volonté ou le travail acharné des individus.

Nous, les modernes, sommes devenus une menace pour notre propre persistance. Nous sommes construits pour savoir nous déplacer entre les modes d'être. Il est temps d'accéder à la conscience collective et d'établir un moyen de nous en sortir.

Nous sommes confrontés à des obstacles importants. Nous humains, comme d'autres créatures, sommes obsédés par la croissance, et risquons de nous éteindre en la poursuivant.

Même s'il est évident et logique que nous devons accepter l'équilibre, nous ne sommes pas construits pour nous en satisfaire, car l'insatisfaction a été une excellente stratégie au cours des derniers milliards d'années.

Il est un trait de caractère qui saurait être déterminant dans l'identification de la Quatrième Frontière, ou plutôt, de son socle adaptatif, et qui pourrait conduire à une solution à l'échelle de la société. Il s'agit de la fierté de l'artisanat. Un artisan fier de la qualité et de la durabilité de son travail adopte, en partie, la mentalité de la Quatrième Frontière, dans laquelle la durée de vie d'un produit est aussi importante que sa fonction. Une table fabriquée par un artisan local n'est pas aimée uniquement parce qu'elle est plus belle que ce qui est assemblé à partir d'une boîte achetée chez Ikea, mais aussi parce que la personne en possession d'une pièce belle et fonctionnelle a une chance de la transmettre à ses enfants, à d'autres parents ou à des amis. De même, nous aimerions pouvoir transmettre aux générations suivantes un monde beau et fonctionnel. La Quatrième Frontière est donc un cadre qui peut être compris à l'aide d'une boîte à outils évolutive. Elle n'est pas une proposition politique. La Quatrième Frontière est l'idée que nous pouvons créer un état stable indéfini qui donnera aux gens l'impression de vivre dans une période de croissance perpétuelle, mais qui respectera les lois de la physique et de la théorie des jeux qui régissent notre univers. Pensez à la climatisation de votre maison, qui permet de maintenir une température printanière agréable alors que le monde extérieur oscille entre des extrêmes désagréables. Il ne sera pas facile de créer un état stable et indéfini pour l'humanité, mais c'est impératif.

La sénescence de la civilisation

Nous nous dirigeons vers l'effondrement. La civilisation devient incohérente autour de nous. Au sein des organismes, nous savons ce qui provoque la sénescence (cette tendance à s'affaiblir avec l'âge). Il s'agit de la pléiotropie antagoniste, la propension de la sélection à favoriser les traits héréditaires qui procurent des avantages en début de vie, même s'ils entraînent des coûts inévitables en fin de vie.[3] Cette acceptation des préjudices à la vieillesse s'explique par le fait que la sélection voit beaucoup plus clairement les avantages en début de vie, puisque les individus se reproduisent et meurent souvent avant que les préjudices aient le temps de se manifester pleinement.

Un argument similaire peut être avancé pour la sénescence de la civilisation. Notre système économique et politique, associé à notre désir de croissance sur le moment, nous impose des politiques et des comportements qui ne semblent pas délirants au premier abord, et qui pourtant s'avèrent trop souvent mauvais pour nous et la planète, et déjà irréversibles au moment où nous réalisons ce que nous avons provoqué. Nous vivons la malheureuse réalité de la Folie des Crédules, cette tendance des avantages à court terme qui, non seulement masque les risques et les coûts à long terme, mais les fait aussi accepter alors même que leur analyse est sans appel.

Lorsque l'on a commencé à produire du bois de construction, cela a sûrement semblé être une vraie aubaine, mais qui aurait pu prédire que le fait de vivre dans un monde charpenté allait littéralement changer notre façon de voir ? La première fois que quelqu'un a mis un distillat d'huile dans un moteur et l'a fait fonctionner, il aurait semblé fou de dire qu'il ne fallait pas le faire. Même les choses qui semblent intrinsèquement bonnes comportent généralement des risques. Le fait de pouvoir écouter de la musique sans déranger les autres a été un progrès décisif. Mais comme nous le comprenons maintenant, il est facile d'écouter de la musique avec un casque – ou pire, avec des écouteurs – à des volumes qui sont destructeurs pour notre audition. Ce que nous « voulons », et ce que le marché est heureux de nous offrir, est une satisfaction à court terme qui tient rarement compte de ce qui est le mieux pour nous à long terme. Un marché non réglementé aura tendance à incarner le paralogisme naturaliste – l'idée erronée que « ce qui est » est « ce qui devrait être ». Lorsque nous laissons de tels marchés diriger, nous sommes soumis à ce paralogisme. Ce n'est pas parce qu'on peut le faire qu'on doit le faire.

Le problème des marchés non réglementés est aggravé par le fait que les humains sont parfaitement adaptés pour se manipuler les uns les autres, et que ces adaptations évoluent désormais dans l'hyper-nouveau territoire de l'anonymat généralisé. Historiquement, la manipulation a été gardée sous contrôle car les humains vivaient en petits groupes de personnes interdépendantes. Le destin partagé nous faisait rester dans le rang. Se jouer d'une personne dont le destin est intimement lié au sien est une mauvaise idée, et ceux qui le font se font rapidement une réputation. Nous ne vivons plus dans de petites communautés interdépendantes. La plupart des systèmes les plus essentiels dont nous dépendons sont mondiaux, et les participants sont presque toujours anonymes. Les forces malveillantes du marché sont en grande partie l'expression d'une manipulation rendue possible par cet anonymat et par la perte d'une idée de destin partagé.

Considérant tout cela, comment pouvons-nous aller de l'avant ? La civilisation telle que nous la connaissons va devenir sénescente, car ce qui a fait notre succès finira par nous détruire. La réponse, en termes simples, est de construire consciemment un système qui résiste à la sénescence. Il est bien compliqué de le faire, mais voici quelques idées pour commencer.

Pour construire un système résistant à la sénescence, il conviendra de :

- Ne pas optimiser une seule et unique valeur. Mathématiquement parlant, si vous essayez d'optimiser une valeur unique, aussi honorable soit-elle – liberté, justice, diminution du nombre de sans-abris, égalité scolaire – toutes les autres valeurs, tous les autres paramètres, s'effondreront. Maximisez la justice, et les gens mourront de faim. Tous mourront de faim de manière égale, mais c'est une faible compensation.
- Créer un prototype de votre système. Ensuite, continuer à construire des prototypes. N'imaginez pas savoir dès le départ à quoi ressemblera le système final.
- Accepter que la Quatrième Frontière soit un état stable par nature, dont il nous appartient de définir les caractéristiques. Nous devons nous efforcer de créer un système qui :
  - libère (permettant aux gens de faire des choses gratifiantes, intéressantes, fantastiques) ;
  - est antifragile ;
  - résiste à la manipulation ;
  - est incapable d'évoluer vers quelque chose qui trahirait ses valeurs fondamentales. Dans le langage technique de l'évolution, nous avons besoin d'un système qui soit une stratégie stable sur le plan évolutif, qui ne puisse être menacée par des concurrents.

Les Mayas

À bien des égards, les problèmes auxquels nous sommes confrontés aujourd'hui sont ceux auxquels nous avons déjà été confrontés auparavant. Chaque culture dans l'histoire de l'humanité s'est engagée à la fois dans la coopération et la compétition et s'est comportée de manière qui, à la fois devrait nous rendre fiers d'être humains mais aussi nous faire honte. Les actions glorieuses tout comme celles effroyables étaient répandues.

En regardant l'histoire, nous avons la responsabilité de reconnaître cette vérité, et de reconnaître que les victoires de nos ancêtres – légitimes ou, très souvent, illégitimes – nous ont procuré des avantages que nous n'avons pas nous-mêmes acquis. Il n'est cependant pas de notre responsabilité de nous assujettir à ces histoires.

Les Européens ont effectivement volé des terres aux Amérindiens, de manière souvent horrible et méprisable. Les Amérindiens ainsi assujettis avaient eux-mêmes un passé de guerres et de conquêtes dans le Nouveau Monde, s'appropriant les terres des uns et des autres. Et, bien sûr, rien de tout cela n'était nouveau – ils l'ont apporté avec eux dans le Nouveau Monde lorsqu'ils ont traversé la Béringie plusieurs milliers d'années auparavant.

Ne romançons pas un peuple ou une période. Au contraire, comprenons l'humanité de manière holistique et efforçons-nous d'offrir à tous des chances égales pour l'avenir.

Dans ce livre, nous avons partagé une boîte à outils évolutionniste qui permet de comprendre la condition humaine, et non de la justifier. Il ne sert à rien d'ignorer ce que nous sommes – des singes brutaux, dans une certaine mesure. Mais ce n'est pas nous rendre service que de prétendre que nous ne sommes que des singes brutaux. Nous sommes aussi des êtres généreux, coopératifs et pleins d'amour. Nous sommes arrivés au XXIe siècle avec un bagage évolutif et une certaine confusion intellectuelle. Comprenons ce bagage, afin de réduire la confusion et d'augmenter nos chances d'avancer vers un épanouissement humain maximal.

Pour nous aider à atteindre cet objectif, considérons les Mayas.

Les Mayas ont prospéré pendant plus de deux millénaires et demi en Mésoamérique, survivant aux sécheresses, aux ennemis et à d'autres phénomènes extrêmes. Dans les anciennes cités-États mayas, dont Tikal, Ek'Balam, Chacchobén et bien d'autres, les pyramides et les temples en pierre sont encore visibles au-dessus de la cime des arbres. Sur le sol de la forêt, des sentiers courent entre les bâtiments anciens, tout comme les agoutis, les lézards et les rares ocelots. Des routes plus importantes, les *sacbeob*, relient les cités-États. La plupart des cités-États mayas sont devenues des forces politiques, économiques et culturelles majeures bien avant l'existence de l'Empire romain. Ignorant totalement l'existence les uns des autres, les Mayas et les Romains étaient à leur apogée au même moment, au début du premier millénaire, et tous deux étaient en déclin évident au début du deuxième.

Les Mayas ont eu leurs propres Lumières, bien avant les Européens. Nous ne connaîtrons jamais son ampleur, car la grande majorité de leurs livres ont été détruits par les Européens.

La civilisation maya s'est largement propagée dans la péninsule du Yucatán, s'étendant au sud à travers le Belize et le Guatemala modernes, jusqu'au Honduras. Les Mayas ont dominé ces paysages pendant 2 500 ans, mais ils n'étaient pas monolithiques, et leurs succès ont varié dans le temps et l'espace. Les cités-États se sont effondrées, les sécheresses ont provoqué l'abandon de terres autrefois fertiles, et si certaines régions ont été repeuplées par les Mayas, d'autres ne l'ont jamais été.[4]

Les Mayas étaient des agriculteurs intensifs qui cultivaient des sols tropicaux pauvres, mais qui réussissaient à maintenir leur fertilité sur des périodes remarquablement longues grâce à une bonne gestion des terres. Ils s'adaptaient aux pentes, omniprésentes sur une grande partie de leur territoire, grâce à au moins six systèmes de terrasses différents. Ils utilisaient des réservoirs complexes pour conserver l'eau pendant les saisons sèches annuelles et pendant celles plus longues et moins prévisibles. Néanmoins, il est vrai que là où ils défrichaient des forêts, les terres étaient généralement dégradées et la qualité du sol diminuait.[5]

À l'arrivée des Espagnols, les Mayas étaient déjà en déclin. Ils avaient connu un long parcours, et ce qui, exactement, a précipité leur effondrement est sujet à débat. Si la culture maya a largement disparu, le peuple maya persiste. Ce n'était pas un peuple et une culture fragiles. Ils étaient robustes et durables. Une indication de leur longévité réside dans l'une de leurs unités de temps, le *baktun*, égale à 144 000 jours – presque 400 ans. Les Mayas avaient une telle longévité et étaient tellement habitués à penser sur de longues périodes qu'ils utilisaient le *baktun* pour les aider à suivre le temps.

La longévité des Mayas suggère que le potentiel existe pour un éveil conscient et dirigé, grâce auquel nous prenons le contrôle de notre état évolutif. Comme les Mayas, nous, les modernes, devons trouver des moyens d'aplanir le cycle prospérité-récession qui a été le lot de toutes les populations à travers le temps. Nous supposons que les Mayas ont réussi cela en ne transformant pas les ressources excédentaires en davantage de personnes ou de choses éphémères;

au lieu de cela, ils investissaient dans des projets de travaux publics géants. Beaucoup de ces projets sont visibles aujourd'hui sous forme de temples, de pyramides. Ils les faisaient pousser en oignon, rajoutant des couches en période d'abondance. Nous postulons que lorsque l'excès de nourriture aurait pu être transformé en plus de personnes, augmentant la population et rendant la faim et les conflits inévitables en période de disette, les Mayas ont transformé la nourriture excédentaire en pyramides ou en agrandissant les pyramides. Ils ont créé des espaces publics glorieux et utiles, appréciables par tous, et lorsque la prospérité agricole a inévitablement cédé à la disette, les temples n'avaient pas besoin d'être nourris et la population pouvait mieux résister.

La civilisation occidentale a dominé pendant presque aussi longtemps que celle des Mayas. L'effondrement de leur société a été accéléré par un ennemi ayant traversé l'océan. Notre culture s'effiloche également. Nous avons besoin d'un nouvel état stable, une Stratégie Évolutivement Stable. Nous devons trouver la Quatrième Frontière.

Obstacles à la Quatrième Frontière

De nombreuses forces constituent des obstacles à la Quatrième Frontière. Les compromis persistent même une fois qu'ils sont reconnus, l'obsession de la croissance freine les progrès qui ne ressemblent pas à de la croissance, et la réglementation est difficile à mettre en place. Aucun de ces obstacles n'est insurmontable, mais tous sont importants. Dans les trois sections suivantes, nous les abordons tour à tour.

→ Les compromis dans la société

Tout comme aucun oiseau ne peut être à la fois le plus rapide et le plus agile, aucune société ne peut être à la fois la plus libre et la plus juste. La liberté et la justice sont prises dans une relation de compromis.

Nous ne devrions pas essayer de pousser le curseur vers l'une ou l'autre de ces extrémités.

Il est bien sûr vrai que de nombreuses sociétés sont à la fois moins libres et moins justes qu'elles ne pourraient l'être. Dans la majorité des cas, nous ne nous heurtons pas encore à la limite du possible (ce que les économistes appellent la frontière efficiente) et nous pourrions accroître la liberté et la justice jusqu'à ce que cette limite soit atteinte. Cependant, accepter le fait que la liberté et la justice ne peuvent pas toutes deux être maximisées est une étape cruciale de la conversation. Imaginer un monde totalement libre et juste revient à imaginer une utopie, une perfection statique, un monde dans lequel les compromis ont été bannis. L'utopie est une impossibilité, et la poursuite de cette chimère est un profond danger.

Dans une démocratie, une manière – mais non la seule – de diviser les sentiments politiques de la population est d'opposer les libéraux aux conservateurs. Gauche contre droite. Les libéraux et les conservateurs ont des angles morts distincts, des façons particulières de mal comprendre ou d'oublier commodément les compromis. Nous utilisons les termes américains, mais ces observations s'appliquent au-delà des frontières américaines.

Pour pouvoir discuter efficacement de l'avenir de l'humanité, les personnes de toutes tendances politiques doivent comprendre les rendements décroissants, les effets pervers, les externalités négatives et la nature finie des ressources. Les libéraux (notre famille politique) sont particulièrement enclins à sous-estimer les *rendements décroissants* et les *effets pervers*. Les conservateurs sont particulièrement enclins à sous-estimer les *externalités négatives* et la *nature finie des ressources*.

D'après la loi économique des *rendements décroissants*, si vous augmentez votre apport à une variable donnée, tout en maintenant le reste constant, l'augmentation de votre rendement finira par marquer le pas. Les rendements décroissants s'observent dans tout système adaptatif complexe. Comprendre cela nous encourage à créer des stratégies souples et évolutives, plutôt que lourdes et statiques. Une vision utopique, qui cherche à maximiser un seul paramètre, est en proie aux rendements décroissants. Parce que nous tendons constamment vers un objectif statique – qui nécessite un investissement de plus en plus important pour être atteint, pour des gains de plus en plus faibles – nous limitons considérablement ce qui pourrait être accompli.

Ne pas rejoindre la courbe de rendements décroissants a un coût d'opportunité spectaculaire.

Les *conséquences involontaires* sont une variante de la clôture de Chesterton : en modifiant un système ancien que vous ne comprenez pas entièrement, vous risquez de créer des problèmes que vous ne prévoyez pas. Les libéraux ont tendance à élaborer des réglementations qui bouleversent les systèmes fonctionnels. Par exemple, le fait de lier le financement de l'éducation aux résultats des tests a eu pour conséquence involontaire de créer une boucle de rétroaction

Courbes des rendements décroissants

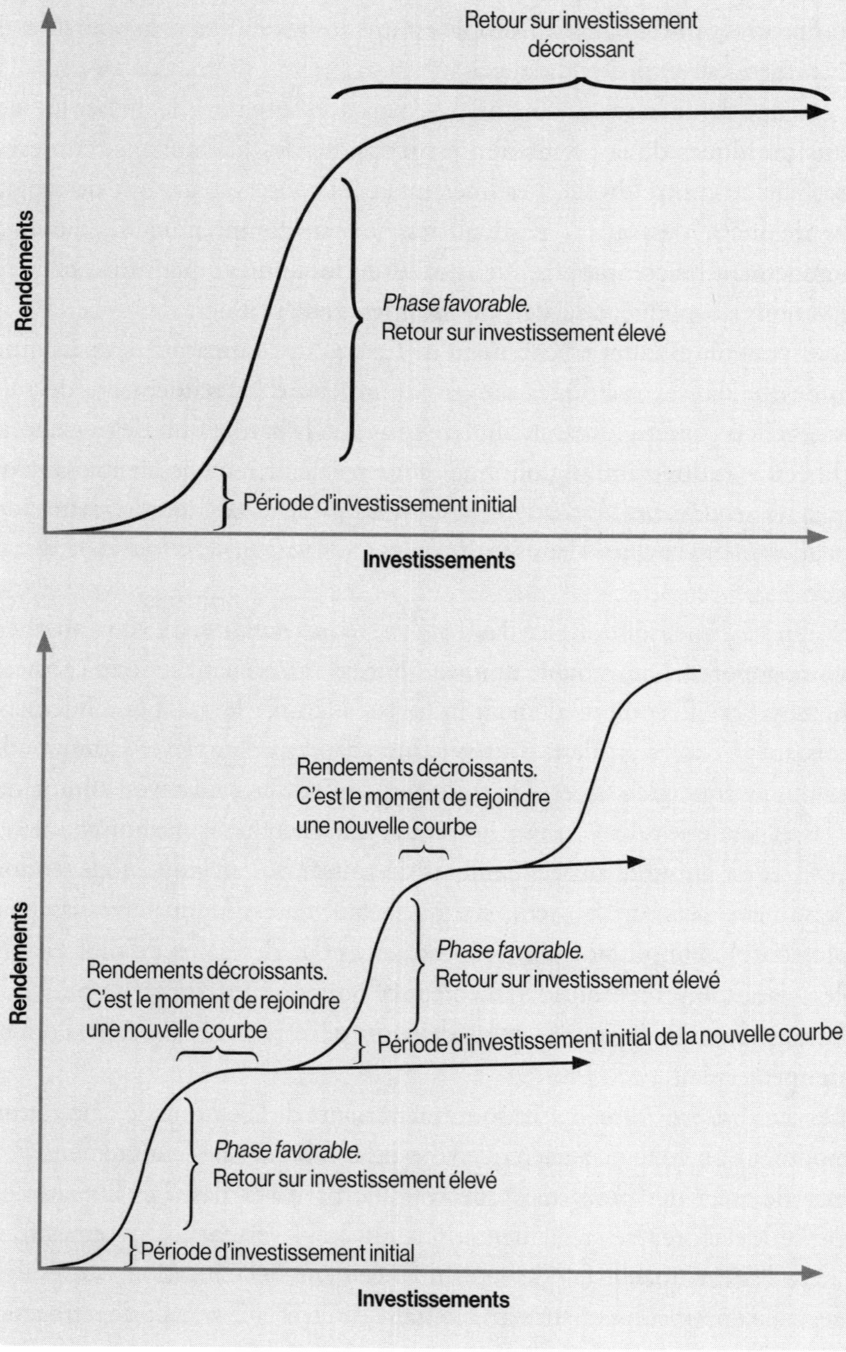

dans laquelle de mauvais résultats réduisent le financement, ce qui fait encore baisser les résultats. Cela dit, les conservateurs sont enclins à assouplir les réglementations pour faciliter la création de nouveaux produits, qui peuvent eux-mêmes perturber les systèmes fonctionnels. Par exemple, la déréglementation de la gestion des déchets pour réduire les coûts d'exploitation a créé de la pollution, ce qui est une externalisation des coûts de la gestion des déchets. Cela a déstabilisé d'innombrables systèmes naturels dont l'homme dépend : poissons et crustacés trop toxiques pour être consommés, rivières incapables de maintenir leurs populations de poissons, qualité de l'air entraînant asthme et retards de développement. En bref, la recherche libérale de solutions et le désir conservateur d'innovation du marché sont tous deux à l'origine de conséquences involontaires.

On rencontre les *externalités négatives* lorsque ceux qui prennent des décisions ou produisent des biens n'ont pas à supporter le coût total de leurs décisions et de leurs actes. Prenons l'exemple de l'Ankarana, réserve naturelle isolée à l'extrême nord de Madagascar. Il s'agit d'un plateau calcaire vieux de 150 millions d'années dont le toit de crêtes acérées s'est effondré par endroits, créant un réseau de grottes dans lesquelles coulent des rivières. Ces grottes s'ouvrent sur des poches de forêt totalement isolées, peuplées de lémurs couronnés et de geckos. Ce sont un paysage et un biote qui ne ressemblent à aucun endroit sur Terre. Hélas pour l'Ankarana et ses habitants, il abrite de vastes gisements de saphir qui, lorsque nous y étions au début des années 1990, étaient exploités pour la bijouterie et le grès industriel, au détriment de l'environnement. Où que ces saphirs aient fini, il est certain que peu, voire aucun de ceux qui en ont bénéficié aient connaissance des dommages causés par leur extraction. Il s'agit d'une externalité négative, rendue possible parce que l'argent est fongible et permet de dissocier le *préjudice* de la *valeur* de ce qui est créé. L'Ankarana est un exemple facile à comprendre mais les externalités négatives sont partout : de la combustion du charbon pour produire de l'énergie, et dont la pollution est partagée par tous mais les profits par quelques-uns, à la diffusion de musique forte tard dans la nuit et qui irrite durablement vos voisins.

La *nature finie des ressources* devrait être évidente. Si certaines ressources sont effectivement infinies – l'oxygène et la lumière du Soleil en tête de liste – la grande majorité des ressources de la Terre sont limitées. Du caoutchouc au bois en passant par le pétrole, le cuivre, le lithium et les saphirs ; toutes sont limitées.

La nature partisane de la démocratie occidentale peut donner l'impression que nous ne pourrons jamais nous rallier à des valeurs communes, mais réaliser que nous avons beaucoup de choses en commun est le seul moyen de parvenir à une conscience collective. Nous n'avons qu'une planète. Et pourtant, nous continuons à nous comporter comme si notre monde était une corne d'abondance de richesses infinies. La Folie des Crédules nous aveugle, notre nature recherche la croissance, et notre culture, en retard sur son temps, est câblée pour un monde dans lequel nous ne vivons plus. Si le principe Oméga révèle que notre culture n'est pas arbitraire, il ne garantit pas qu'elle soit à la hauteur face à l'hyper-nouveauté. C'est là le domaine de la conscience.

→ L'obsession de la croissance

Le rêve américain était une fiction, mais pas entièrement. Il comportait des éléments de la Quatrième Frontière, mais était également fondé sur l'utopie d'une croissance infinie. L'une des grandes batailles culturelles d'aujourd'hui est que, si certains comprennent que la croissance infinie ne peut durer, d'autres restent des cornucopiens.

La créature évolutive en chacun de nous a besoin de sentir la croissance. La croissance nourrit un sentiment de victoire, en termes d'évolution. Chacun d'entre nous, chaque lignée qui a existé sur Terre, a connu un cycle oscillant de croissance, d'occupation d'une niche puis d'épuisement des ressources – passant d'un monde à somme non nulle à un monde à somme nulle.[6] Se heurter à cette limite est un sentiment terrible, alors que l'abondance permet l'épanouissement.

Courir après la croissance à tout prix est absurde. Parfois, l'opportunité existe, et parfois elle n'existe pas. La recherche d'une croissance perpétuelle est, à bien des égards, similaire à la poursuite d'un bonheur perpétuel – c'est la voie vers une myriade de souffrances.

Notre obsession de la croissance et la pensée économique qu'elle a engendrée ont donné naissance à une société du rendement, dans laquelle la santé de la civilisation est évaluée en fonction de la production de biens et de services, où l'on présume que plus on consomme et mieux ce sera. Ce cadre est si profondément ancré dans nos esprits qu'il semble presque logique, jusqu'à ce que l'on considère ses implications.

Considérons l'arrivée d'un nouveau réfrigérateur, qui dure beaucoup plus longtemps que les autres, pour un même coût et des performances égales. Une société saine ainsi que la plupart des citoyens considéreraient ce frigo comme une bonne chose : il réduit les déchets et la pollution, économise l'énergie et les matériaux, et limite les vulnérabilités stratégiques et la forte dépendance aux fournisseurs étrangers. Mais l'effet de ce frigo durable sur le produit intérieur brut sera négatif – et donc révélateur d'un problème. Imaginons maintenant que nous parvenions à obtenir des gains de durabilité similaires pour tous les biens de consommation. Avec des biens nécessitant des remplacements moins fréquents, nous serions confrontés à une contraction économique massive. Des emplois seraient perdus, les revenus baisseraient, les recettes fiscales diminueraient. En bref, cela détruirait la capacité de notre système à fonctionner.

Des absurdités similaires apparaissent partout où quelque chose de positif interrompt la demande. Serait-il bon que les gens investissent plus de temps et d'efforts avec leurs partenaires romantiques au lieu de payer pour du porno ? Serait-il bon que les gens soient plus satisfaits de ce qu'ils ont et moins sensibles aux arguments commerciaux ? Qu'ils soient plus facilement rassasiés et moins enclins à la suralimentation ? Qu'ils passent plus de temps à produire de l'art, de la musique et de la réflexion et moins de temps à convoiter, acheter et exhiber des biens à la mode ? Bien sûr. Toutes ces choses constitueraient des améliorations majeures de notre mode de vie. Mais notre mentalité économique obsédée par la croissance dirait exactement le contraire. Notre société de consommation dépend de l'insécurité, de la gloutonnerie et de l'obsolescence planifiée. C'est ainsi que nous continuons de fonctionner.

Notre obsession de la croissance donne donc des résultats mitigés. Elle nous a menés jusqu'ici, au prix de beaucoup de souffrance et de misère. Néanmoins, avec plus de sept milliards d'habitants sur la planète, la consommation ne peut rester notre mesure du bien-être. Si nous voulons persister, la durabilité doit remplacer la croissance comme indicateur de réussite.

À l'été 2019, lorsque nous étions dans les Alpes de la Trinité, au nord de la Californie, l'absence d'animaux était notable. En trois heures de marche, nous n'avons vu qu'une poignée d'oiseaux. Lors des trajets estivaux, le pare-brise n'est plus maculé d'insectes et les animaux tués sur la route sont de moins en moins nombreux. En 2020, nous étions dans le parc national Yasuni, joyau équatorien de l'Amazonie occidentale, considéré comme l'endroit le plus riche en biodiversité de la planète. Il y avait alors moins d'insectes et d'oiseaux qu'auparavant.[7] Nous soupçonnons que leur disparition est due, entre autres, à l'utilisation généralisée d'insecticides, loin (voire très loin) en amont de l'Amazonie. Les insecticides sont pulvérisés et tombent dans l'eau, qui coule en aval depuis les Andes. Une fois ces insectes disparus, les oiseaux insectivores, les chauves-souris et les lézards disparaissent aussi, entraînant la disparition des carnivores – les tayras, les renards à petites oreilles et les jaguars. Rachel Carson avait raison, mais le printemps silencieux des zones tempérées du nord est arrivé jusqu'aux tropiques, et c'est un signe avant-coureur de grands dangers à venir.

Certains, en observant une telle analyse, répondront : « Bien sûr, il y a des problèmes, mais les gens prédisent toujours la fin du monde, et ils n'ont toujours pas raison. » Mais ce n'est pas la bonne façon de voir les choses.

La « fin du monde » ne signifie pas la destruction de la planète. Elle signifie plutôt la fin de « notre monde », de notre capacité à persister dans le futur. Formulée ainsi, la fin du monde prédite par certains individus leur donnera certainement raison. Après tout, de nombreuses populations ont été confrontées à des menaces pour leur survie, et beaucoup d'entre elles n'ont pas réussi à relever le défi. Nous pensons donc que la sensibilité aux menaces existentielles est un trait adaptatif de longue date, et que la taille de la population humaine actuelle, notre degré d'interconnexion et la technologie que nous possédons aujourd'hui créent pour notre espèce une menace semblable à celle à laquelle les populations ancestrales ont été confrontées. Le problème est ancien, mais l'échelle est toute nouvelle.

→ De la réglementation

Il est difficile de rédiger des lois et des réglementations qui soient bonnes. Les lois simples et statiques sont soit erronées dès le départ, soit de courte durée. Une courte durée de vie est acceptable si le système peut évoluer. Comme l'a observé Thomas Jefferson, même les démocraties ont régulièrement besoin de rébellions.[8] Dans la mesure où un système est gravé dans la pierre, il sera à la fois manipulable et manipulé.

Les systèmes évolués qui ont persisté dans le temps sont généralement complexes et fonctionnels, et nous devons appliquer le principe de précaution lorsque nous les modifions. Il n'est pas sage de retirer des organes fonctionnels parce que nous ne savons pas à quoi ils servent. Il serait tentant de rire des médecins qui ont un jour proposé de retirer les gros intestins sains des gens, mais quelles erreurs similaires commettons-nous aujourd'hui ? Compte tenu de l'hyper-nouveauté de notre époque, ce serait le comble de l'arrogance que d'imaginer que nous ne faisons pas actuellement des choses qui seront comprises comme risibles, voire délirantes, dans le futur.

La société est obsédée par la sécurité à court terme car les dommages à court terme sont faciles à détecter et simples à réglementer. Les dommages à long terme, eux, sont plus difficiles à détecter, et encore plus difficiles à prouver. Quels sont les effets à long terme du temps passé devant l'écran, des évaluations scolaires, de l'aspartame ou des néonicotinoïdes ? Nous ne le savons pas. Mais comme personne ne veut vivre dans un monde où les tests de sécurité empêchent toute innovation d'être commercialisée pendant des décennies, nous sommes devenus imprudents. Nous présumons que les dommages à long terme sont absents jusqu'à ce qu'ils ne puissent plus être ignorés, et sommes alors choqués de constater que notre idée de la sécurité était erronée.

La réglementation a mauvaise réputation dans de nombreux milieux. Elle est souvent mal faite, et lorsqu'elle est bien faite, elle tend à rendre les problèmes qu'elle traite mineurs ou invisibles. Ainsi, beaucoup la considèrent comme un obstacle inutile, ignorant les avantages qu'elle a apportés. Un bon système réglementaire est efficace et léger, mais pas invisible. Bien qu'il soit intrinsèquement contraignant, son effet net doit être libérateur, permettant l'accès aux avantages de l'innovation sans avoir à se préoccuper des conséquences cachées.

Une bonne régulation est un facteur clé de tout système complexe fonctionnel. Notre corps, par exemple, est rigoureusement régulé dans de nombreux domaines, comme la température. Pour nous maintenir dans la fourchette optimale, une myriade de systèmes ajustent constamment l'équilibre entre chaleur générée et chaleur perdue, en régulant le flux de sang dans nos extrémités et nos capillaires. Il est vital que notre température soit bien régulée, mais ces processus sont si efficaces qu'ils sont à peine détectables, ce qui nous permet de nager dans une rivière fraîche ou de jouer au football en plein soleil sans avoir à considérer les risques d'hypothermie ou de coup de chaud.

Aucun système industriel ne dispose d'une réglementation aussi fine que celle du corps humain, mais il existe des exemples de bonne réglementation. Prenez le transport aérien commercial, qui est peut-être le moyen de transport le plus sûr. Sa sécurité est due à la réglementation de tous ses aspects et à l'investigation systématique des rares accidents qui se produisent. On pourrait se plaindre du coût et de l'inefficacité des règles, mais elles doivent être comprises dans leur contexte : les réglementations permettent à une fraction conséquente de la population mondiale d'accéder à presque n'importe quel endroit de la planète en moins de 24 heures, tout en étant beaucoup plus en sécurité que lorsque l'on se rend à l'aéroport en voiture. Le coût des réglementations est faible comparé à la liberté qu'elles créent, un objectif que nous devrions nous efforcer d'atteindre avec chaque processus industriel.

Les grands systèmes qui ne peuvent être maîtrisés par les individus doivent être réglementés. Nous ne pouvons pas aborder la sécurité nucléaire, l'extraction pétrolière ou la perte d'habitat sans une réglementation à grande échelle.

→ Mise à niveau

Nous avons besoin que le plus grand nombre possible de personnes s'engagent dans cette discussion, deviennent adultes et abandonnent leur utopie. Nous avons besoin que les gens acceptent l'idée qu'un ensemble de valeurs doit être largement adopté et poursuivi, et qu'ils acceptent que nous n'arriverons pas à un avenir décent en le décrivant précisément à l'avance. Nous y parviendrons en nous mettant d'accord sur les caractéristiques qu'un tel monde, souhaitable et plausible, doit posséder, pour ensuite élaborer des prototypes, évaluer les résultats et en créer de nouveaux. Nous devons trouver le sentier qui démarre du pied de la montagne. Nous naviguerons dans le brouillard, et nous n'aurons pas de plan. Nous devons commencer maintenant. Nous ne pouvons pas attendre que le danger soit si clair que nous soyons tous d'accord car il sera alors trop tard.

Nous sommes pris dans une crise de soutenabilité. Une chose ou l'autre nous emportera, que ce soit le changement climatique, un événement de Carrington (le nom d'une tempête solaire en 1859), un conflit nucléaire déclenché par les inégalités de richesse, une crise migratoire ou une révolution, pour ne citer que quelques-unes des possibilités les plus réelles. Nous nous dirigeons vers la destruction. Nous devons donc, en toute conscience, nous lancer dans quelque chose de dangereux. Nous devons chercher la prochaine frontière, l'horizon au-delà duquel nous ne pouvons pas voir, d'où nous ne pouvons pas revenir, mais par lequel peut se trouver notre salut.

Les Béringiens ne pouvaient pas deviner l'existence du Nouveau Monde, mais ne pouvaient pas rester dans l'ancien. Ils ont marché vers l'est, vers l'inconnu, vers un paysage inhospitalier de roche et de glace, de mers agitées et de terres dangereuses et finalement, vers deux vastes continents d'abondance.

Les Polynésiens ont quitté leurs terres, traversé de vastes océans, beaucoup sont probablement morts, mais certains ont découvert et colonisé Hawaï. D'autres, se déplaçant vers l'ouest à travers l'océan Indien plutôt que vers l'est à travers le Pacifique, ont découvert et colonisé Madagascar. Les humains ont découvert de nombreux nouveaux mondes, mais les frontières géographiques sont désormais toutes explorées. Nous devons maintenant découvrir un autre nouveau monde, et devenir émergents. Nous devons trouver les contreforts de sommets plus élevés et plus prometteurs que ceux sur lesquels nous nous trouvons actuellement. Nous devons devenir plus que le meilleur de nous-mêmes, et nous sauver au passage.

Depuis le moment où nos ancêtres ont accédé à la domination écologique, la compétition entre les populations a été notre force sélective dominante.[9] Des millions d'années d'évolution ont perfectionné nos circuits pour cette compétition, et elle est devenue la valeur par défaut du logiciel humain. Aujourd'hui cependant, trois éléments nous ont amenés à ce stade d'une menace existentielle pour notre avenir : l'ampleur de la population humaine, la puissance sans précédent des outils à notre disposition et l'interconnexion des systèmes dont nous dépendons (économie mondiale, écologie et portée de la technologie).

Il est urgent de comprendre le logiciel humain. Le problème auquel nous sommes confrontés est le produit de dynamiques évolutives. Toutes les solutions possibles impliquent une prise de conscience de ces dynamiques.

Le problème est évolutif. La solution l'est aussi.

UN NOUVEAU REGARD

- **Apprenez à modifier votre propre architecture mentale pour une vie meilleure.** Maintenez les marchés aussi loin que possible de votre structure de motivation – ne laissez pas les profits de quelqu'un d'autre déterminer ce que vous désirez ou faites.

- **Maintenez les enfants à l'écart du commerce aussi longtemps que possible.** Les enfants éduqués à accorder une grande valeur à la nature transactionnelle de l'être deviennent des consommateurs dévoués. Les consommateurs sont moins observateurs, méditatifs et profondément réfléchis que les personnes qui valorisent la création, la découverte, la guérison, la production, l'expérience et la communication.

- **Les individus ont besoin de se poser et de prendre de la hauteur.** Reposez-vous moins sur les métriques, plus sur l'expérience, les hypothèses, et déterminez la vérité à l'aide des principes premiers. Reposez-vous moins sur les règles statiques et cherchez à comprendre le contexte dans lequel ces règles sont appropriées.

- **Débarrassez-vous de toute vision utopique centrée sur une seule valeur.**
  – Dès qu'une personne montre qu'elle cherche à maximiser une seule valeur (par exemple, la liberté ou la justice), vous savez qu'elle n'est pas adulte.
  – La liberté est émergente et ne constitue donc pas une valeur unique. Elle est une conséquence émergente de la résolution des autres problèmes (par exemple, la justice, la sécurité, l'innovation, la stabilité, la communauté/camaraderie).

À l'échelle de la société, nous devrions :

- Comme les Mayas, investir nos surplus dans des travaux publics, qui nous rendent antifragiles.

- Élaborer des prototypes, encore et toujours.

- Passer à un état d'esprit de précaution, de sorte que nous puissions apprendre à réguler efficacement nos industries, en minimisant toutes les externalités négatives qu'elles créent.

- Considérer la clôture de Chesterton sous toutes ses formes, des soins de santé à la cuisine, en passant par le jeu et la religion.

Épilogue

La Tradition et comment la remanier

En famille, l'un de nos rituels annuels consiste à célébrer Hanoukka, la fête juive des lumières qui, au Nord, a lieu juste avant ou autour du solstice d'hiver. Nous allumons la ménorah, ce qui est traditionnel, et chaque nuit, nous étudions un principe supplémentaire, ce qui ne l'est pas.

Les nouvelles règles d'Hanoukka de notre famille :

- Jour 1 : toutes les entreprises humaines doivent être à la fois durables et réversibles.
- Jour 2 : la règle d'or, faites pour les autres ce que vous voudriez qu'ils fassent pour vous.
- Jour 3 : ne soutenez que les systèmes qui tendent à enrichir les personnes qui ont apporté une contribution positive au monde.
- Jour 4 : ne trichez pas avec les systèmes respectables.
- Jour 5 : il faut faire preuve d'un scepticisme sain envers la sagesse ancienne, et aborder les nouveaux problèmes de manière consciente et avec un raisonnement solide.
- Jour 6 : il ne faut pas laisser l'opportunité se concentrer au sein des lignées.
- Jour 7 : principe de précaution, lorsque les coûts d'une action sont inconnus, il faut procéder avec prudence avant d'effectuer un changement.
- Jour 8 : la société a le droit d'exiger des choses de tous, mais elle a des obligations naturelles envers eux en retour.

Postface

En janvier 2020, nous nous sommes rendus à la station d'étude de Tiputini, en Amazonie équatorienne, pour terminer la première version de ce livre. Lorsque nous sommes sortis de notre isolement – et que nos téléphones ont été activés pour la première fois en deux semaines – nous avons été confrontés à un flot d'informations, pour la plupart insignifiantes et dont nous ignorions tout. Mais dans ce flot, il y avait un rapport inquiétant – un cas de « nouveau coronavirus » en Équateur. L'agent pathogène provenait des chauves-souris, était passé à l'homme et s'était rapidement propagé, d'abord à Wuhan, en Chine, puis au-delà.

Alors que nous essayions tous deux de donner un sens à ces premiers signes de pandémie, il est rapidement apparu que l'histoire ne s'arrêtait pas là. Nous avons vite appris que Wuhan abritait un laboratoire « P4 », l'un des deux principaux centres de recherche de notre planète sur les coronavirus transmis par les chauves-souris. Ces virus étaient étudiés à Wuhan et en Caroline du Nord, car les scientifiques craignaient que ces virus puissent se propager à l'homme et, sans grande évolution, provoquer une dangereuse pandémie. Le fait que la pandémie ait commencé dans l'une des deux villes où ces virus faisaient l'objet d'une étude intensive semblait être une coïncidence spectaculaire. Au moment de la rédaction de cette note, en mai 2021, le consensus au sein de l'establishment scientifique, y compris les organismes de réglementation nationaux et internationaux, et dans la presse grand public qui les suit, a finalement évolué vers une acceptation à contrecœur de l'évidence : le SARS-CoV-2 pourrait bien avoir fui de l'Institut de virologie de Wuhan, et la pandémie de Covid-19 pourrait donc être pour l'humanité une blessure entièrement auto-infligée. La force de cette hypothèse est un sujet dont nous discutons sur notre podcast DarkHorse, depuis avril 2020. Ces discussions ont suscité beaucoup de dérision et de stigmatisation à notre égard, et c'est un soulagement déconcertant de voir le monde se rendre soudainement compte de la plausibilité de cette explication bien étayée, bien que malheureuse.

Mais quelle que soit la conclusion finale de l'humanité quant à l'origine de cette pandémie, il existe une vérité plus profonde qui plane juste en dehors de notre conscience collective : le Covid-19 est un produit de la technologie, quel que soit le chemin qu'il ait emprunté pour arriver jusqu'aux humains.

Considérez ce fait : dès le début de la pandémie, le virus a montré une capacité quasi-nulle à se transmettre à l'extérieur. En d'autres termes, le Covid-19 est une maladie des bâtiments, des voitures, des bateaux, des trains et des avions. Plus de 99 % de la surface de la Terre est une zone sûre face au Covid. Même dans votre jardin, le virus aura du mal à infecter qui que ce soit – il n'aura aucun impact à moins que vous ne l'ayez attrapé avant de sortir. Dans le parc, sur le balcon, à la plage, nous sommes – du moins pour l'instant – protégés.

La dépendance du virus aux espaces clos signifie également que, si l'humanité avait accepté d'éviter ces environnements vectoriels pendant quelques semaines, la pandémie aurait pu être rapidement stoppée. Mais ce scénario dans lequel nous *nous* libérons et verrouillons les *environnements dangereux* n'est guère plus qu'une expérience de pensée inutile. Même si, en termes d'évolution, ces environnements dangereux sont tous nouveaux pour les humains, l'idée que l'humanité reste en dehors de ces environnements, même pour quelques semaines seulement, est impensable.

Beaucoup d'individus pourraient le faire, mais la majorité serait totalement perdue, bien que nous ayons évolué à l'extérieur, et que nos ancêtres aient passé chaque heure de leurs vies dans ce que nous appelons étrangement « le plein air ». Nous avons oublié les compétences que nous dominions si bien autrefois. Cette connaissance de notre environnement naturel et du confort en son sein a été remplacé par des compétences différentes, adaptées à la recherche du bénéfice et à l'évitement du danger dans un environnement synthétique de notre propre conception. Notre logiciel cognitif a été réécrit, et nous en avons trop oublié pour redevenir ce que nous étions. Nous sommes donc condamnés à combattre cet agent pathogène dans des environnements sur mesure dont nous et lui avons appris à dépendre.

C'est le point de vue depuis le terrain, mais la dimension humaine de cette pandémie est encore plus évidente vue du ciel, depuis une altitude de 30 000 pieds précisément. En effet, c'est la façon dont nous voyageons qui nous expose réellement à un désastre pathogène. Le SARS-CoV-2 a traversé des océans en quelques heures, et il n'a pas développé de nouveau mode de transport. Autrefois, une épidémie aurait pu être freinée par une régulation des déplacements humains. Mais désormais, les humains transmettent les maladies contagieuses depuis leur continent d'origine aux quatre coins du globe.

De même que les gens ne se souciaient guère de se laver les mains avant l'avènement de la théorie des germes, nous ne pensons pas à l'ampleur de la tragédie causée par une personne transportant un virus nouveau et inconnu sur un continent qui en était exempt la veille. Le « Nouveau Coronavirus » a profité de cette nonchalance avant même que l'agent pathogène ait un nom propre.

La pandémie de Covid-19 est elle-même le symptôme d'une toute autre maladie. Dans les pages de ce livre, nous appelons cette maladie « hyper-nouveauté ». Elle est causée par des changements technologiques si rapides que les transformations de notre environnement dépassent notre capacité d'adaptation.

Vous ne trouverez pas ici la pandémie de Covid-19 disséquée spécifiquement, mais vous y trouverez une exploration complète de la crise de l'hyper-nouveauté qui nous a rendus vulnérables à ce virus – un virus si faible qu'il aurait pu être guéri avec un peu d'air frais bien coordonné.

Remerciements

Nous nous tenons sur les épaules de géants. Parmi ceux que nous avons connus et dont nous avons appris, Richard Alexander, Arnold Kluge, Gerry Smith, Barbara Smuts et Bob Trivers occupent une place toute particulière. Nous connaissions moins bien Bill Hamilton et George Williams, mais leur influence a été profonde, tout comme celle de nombre de nos contemporains, notamment Debbie Ciszek et David Lahti. Les premières conversations entre Bret, Jordan Hall et Jim Rutt, dans lesquelles ils imaginent une alternative à nos paradigmes actuels et défaillants, sont devenues connues sous le nom de Game-B, dont la Quatrième Frontière est une variante. Plus tard, avec Mike Brown, lors de son « Science Camp » sur Double Island, plusieurs ont poursuivi ces conversations.

Pour le développement de nos idées, nous souhaitons remercier nos étudiants de l'Evergreen State College, à qui nous avons livré une partie de la réflexion contenue dans ce livre. En particulier, les étudiants des cours d'Adaptation, de Comportement Animal, Zoologie, Développement et Évolution, Évolution et Écologie Sous Toutes Latitudes, Évolution et Condition Humaine, Écologie Évolutive, Science Extraordinaire de l'Expérience Quotidienne, Piratage de la Nature Humaine et Évolution des Vertébrés ont fait preuve d'esprit, de défi et de perspicacité lorsque nous développions et jouions avec des concepts et des idées.

Parmi ces nombreux et excellents étudiants figure Drew Schneidler, qui a également été notre assistant de recherche pour ce livre et qui est un ami de longue date. Nous avons fait la connaissance de Drew en 2007, et il a ensuite accompagné Heather dans le premier programme d'études à l'étranger qu'elle a créé à Evergreen. Son intelligence dans tous les domaines a contribué à façonner ce livre, et il a été notre véritable collaborateur. À maintes reprises, Drew a tranché le nœud gordien quand cela paraissait impossible.

Nous remercions également nos premiers lecteurs, qui ont généreusement donné de leur temps, de leurs efforts et de leurs compétences : Zowie Aleshire, Holly M., et Steven Wojcikiewicz.

Alors que nos vies académiques à Evergreen se sont brisées en mille morceaux en 2017, nous avons eu la chance d'avoir des familles qui n'ont jamais faibli dans leur soutien. D'innombrables autres personnes se sont manifestées et nous ont aidés ; sans elles, ce livre n'aurait probablement pas vu le jour sous sa forme actuelle. Au sein de l'université, ces personnes comprennent, entre autres, Benjamin Boyce, Stacey Brown, Odette Finn, Andrea Gullickson, Kirstin Humason, Donald Morisato, Diane Nelsen, Mike Paros, Peter Robinson, Andrea Seabert et Michael Zimmerman. En dehors d'Evergreen, on peut citer Nicholas Christakis, Jerry Coyne, Jonathan Haidt, Sam Harris, Glenn Loury, Michael Moynihan, Pamela Paresky, Joe Rogan, Dave Rubin, Robert Sapolsky, Christina Hoff Sommers, Bari Weiss et Bob Woodson. Nous sommes également reconnaissants à Jordan Peterson d'avoir ouvert la voie qui nous a aidés à trouver notre chemin dans les moments les plus sombres d'Evergreen, et d'avoir fait preuve d'intégrité intellectuelle sous le feu des critiques.

Le plus intransigeant et le plus courageux parmi ces nombreuses influences et alliés intellectuels et politiques a été pendant très longtemps le frère de Bret, Eric Weinstein.

Nous tenons également à remercier tout particulièrement Robby George et le James Madison Program in American Ideals and Institutions de l'Université de Princeton, qui nous ont permis de sortir temporairement de notre exil universitaire et nous ont accueillis en tant que chercheurs invités pendant que nous écrivions ce livre.

Notre agent, Howard Yoon, de l'agence Yoon Ross, nous a contactés alors qu'Evergreen était en train de s'effondrer. À notre grand soulagement, il n'était pas intéressé par « le livre d'Evergreen ». Nous avons discuté de plusieurs projets avant de nous rendre compte collectivement que celui-ci – un peu de tout, dans un cadre évolutif – était le bon, celui que nous parlions d'écrire depuis de nombreuses années. Nous venions de terminer la proposition lorsque Helen Healey, aujourd'hui notre éditrice chez Portfolio/Penguin, a établi le premier contact. Howard et Helen ont tous deux été de fervents soutiens et de précieux conseils tout au long du processus.

La station scientifique de Tiputini, en Amazonie équatorienne, nous a offert du répit et de la distance pendant quelques semaines alors que nous terminions la première version du livre. Kelly Swing, qui est à la fois la directrice fondatrice de Tiputini et notre amie, ainsi que l'excellent personnel, travaillent dur pour préserver la nature sauvage dans l'un des endroits les plus reculés au monde. Il est impératif qu'ils réussissent.

Enfin, nous sommes reconnaissants envers nos enfants, Zack et Toby, qui ont respectivement 17 et 15 ans au moment de la publication. Ils ont grandi en explorant avec nous des paysages allant du Nord-Ouest du Pacifique à l'Amazonie, et ont été les premiers à assister, puis à participer, à de nombreuses conversations qui ont donné naissance à ce livre. Nous n'avons jamais voulu les exposer aux pertes et aux réalités de l'humanité moderne que l'explosion d'Evergreen a révélées à nous tous, mais ils ont été brillants. Nous avons de la chance d'avoir des jeunes hommes aussi remarquables dans nos vies.

Glossaire

Certaines de ces définitions sont empruntées en partie ou en totalité à Lincoln RJ, Boxshall G, Clark P. *A Dictionary of Ecology, Evolution and Systematics*, 2e édition. Cambridge University Press, 1998.

Adaptation : processus par lequel la sélection sur les traits héréditaires (*sensu lato*) augmente la capacité à exploiter une opportunité.

Alloparentalité : soins, comme ceux d'un parent, fournis par un adulte envers un individu qui n'est pas sa progéniture directe.

Antifragile : état d'augmentation de la capacité lorsqu'elle est exposée à des facteurs de stress ou à des dommages, tel que défini par Nassim Taleb en 2012.[1]

Béringie : masse continentale qui émerge du détroit de Béring pendant les périodes glaciaires, lorsque le niveau de la mer baisse. Probablement un habitat ancestral pour tous les indigènes subarctiques du Nouveau Monde.

Capacité de charge : nombre maximal d'individus pouvant être supportés de façon stable, à l'équilibre, par une opportunité spatio-temporelle donnée (par exemple, le nombre X de loups à Yellowstone en 1900).

Clade : espèce ancestrale et tous ses descendants. Synonyme de groupe monophylétique ; idéalement synonyme de taxon. Exemples : oiseaux, mammifères, vertébrés, primates, baleines (en incluant les dauphins).

Clôture de Chesterton : l'idée selon laquelle des réformes ne devraient pas être apportées à un système tant que le raisonnement derrière son état actuel n'est pas compris. Décrite à l'origine par GK Chesterton en 1929.[2]

Compromis : relation négative et obligatoire entre deux caractéristiques souhaitables. Trois types : allocation, contrainte de conception et statistique.

Conscience (par opposition à la culture, dans le cadre du modèle présenté dans cet ouvrage) : fraction de la cognition qui est conditionnée pour l'échange entre les individus (par exemple, les pensées qui peuvent être communiquées).

Conspécifiques : membres de la même espèce.

Culture (par opposition à la conscience, dans le cadre du modèle présenté dans cet ouvrage) : ensemble de croyances et de modèles comportementaux adaptatifs transmis en dehors du génome. La plupart des cultures sont transmises verticalement ; la culture se distingue toutefois des gènes en ce qu'elle peut également être transmise horizontalement.

Darwinien : tendance à s'adapter en réponse au succès différentiel des traits héréditaires. Référence à Charles Darwin, qui a été le premier à identifier la sélection naturelle et la sélection sexuelle.

Dernier ancêtre commun : organisme ancestral par lequel deux clades sont le plus étroitement liés.

Environnement de l'Adaptation Évolutive (EEA) : environnement qui a favorisé l'évolution d'un trait adaptatif donné. Les humains ont de nombreux EEA, et pas seulement celui des savanes et des côtes africaines habitées par nos premiers ancêtres chasseurs-cueilleurs.

Épigénétique :
sensu stricto : régulateurs de l'expression génétique qui ne sont pas codés dans la séquence d'ADN elle-même (par exemple, la méthylation de l'ADN).
sensu lato : tout caractère héréditaire qui n'est pas directement dû à des modifications de la séquence d'ADN. Il inclut les phénomènes épigénétiques (*sensu stricto*) et, par exemple, la culture.

Eusocialité : système social dans lequel certains individus renoncent à se reproduire afin de faciliter la reproduction des autres. Les populations eusociales fonctionnent comme des super-organismes, avec des intérêts partagés et un destin commun.

Folie des Crédules : c'est la tendance d'un bénéfice à court terme à masquer le risque et le coût à long terme, mais aussi à pousser à l'acceptation quand bien même le résultat net est négatif.

Frontière (dans le cadre du modèle présenté dans ce livre) : opportunité à somme non nulle pour une population. Trois types établis : géographique, technologique, transfert inter-population.

Gamète : cellule reproductrice mature qui fusionne avec une autre pour former un zygote.

Généraliste : espèce ou individu avec de larges tolérances, ou adapté à une niche très large. Voir aussi *spécialiste*.

Génotype : constitution génétique d'un individu. Voir aussi *phénotype*.

Héréditaire :
sensu lato : tel qu'employé par les premiers biologistes et tel qu'utilisé dans ce livre : capacité de l'information à être transmise entre les individus ou les lignées ;
sensu stricto : restreint le sens à la transmission verticale de l'information génétique.

Hermaphrodisme : condition dans laquelle un individu possède à la fois des organes reproducteurs mâles et femelles. Les *hermaphrodites simultanés* sont mâles et femelles en même temps ; les *hermaphrodites séquentiels* sont d'un sexe après avoir été de l'autre.

Hypothèse : explication falsifiable d'un modèle observé. Les tests d'une hypothèse génèrent des données, afin de déterminer si les prédictions de l'hypothèse sont avérées. Une science solide est orientée par les hypothèses et non par les données.

Intuition : conclusion inconsciente qui peut informer l'esprit conscient.

Monogamie : type de système de reproduction dans lequel un mâle s'accouple avec une femelle, soit pour une saison de reproduction, soit pour la vie. Voir aussi *polygynie*.

Niche : ensemble des circonstances auxquelles un organisme est adapté.

Paradoxe : incapacité à concilier deux observations. Dans l'univers, tous les faits doivent coexister d'une manière ou d'une autre. L'apparition d'un paradoxe suggère donc une hypothèse incorrecte, ou une erreur de compréhension. Toutes les vérités doivent se concilier.

Paralogisme naturaliste : argument qui conclut que si quelque chose est naturel, c'est donc comme cela que les choses devraient être, appliquant un jugement moral à la nature ou le déduisant de celle-ci. Il est étroitement lié avec le sophisme de la Loi de Hume et celui de l'invocation à la nature (voire interchangeable avec, pour la plupart des non-philosophes).

Paysage adaptatif : cadre métaphorique utilisé pour conceptualiser le fonctionnement de la sélection et de l'adaptation. Introduit par Sewall Wright en 1932[3], une brève explication se trouve en note 19 du chapitre 3.

Phénotype : propriétés structurelles et fonctionnelles observables d'un individu. Voir aussi *génotype*.

Plasticité : capacité d'un organisme à varier morphologiquement, physiologiquement ou comportementalement en fonction de la variation ou de la fluctuation de l'environnement.

Pléiotropie antagoniste : forme de pléiotropie (dans laquelle un gène a des effets sur plusieurs traits) dans laquelle les effets d'aptitude sont contraires les uns aux autres. En ce qui concerne la sénescence, un effet est bénéfique en début de vie, tandis qu'un autre est préjudiciable en fin de vie.

Polygynie : type de système de reproduction dans lequel un mâle s'accouple avec plusieurs femelles. Souvent appelée polygamie dans le langage courant, mais techniquement, la polygamie peut se référer à l'asymétrie du nombre de partenaires sexuels dans un sens ou dans l'autre, et comprend donc à la fois la polygynie (un mâle, plusieurs femelles – fréquent chez les vertébrés) et la polyandrie (une femelle, plusieurs mâles – très rare). Voir aussi *monogamie*.

Principe Oméga (tel que présenté dans ce livre) :
sensu lato : les phénomènes épigénétiques sont, sur le plan de l'évolution, supérieurs aux phénomènes génétiques car ils sont plus rapidement adaptables ;
sensu lato : les phénomènes épigénétiques sont en aval de la génétique, donc en fin de compte, c'est la génétique qui contrôle.

Principes premiers : hypothèses les plus fondamentales et les plus sûres relatives à un domaine (comme les axiomes en mathématiques).

Proximal : registre mécaniste d'explication du fonctionnement d'une structure ou d'un processus donné. Voir aussi *ultime*.

Réification : la réification consiste à réifier, c'est-à-dire à transformer en chose ce qui ne l'est pas, tel que considérer une personne comme un objet ou bien une idée abstraite comme un élément concret.

Sélection : processus qui fait qu'un modèle devient plus commun qu'un autre modèle. Pas intrinsèquement biotique.

***Sensu lato*:** locution latine signifiant « au sens large ». À l'origine, cette locution est utilisée, avec *sensu stricto*, pour distinguer les noms de groupes taxonomiques dont l'appartenance est contestée. Dans cet ouvrage, elle est utilisée pour indiquer les significations plus larges, plus inclusives de termes donnés.

***Sensu stricto*:** locution latine signifiant « au sens strict ». Voir aussi *sensu lato*.

Somme non nulle : opportunité dans laquelle un avantage pour un individu ne s'accompagne pas nécessairement d'un coût pour ses congénères. Voir aussi *somme nulle*.

Somme nulle : opportunité dans laquelle un bénéfice pour un individu entraîne un coût équivalent pour ses congénères. Voir aussi *somme non nulle*.

Spécialiste : espèce ou individu ayant des tolérances étroites, ou étant adapté à une niche très étroite. Voir aussi *généraliste*.

Stratégie évolutivement stable : stratégie qui, une fois adoptée par la plupart des membres d'une population, n'est pas remplaçable par des stratégies concurrentes.

Subadulte : se dit d'un animal ayant dépassé le stade juvénile, mais ne présentant pas encore toutes les caractéristiques de l'adulte.

Système de reproduction : modèle d'accouplement entre les individus d'une population, y compris et en particulier le nombre typique de partenaires simultanés des membres de chaque sexe.

Théorie de l'esprit : capacité à déduire les états mentaux – tels que les croyances, les émotions ou les connaissances – des autres, surtout lorsqu'ils sont différents des siens.

Théorie des jeux : étude et modélisation des interactions stratégiques entre deux ou plusieurs individus. Particulièrement importante lorsque la stratégie optimale dépend des mouvements les plus susceptibles d'être adoptés par les autres.

Ultime : registre évolutif d'explication d'une structure ou d'un processus donné. Voir aussi *proximal*.

WEIRD (que l'on peut traduire par BIZARRE en français) : terme utilisé dans ce livre pour désigner des pays *Occidentaux* (***W**estern* en anglais) dont la population est Instruite (***E**ducated* en anglais) ; l'économie ***I**ndustrialisée* ; et qui sont ***R**iches* et ***D**émocratiques*.

Lectures complémentaires recommandées

Chapitre 1 – La niche humaine

Dawkins R. *The Selfish Gene*. New York: Oxford University Press, 1976.
(Édition française : Dawkins R. *Le Gène égoïste*. Odile Jacob, 2003).

Mann CC. *1491: New Revelations of the Americas before Columbus*. New York: Alfred A. Knopf, 2005.
(Édition française : Mann CC. *1491 : Nouvelles Révélations sur les Amériques avant Colomb*. Albin Michel, 2007).

Meltzer DJ. *First Peoples in a New World: Colonizing Ice Age America*. Berkeley: University of California Press, 2009.

Chapitre 2 – Une brève histoire de la lignée humaine

Dawkins R, Wong Y. *The Ancestor's Tale: A Pilgrimage to the Dawn of Evolution. New York:* Houghton Mifflin, 2004.
(Édition française : Dawkins R, Wong Y. *Il était une fois nos ancêtres*. Robert Laffont, 2007).

Shostak M. *Nisa: The Life and Words of a!Kung Woman*. Cambridge, MA: Harvard University Press, 2009.
(Édition française : Shostak M. *Nisa. Une vie de femme*. Payot, 2010).
Shubin N. *Your Inner Fish: A Journey into the 3.5-Billion-Year History of the Human Body*. New York: Vintage, 2008.

(Édition française : Shubin N. *Au commencement était le poisson.* Robert Laffont, 2009).

Chapitre 3 – Corps anciens, monde moderne et Chapitre 4 – Médecine

Burr C. *The Emperor of Scent: A True Story of Perfume and Obsession.* Random House, 2004.

Lieberman D. *The Story of the Human Body: Evolution, Health, and Disease.* New York: Vintage, 2014.
(Édition française : Lieberman D. *L'Histoire du corps humain.* JC Lattès, 2015).

Muller JZ. *The Tyranny of Metrics.* Princeton, NJ: Princeton University Press, 2018.
(Édition française : Muller JZ. *La Tyrannie des métriques.* Markus Haller, 2020).

Nesse RM, Williams GC. *Why We Get Sick: The New Science of Darwinian Medicine.* New York: Vintage, 1996.
(Édition française : Nesse RM, Williams GC. *Pourquoi nous tombons malades.* De Boeck Sup, 2013).

Chapitre 5 – L'alimentation

Nabhan GP. *Food, Genes, and Culture: Eating Right for Your Origins.* Washington, D.C.: Island Press, 2013.

Pollan M. *The Omnivore's Dilemma: A Natural History of Four Meals.* New York: Penguin Press, 2006.

Wrangham R. *Catching Fire: How Cooking Made Us Human.* New York: Basic Books, 2009.

Chapitre 6 – Le sommeil

Walker M. *Why We Sleep: Unlocking the Power of Sleep and Dreams.* New York: Scribner, 2017.

Chapitre 7 – Sexe et genre

Buss DM. *The Evolution of Desire: Strategies of Human Mating.* New York: Basic Books, 2016.

Low BS. *Why Sex Matters: A Darwinian Look at Human Behavior.* Princeton, NJ: Princeton University Press, 2015.

Chapitre 8 – Parentalité et relation amoureuse

Hrdy SB. *Mother Nature: A History of Mothers, Infants, and Natural Selection.* New York: Pantheon, 1999.
(Édition française : Hrdy SB. *Les Instincts Maternels.* Payot, 2004).

Junger S. *Tribe: On Homecoming and Belonging.* New York: Twelve, 2016.
(Édition française : Junger S. *Tribu.* Les Belles Lettres, 2019).

Shenk JW. *Powers of Two: How Relationships Drive Creativity.* New York: Houghton Mifflin Harcourt, 2014.

Chapitre 9 – L'enfance

Gray P. *Free to Learn: Why Unleashing the Instinct to Play Will Make Our Children Happier, More Self-Reliant, and Better Students for Life.* New York: Basic Books, 2013.
(Édition française : Gray P. *Libre pour apprendre.* Actes Sud, 2016).

Lancy DF. *The Anthropology of Childhood: Cherubs, Chattel, Changelings.* Cambridge: Cambridge University Press, 2014.
(Édition française : Lancy DF. *Anthropologie de l'enfance.* Le Hêtre Myriadis, 2022).

Chapitre 10 – L'école

Crawford MB. *Shop Class as Soulcraft: An Inquiry into the Value of Work.* New York: Penguin Press, 2009.
(Édition française : Crawford MB. *Éloge du carburateur.* La Découverte, 2016).

Gatto JT. *Weapons of Mass Instruction: A Schoolteacher's Journey through the Dark World of Compulsory Schooling.* Gabriola Island: New Society Publishers, 2010.
Jensen D. *Walking on Water: Reading, Writing, and Revolution.* White River Junction, VT: Chelsea Green Publishing, 2005.

Chapitre 11 – Devenir adultes

de Waal F. *Mama's Last Hug: Animal Emotions and What They Tell Us about Ourselves.* New York: W. W. Norton, 2019. (Édition française : de Waal F. *La Dernière Étreinte.* Les Liens Qui Libèrent, 2021).

Kotler S, Wheal J. *Stealing Fire: How Silicon Valley, the Navy SEALs, and Maverick Scientists Are Revolutionizing the Way We Live and Work.* New York: HarperCollins, 2017.

Lukianoff G, Haidt J. *The Coddling of the American Mind: How Good Intentions and Bad Ideas Are Setting Up a Generation for Failure.* New York: Penguin Books, 2019.

Chapitre 12 – Culture et conscience

Cheney DL, Seyfarth RM. *Baboon Metaphysics: The Evolution of a Social Mind.* Chicago: University of Chicago Press, 2008.

Ehrenreich B. *Dancing in the Streets: A History of Collective Joy.* New York: Metropolitan Books, 2007.

Chapitre 13 – La Quatrième Frontière

Alexander RD. *How Did Humans Evolve? Reflections on the Uniquely Unique Species.* Ann Arbor, MI: Museum of Zoology, University of Michigan, Special Publication No. 1,1990.

Diamond JM. *Guns, Germs and Steel: A Short History of Everybody for the Last 13,000 Years.* New York: Random House, 1998

Sapolsky RM. *Behave: The Biology of Humans at Our Best and Worst.* New York: Penguin Press, 2017.

Parmi les textes plus techniques mais néanmoins excellents, on peut citer :

Jablonka E, Lamb MJ. *Evolution in Four Dimensions: Genetic, Epigenetic, Behavioral, and Symbolic Variation in the History of Life.* Revised edition. Cambridge, MA: MIT Press, 2014.

West-Eberhard MJ. *Developmental Plasticity and Evolution.* New York: Oxford University Press, 2003.

Notes

→ Introduction

1. Voir Weinstein E, *A Portal Special Presentation–Geometric Unity:* A First Look. Vidéo YouTube, 2 avril 2021. Disponible à l'adresse : https://youtu.be/Z7rd04KzLcg

2. Il existe en fait trois sophismes logiques étroitement liés, sur lesquels les philosophes aiment nous reprendre lorsque nous les utilisons de manière imprécise : le paralogisme naturaliste, l'invocation à la nature et la loi de Hume.

→ Chapitre 1 – La niche humaine

1. Tamm E *et al.* Beringian standstill and spread of Native American founders. *PloS One.* 2007; 2(9): e829.

2. Cette affirmation est encore quelque peu controversée, mais cet article non primaire expose clairement certaines des preuves : Wade L. On the trail of ancient mariners. *Science.* 2017; 357(6351): 542–545.

3. Carrara PE, Ager TA, Baichtal JF. Possible refugia in the Alexander Archipelago of southeastern Alaska during the late Wisconsin glaciation. *Canadian Journal of Earth Sciences.* 2007; 44(2): 229–244.

4. La date à laquelle les Amériques ont été peuplées pour la première fois relève de la légende. Voici trois articles évalués par des pairs qui utilisent des preuves différentes pour appuyer une arrivée des Béringiens dans le Nouveau Monde il y a au moins seize mille ans : Dillehay TD *et al.* New archaeological evidence for an early human presence at Monte Verde, Chile. *PloS One.* 2015; 10(11): e0141923 ; Llamas B *et al.* Ancient mitochondrial DNA provides high-resolution time scale of the peopling of the Americas. *Science Advances.* 2016; 2(4): e1501385 ; Davis LG *et al.* Late Upper Paleolithic occupation at Cooper's Ferry, Idaho, USA, ~16,000 years ago. *Science.* 2019; 365(6456): 891–897.

5. Certaines des preuves d'un peuplement encore plus ancien des Amériques proviennent d'artefacts culturels de grottes de haute altitude au Mexique : Ardelean CF *et al.* Evidence of human occupation in Mexico around the Last Glacial Maximum. *Nature.* 2020; 584(7819): 87–92 ; Becerra-Valdivia L, Higham T. The timing and effect of the earliest human arrivals in North America: *Nature.* 2020; 584(7819): 93–97.

6. Ces premiers Américains avaient sans doute pêché les eaux froides de l'océan en descendant la côte depuis la Béringie, mais ils étaient désormais nombreux à vivre de la terre, développant de nouvelles compétences et technologies. Peut-être étaient-ils itinérants, se répandant le long de la côte, puis à travers les terres, en éventail, avant de s'établir de façon permanente. Ils ont peut-être passé quelques saisons à se replier, et se sont déplacés quand il était plus facile de le faire – la nourriture étant plus abondante, le climat moins dangereux. L'eau douce aurait été limitante pour eux, nécessaire, comme elle l'est pour toute vie, et ils se seraient donc probablement regroupés autour de lacs et de ruisseaux. Ils auraient rencontré des rivières qui se remplissaient de saumons chaque année. Les Béringiens ont probablement pêché le saumon en Béringie, et peut-être que la technologie qu'ils ont développée là-bas, dans les plaines du nord, leur a permis de pêcher pendant leur voyage vers la côte ouest de l'Amérique du Nord. Peut-être les populations de saumons sont-elles revenues dans les rivières qui s'écoulaient vers la mer sous les minces couches de glace, et c'est le saumon qui a conduit les Béringiens vers le sud : tant qu'il y avait des poissons, il y avait de la vie. Ou peut-être la technologie a-t-elle dû changer en allant vers le sud, la géologie et les rivières changeant avec la latitude, et certaines populations ont oublié leurs habitudes de pêche au saumon, pendant un certain temps. Peut-être que cette mémoire culturelle de la pêche au saumon était latente, juste sous la surface.

7. Du moins pas sur la Terre.

8. Dans *Greenes, Groats-worth of Witte, Bought with a Million of Repentance*, un pamphlet publié sous le nom du dramaturge Robert Greene en 1592.

9. Les humains sont extraordinairement extraordinaires, et uniquement uniques : Alexander RD. *How Did Humans Evolve? Reflections on the Uniquely Unique Species.* Ann Arbor, MI: Museum of Zoology, University of Michigan, Special Publication No. 1, 1990.

10. Ce qui est amusant avec les paradoxes, c'est que dans un sens, ils ne peuvent pas être réels. Il ne peut y avoir de véritable contradiction dans la structure de l'univers – toutes les vérités doivent se concilier d'une manière ou d'une autre. C'est l'hypothèse qui sous-tend la démarche scientifique elle-même. La science est la recherche des idées qui concilient les paradoxes. Comme l'a dit un jour Niels Bohr, « C'est merveilleux que nous ayons rencontré un paradoxe. Maintenant, nous avons quelque espoir de progresser. »

11. Voir, par exemple, les nombreux ouvrages de Mihály Csíkzentmihályi sur le *flow*.

12. La Folie des Crédules est liée au concept économique de l'actualisation, ainsi qu'au « piège du progrès », clairement exposé dans O'Leary DB. *Escaping the Progress Trap.* Montreal: Geozone Communications, 2007.

13. Dernier Ancêtre Commun (DAC) est un terme de la systématique phylo-génétique ; mais pour limiter le jargon, nous n'utilisons pas les majuscules, puisque les mots expriment bien ce qu'ils semblent dire.

14. Si les gens s'opposent à ce que la théorie de l'évolution soit invoquée pour expliquer le comportement ou la culture, c'est en partie parce que, peu après sa découverte, la théorie de l'évolution a été détournée et utilisée pour justifier des conclusions et des politiques sociales régressives sous l'égide du « darwinisme social » pseudo-scientifique. De même, le mot « lignage » a été utilisé à des fins peu recommandables. De telles erreurs de pensée ont donné lieu, entre autres, à l'idée que la richesse des nantis de la Période Dorée américaine était un indicateur de leur supériorité évolutive, à plus d'un siècle de stérilisations forcées dans toute l'Amérique, et au nazisme. De telles erreurs révèlent le paralogisme naturaliste en action : ayant compris correctement que nous sommes les produits de l'évolution, il est facile, bien qu'erroné, pour ceux qui sont au pouvoir, de prétendre que leur pouvoir est la preuve de leur supériorité (première erreur), et pas seulement maintenant mais pour toujours (deuxième erreur). Pour en savoir plus, voir : Nittle NK The government's role in sterilizing women of color. ThoughtCo, 2021. Disponible à l'adresse : https://www.thoughtco.com/u-s-governments-role-sterilizing-women-of-color-2834600 ; *Radiolab*, épisode du podcast « G : Unfit », diffusé pour la première fois le 17 juillet 2019, téléchargement et transcription disponibles à l'adresse https://www.wnycstudios.org/podcasts/radiolab/articles/g-unfit.

15. La distinction entre individu et population est essentielle. Le fait d'appartenir à une certaine population – les femmes, les Européens, les droitiers – ne spécifie que très peu de vérités absolues sur l'individu, tout en rendant de nombreuses autres caractéristiques plus ou moins probables pour les membres individuels de ce groupe.
16. Dawkins R. *The Selfish Gene* (30th anniversary ed. [2006]). New York: Oxford University Press, 1976, 192.
17. Nous avons présenté pour la première fois le concept du principe Oméga en dehors de la salle de cours lors d'un événement de la Fondation Baumann sur le thème « Être humain » à San Francisco en juillet 2014, à l'invitation de Peter Baumann. Notre présentation, d'une durée de neuf heures réparties sur deux jours, comprenait un grand nombre des idées présentées ici. Nous avons présenté un travail similaire à la Fondation Leakey en avril 2015. Nous restons reconnaissants aux deux pour ces opportunités.

→ Chapitre 2 – Une brève histoire de la lignée humaine

1. (Presque) tous ces exemples proviennent de Brown D. *Human Universals.* New York: McGraw Hill, 1991.
2. Brunet T, King N. *The origin of animal multicellularity and cell differentiation. Developmental Cell*, 2017; 43(2): 124–140.
3. Les paléognathes (littéralement : « vieilles mâchoires ») comprennent la plupart des clades d'oiseaux incapables de voler, mais des éléments moléculaires suggèrent qu'il y a eu plusieurs évolutions de l'incapacité de voler, et qu'ils n'ont pas tous évolué à partir d'un ancêtre incapable de voler. Mitchell KJ *et al.* Ancient DNA reveals elephant birds and kiwi are sister taxa and clarifies ratite bird evolution. *Science.* 2014; 344(6186): 898–900.
4. Espinasa L, Rivas-Manzano P, Pérez HE. A new blind cave fish population of genus Astyanax: Geography, morphology and behavior. *Environmental Biology of Fishes.* 2001; 62(1–3): 339–344.
5. Welch DBM, Meselson M. Evidence for the evolution of bdelloid rotifers without sexual reproduction or genetic exchange. *Science.* 2000; 288(5469): 1211–1215.
6. Gladyshev E, Meselson M. Extreme resistance of bdelloid rotifers to ionizing radiation. *Proceedings of the National Academy of Sciences.* 2008; 105(13): 5139–5144.
7. En fait, notre lignée se reproduit sexuellement depuis bien plus longtemps que cela – entre un et deux milliards d'années selon de nombreuses estimations. Cinq cents millions d'années est une estimation prudente qui correspond à peu près à l'évolution des vertébrés.
8. Dunn CW *et al.* Animal phylogeny and its evolutionary implications. *Annual Review of Ecology, Evolution, and Systematics.* 2014; 45: 371–395.
9. Dunn C. *et al.*, 2014.
10. Zhu M *et al.* A Silurian placoderm with osteichthyan-like marginal jaw bones. *Nature.* 2013; 502(7470): 188–193.
11. Pour plus d'informations sur ce type de raisonnement, voir Weinstein B. On being a fish. Inference: International *Review of Science*, 2(3): Septembre 2016. Disponible à l'adresse https://inference-review.com/article/on-being-a-fish.
12. Springer, MS *et al.* Placental mammal diversification and the Cretaceous–Tertiary boundary. *Proceedings of the National Academy of Sciences.* 2003; 100(3): 1056–1061 ; Foley NM, Springer MS, Teeling EC. Mammal madness: Is the mammal tree of life not yet resolved? *Philosophical Transactions of the Royal Society B: Biological Sciences.* 2016; 371(1699): 1056–1061.
13. Caractère est un terme de la systématique, science qui consiste à découvrir l'histoire profonde des relations entre les organismes. Dans le langage courant, caractéristique est une approximation assez proche mais imparfaite.

14. Connue comme la contrainte de Carrier.
15. Parmi ces adaptations des premiers mammifères, on peut citer le cœur à quatre chambres (circulation), le diaphragme (respiration), la démarche parasagittale (locomotion), l'anatomie unique de notre oreille interne (audition), qui est liée à la présence d'un seul os dans la mâchoire inférieure, ce qui, combiné à la fosse temporale comme point d'attache des muscles de la mâchoire, permet une plus grande force de morsure, et l'anse de Henle dans le rein, qui affine notre excrétion des déchets azotés.
16. Renne PR *et al.* State shift in Deccan volcanism at the Cretaceous-Paleogene boundary, possibly induced by impact. *Science.* 2015; 350(6256): 76–78.
17. Par exemple, Silcox MT, López-Torres S. Major questions in the study of primate origins. *Annual Review of Earth and Planetary Sciences.* 2017; 45: 113–137.
18. Bret n'est pas certain de cette affirmation.
19. Voir par exemple Steiper ME, Young NM. Primate molecular divergence dates. *Molecular Phylogenetics and Evolution.* 2006 ; 41(2): 384–394; Stevens NJ *et al.* Palaeontological evidence for an Oligocene divergence between Old World monkeys and apes. *Nature.* 2013; 497(7451): 611.
20. Voir par exemple Wilkinson RD *et al.* Dating primate divergences through an integrated analysis of palaeontological and molecular data. *Systematic Biology.* 2010; 60(1): 16–31.
21. Hobbes T. Leviathan,1651. Chapitre XIII: Of the Natural Condition of Mankind as Concerning Their Felicity and Misery.
22. Niemitz C. The evolution of the upright posture and gait–a review and a new synthesis. *Naturwissenschaften.* 2010; 97(3): 241–263.
23. Preuschoft H. Mechanisms for the acquisition of habitual bipedality: Are there biomechanical reasons for the acquisition of upright bipedal posture? *Journal of Anatomy.* 2004; 204(5): 363–384.
24. Hewes GW. Food transport and the origin of hominid bipedalism. *American Anthropologist.* 1961; 63(4): 687–710.
25. Voir par exemple Provine RR. Laughter as an approach to vocal evolution: The bipedal theory. *Psychonomic Bulletin & Review.* 2017; 24(1): 238–244.
26. Alexander RD. *How Did Humans Evolve? Reflections on the Uniquely Unique Species.* Ann Arbor, MI: Museum of Zoology, University of Michigan. Special Publication No. 1, 1990.
27. Voir par exemple Conard NJ. An Overview of the Patterns of Behavioural Change in Africa and Eurasia during the Middle and Late Pleistocene. In : *From Tools to Symbols: From Early Hominids to Modern Humans*, d'Errico F, Backwell L, Malauzat B, New York: NYU Press, 2005; 294–332.
28. Aubert M *et al.* Pleistocene cave art from Sulawesi, Indonesia. *Nature.* 2014; 514 (7521): 223.
29. Hoffmann DL *et al.* U-Th dating of carbonate crusts reveals Neandertal origin of Iberian cave art. *Science.* 2018; 359(6378): 912–915.
30. Lynch TF. Chobshi cave in retrospect. *Andean Past*, 1989; 2(1): 4.
31. Stephens L *et al.* Archaeological assessment reveals Earth's early transformation through land use. *Science.* 2019; 365(6456): 897–902.
32. À l'aide des registres de naissance et de décès de personnes suffisamment célèbres pour que leur naissance et leur décès soient enregistrés, les scientifiques ont récemment cartographié les centres culturels depuis l'époque de l'Empire romain. Schich M *et al.* A network framework of cultural history. *Science.* 2014; 345(6196): 558–562.

→ Chapitre 3 – Corps anciens, monde moderne

1. Segall M, Campbell D, Herskovits MJ. *The Influence of Culture on Visual Perception.* New York: Bobbs-Merrill, 1966.

2. Hubel DH, Wiesel TN. Effects of monocular deprivation in kittens. *Naunyn-Schmiedebergs Archiv for Experimentelle Pathologie und Pharmakologie.* 1964; 248: 492–497.
3. Voir par exemple Henrich J, Heine SJ, Norenzayan A. The weirdest people in the world? *Behavioral and Brain Sciences.* 2010; 33(2–3): 61–83 ; Gurven MD, Lieberman D. WEIRD bodies: Mismatch, medicine and missing diversity. *Evolution and Human Behavior.* 2020; 41(2020): 330–340.
4. Holden C, Mace R. Phylogenetic analysis of the evolution of lactose digestion in adults. *Human Biology.* 1997; 81(5/6): 597–620.
5. Flatz G. Genetics of Lactose Digestion in Humans. In : *Advances in Human Genetics.* Boston: Springer, 1987; 1–77.
6. Segall, Campbell, Herskovits, *Influence of Culture*, 32.
7. Owen N, Bauman A, Brown W. Too much sitting: A novel and important predictor of chronic disease risk? *British Journal of Sports Medicine.* 2009; 43(2): 81–83.
8. Metchnikoff E. *The Nature of Man*, comme cité dans Keith A. The functional nature of the caecum and appendix. *British Medical Journal.* 1912 ; 2: 1599–1602.
9. Keith, Functional nature of the caecum and appendix.
10. Dans le cas des ours polaires, l'avantage d'être blanc a sûrement motivé la perte de pigment dans leur fourrure. Dans le cas des rats taupiers nus, l'absence de poils peut présenter un avantage, comme la résistance aux parasites, ou peut avoir été simplement motivée par les économies, car les rats taupiers nus vivent dans des environnements isolés et souterrains.
11. Berry RJA. The true caecal apex, or the vermiform appendix: Its minute and comparative anatomy. *Journal of Anatomy and Physiology.* 1900; 35(Part 1): 83–105.
12. Laurin M, Everett ML, Parker W. The cecal appendix: One more immune component with a function disturbed by post-industrial culture. *Anatomical Record: Advances in Integrative Anatomy and Evolutionary Biology.* 2011; 294(4): 567–579.
13. Bollinger RR *et al.* Biofilms in the large bowel suggest an apparent function of the human vermiform appendix. *Journal of Theoretical Biology.* 2007; 249(4): 826–831.
14. Boschi-Pinto C, Velebit L, Shibuya K. Estimating child mortality due to diarrhoea in developing countries. *Bulletin of the World Health Organization.* 2008; 86: 710–717.
15. Laurin, Everett, Parker. The cecal appendix, 569.
16. Bickler SW, DeMaio A. Western diseases: Current concepts and implications for pediatric surgery research and practice. *Pediatric Surgery International.* 2008; 24(3): 251–255.
17. Rook GA. Review series on helminths, immune modulation and the hygiene hypothesis: The broader implications of the hygiene hypothesis. *Immunology.* 2009; 126(1): 3–11.
18. Chesterton GK. The Drift from Domesticity. In : *The Thing.* Aeterna Press, 1929.
19. La métaphore des paysages adaptatifs est souvent décrite comme des chaînes de pics et de vallées, mais il est plus facile de comprendre leurs implications évolutives en considérant une couche de glace transparente à la surface d'un étang. Les bulles d'air qui flottent dans l'eau sont piégées sous la glace et remontent sous l'effet de la gravité pour trouver les sommets. Ces pics représentent des opportunités écologiques, et les bulles représentent des créatures évoluant pour exploiter ces opportunités par le biais d'une adaptation évolutive. La force de gravité représente la force de sélection qui affine les organismes, les adaptant à leur niche. Plus le pic est grand, plus l'opportunité écologique qu'il représente est importante. Les « vallées » de glace épaisse représentent les obstacles qui empêchent les bulles de se déplacer entre les pics. Cette métaphore est utile pour conceptualiser la dynamique de l'évolution, en particulier lorsque le processus est contre-intuitif. Prenons, par exemple, le cas d'une petite bulle piégée dans un pic bas situé juste à côté d'un pic plus haut. Les pics plus hauts représentent de meilleures opportunités, on s'attend donc à ce que la sélection déplace les choses des pics bas vers ceux plus hauts. Mais cette expectative est fausse. La sélection n'a aucun moyen de rendre les créatures pires afin de les

améliorer par la suite, tout comme la gravité ne peut pas déplacer une bulle plus profondément dans l'eau afin qu'elle monte plus haut ailleurs. Une autre force doit être responsable de tout mouvement descendant, comme quelqu'un qui sauterait sur la glace. En outre, la probabilité qu'une bulle se déplace d'un sommet bas vers un sommet élevé n'est pas liée à la différence de hauteur entre les deux, comme on pourrait s'y attendre. Elle est plutôt liée à la profondeur de la vallée qui les sépare. Plus la vallée est profonde, plus l'obstacle à la découverte d'une opportunité est grand. Cette métaphore a été présentée pour la première fois ici : Wright S. The roles of mutation, inbreeding, crossbreeding, and selection in evolution. *Proceedings of the Sixth International Congress of Genetics.* 1932; 1: 356–366.

20. Il existe un troisième type, le compromis statistique, mais il ne s'agit pas vraiment d'un compromis. Il s'agit plutôt d'une observation selon laquelle les individus présentant des caractéristiques multiples et peu communes sont plus rares que les individus présentant une seule caractéristique peu commune. Vous voulez un chien gris ? Parfait. Vous voulez un chien géant ? Bien sûr. Vous voulez un chien gris et géant ? C'est beaucoup plus difficile à obtenir. Pour un développement plus poussé de la métaphore des paysages adaptatifs dans son application aux compromis, et notamment une réimagination du paysage comme un volume qui se remplit au fur et à mesure que les individus trouvent des opportunités, ce qui lui permet d'expliquer à la fois la diversification des formes et l'exploration de nouveaux espaces, au sens propre comme au sens figuré, voir Weinstein BS. Evolutionary Trade-offs: Emergent Constraints and Their Adaptive Consequences. Mémoire présenté en vue de satisfaire partiellement aux exigences du diplôme de docteur en philosophie (biologie), université du Michigan, 2009.

21. Nous faisons ici référence aux poissons « poissonneux » (par exemple, les saumons, les poissons-anges, les gobies) pour les distinguer de tous les poissons, clade auquel nous appartenons. Voir chapitre 2, ainsi que Weinstein B. On being a fish. *Inference: International Review of Science*, 2(3): Septembre 2016.

22. Schrank AJ, Webb PW, Mayberry S. How do body and paired-finpositions affect the ability of three teleost fishes to maneuver around bends? *Canadian Journal of Zoology.* 1999; 77(2): 203–210.

23. L'idée est que même deux qualités qui ne semblent pas être liées sont en relation de compromis l'une avec l'autre. Voir Weinstein, Evolutionary Trade-offs.

24. Un terme forgé ici : Dawkins R. *The Extended Phenotype.* Oxford: Oxford University Press, 1982.

25. Un autre type de photosynthèse, la C4, sépare dans l'espace ce que la CAM sépare dans le temps, et est, comme la CAM, à la fois une adaptation aux conditions chaudes et sèches et plus coûteuse métaboliquement que la photosynthèse C3.

26. C'est ce que notre professeur George Estabrook a raconté à Bret il y a de nombreuses années.

27. Pour une fantastique histoire scientifique, voir Burr C. *The Emperor of Scent: A True Story of Perfume and Obsession.* New York: Random House, 2004.

28. Feinstein JS *et al.* Fear and panic in humans with bilateral amygdala damage. *Nature Neuroscience.* 2013; 16(3): 270–272.

→ Chapitre 4 – La médecine

1. Pour une analyse relativement ancienne, devenue un classique, voir Nesse R, Williams G. *Why We Get Sick: The New Science of Darwinian Medicine.* New York: Vintage, 1996.

2. Tenger-Trolander A *et al.* Contemporary loss of migration in monarch butterflies. *Proceedings of the National Academy of Sciences.* 2019; 116(29): 14671–14676.

3. Britt A *et al.* Diet and feeding behaviour of Indri indri in a low-altitude rain forest. *Folia Primatologica.* 2002; 73(5): 225–239.
4. Le premier des essais de Hayek sur le sujet est : Hayek FA. Scientism and the study of society. Part I. *Economica.* 1942; 9(35): 267–291. Voir également Hayek FA. The use of knowledge in society. *The American Economic Review*, 1945; 35(4): 519–530.
5. Aviv R. Bitter pill. *New Yorker*, 2019. Disponible à l'adresse : https://www.newyorker.com/magazine/2019/04/08/the-challenge-of-going-off-psychiatric-drugs.
6. Voir par exemple Choi KW *et al.* Physical activity offsets genetic risk for incident depression assessed via electronic health records in a biobank cohort study. *Depression and Anxiety.* 2020; 37(2): 106–114.
7. Tomasi D, Gates S, Reyns E. Positive patient response to a structured exercise program delivered in inpatient psychiatry. *Global Advances in Health and Medicine.* 2019; 8: 1–10.
8. Gritters J. Is CBG the new CBD?, *Elemental*, sur Medium, 2019. Disponible à l'adresse : https://elemental.medium.com/is-cbg-the-new-cbd-6de59e568008.
9. Mann C. Is there still a good case for water fluoridation?, *Atlantic*, 2020. Disponible à l'adresse : https://www.theatlantic.com/magazine/archive/2020/04/why-fluoride-water/606784.
10. Choi AL *et al.* Association of lifetime exposure to fluoride and cognitive functions in Chinese children: A pilot study. *Neurotoxicology and Teratology.* 2015; 47: 96–101.
11. Malin AJ *et al.* Fluoride exposure and thyroid function among adults living in Canada: Effect modification by iodine status. *Environment International.* 2018; 121: 667–674.
12. Damkaer DM, Dey DB. Evidence for fluoride effects on salmon passage at John Day Dam, Columbia River, 1982–1986. *North American Journal of Fisheries Management.* 1989; 9(2): 154–162.
13. Abdelli LS, Samsam A, Naser SA. Propionic acid induces gliosis and neuro-inflammation through modulation of PTEN/AKT pathway in autism spectrum disorder. *Scientific Reports.* 2019; 9(1): 1–12.
14. Autier P *et al.* Vitamin D status and ill health: A systematic review. *Lancet Diabetes & Endocrinology.* 2014; 2(1): 76–89.
15. Jacobsen R. Is sunscreen the new margarine? *Outside Magazine.* 2019. Disponible à l'adresse : https://www.outsideonline.com/2380751/sunscreen-sun-exposure-skin-cancer-science.
16. Lindqvist PG *et al.* Avoidance of sun exposure as a risk factor for major causes of death: A competing risk analysis of the melanoma in southern Sweden cohort. *Journal of Internal Medicine.* 2016; 280(4): 375–387.
17. Marchant J. When antibiotics turn toxic. *Nature.* 2018; 555(7697): 431–433.
18. Mayr E. Cause and effect in biology. *Science.* 1961; 134(3489): 1501–1506.
19. Dobzhansky D. Nothing in Biology Makes Sense except in the Light of Evolution. *The American Biology Teacher.* 1973; 35(3): 125–129.
20. En réponse à cette rhétorique politique confuse, nous avons commencé à diffuser en livestreaming fin mars 2020, en grande partie sur le thème du Covid-19 sur les deux premiers mois. *The Evolutionary Lens*, la branche co-animée du podcast *DarkHorse* de Bret, présente chaque semaine la pensée évolutionniste sur ce sujet et bien d'autres.
21. Parmi de nombreuses autres raisons, il est de plus en plus évident que l'exercice atténue certains troubles de l'humeur. Voir par exemple Choi KW *et al.* Physical activity offsets genetic risk for incident depression assessed via electronic health records in a biobank cohort study. *Depression and Anxiety.* 2020; 37(2): 106–114.
22. Holowka NB *et al.* Foot callus thickness does not trade off protection for tactile sensitivity during walking. *Nature.* 2019; 571(7764): 261–264.
23. Jacka FN *et al.* A randomised controlled trial of dietary improvement for adults with major depression (the "SMILES" trial). *BMC Medicine.* 2017; 15(1): 23.

24. Lieberman D. *The Story of the Human Body: Evolution, Health, and Disease.* New York: Vintage, 2014.

→ Chapitre 5 – L'alimentation

1. Wrangham R. *Catching Fire: How Cooking Made Us Human.* New York: Basic Books, 2009; 80.
2. Craig WJ. Health effects of vegan diets. *American Journal of Clinical Nutrition.* 2009; 89(5): 1627S–1633S.
3. Wadley L *et al.* Cooked starchy rhizomes in Africa 170 thousand years ago. Science. 2020; 367(6473): 87–91.
4. Field H. Ancient wheat and barley from Kish, Mesopotamia. *American Anthropologist.* 1932; 34(2): 303–309.
5. Kaniewski D *et al.* Primary domestication and early uses of the emblematic olive tree: Palaeobotanical, historical and molecular evidence from the Middle East. *Biological Reviews.* 2012; 87(4): 885–899.
6. Bellwood PS. *First Farmers: The Origins of Agricultural Societies.* Oxford: Blackwell Publishing, 2005; 97.
7. Struhsaker TT, Hunkeler P. Evidence of tool-using by chimpanzees in the Ivory Coast. *Folia Primatologica.* 1971; 15(3–4): 212–219.
8. Goodall J. Tool-using and aimed throwing in a community of free-living chimpanzees. *Nature.* 1964; 201(4926): 1264–1266.
9. Marlowe FW *et al.* Honey, Hadza, hunter-gatherers, and human evolution. *Journal of Human Evolution.* 2014; 71: 119–128.
10. Harmand S *et al.* 3.3-million-year-old stone tools from Lomekwi 3, west Turkana, Kenya. *Nature.* 2015; 521(7552): 310–326.
11. De Heinzelin J *et al.* Environment and behavior of 2.5- million-year-old Bouri hominids. *Science.* 1999; 284(5414): 625–629.
12. Bellomo RV. Methods of determining early hominid behavioral activities associated with the controlled use of fire at FxJj 20 Main, Koobi Fora, Kenya. *Journal of Human Evolution.* 1994; 27(1–3): 173–195. Voir également Wrangham RW *et al.* The raw and the stolen: Cooking and the ecology of human origins. *Current Anthropology.* 1999; 40(5): 567–594.
13. Tylor EB. *Researches into the Early History of Mankind and the Development of Civilization.* London: John Murray, 1870; 231–239.
14. Darwin C. *The Descent of Man, and Selection in Relation to Sex.* London: Murray, 1871; 415. (Traduit en français : Darwin C. *La Filiation de l'homme et la sélection liée au sexe.* 1872)
15. Wrangham, *Catching Fire.*
16. En 1860, les explorateurs européens en Australie étaient au bord de la famine lorsqu'ils demandèrent de l'aide aux aborigènes Yandruwandha locaux. Ceux-ci leur indiquèrent les racines de l'abondante plante nardoo, qu'ils réduisirent en farine, lavèrent et cuisinèrent. Deux des Européens omirent de les laver et de les cuire, s'affaiblirent et moururent. L'un de leurs compagnons, qui mangeait avec et comme les Yandruwandha, était en excellente santé lorsqu'il fut secouru dix semaines plus tard (comme raconté dans Wrangham, *Catching Fire*, 35).
17. Wrangham, *Catching Fire*, 138–142.
18. *Tylor, Researches into the Early History of Mankind*, 233.
19. *Tylor, Researches into the Early History of Mankind*, 263.
20. Ce raccourci évolutionniste (« les graines ne veulent pas être mangées ») semblera étrange à certains, comme si nous attribuions une conscience ou une volonté aux graines. Ce n'est pas l'intention. Une version plus élaborée du même sentiment serait la suivante : « Les graines ne sont pas produites par les plantes avec l'intention d'être mangées. »

21. Toniello G *et al.* 11,500 y of human–clam relationships provide long-term context for intertidal management in the Salish Sea, *British Columbia. Proceedings of the National Academy of Sciences.* 2019; 116(44): 22106–22114.
22. Bellwood, *First Farmers.*
23. Arranz-Otaegui A *et al.* Archaeobotanical evidence reveals the origins of bread 14,400 years ago in northeastern Jordan. *Proceedings of the National Academy of Sciences.* 2018; 115(31): 7295–7930.
24. Brown D. *Human Universals.* New York: McGraw Hill, 1991.
25. Wu X *et al.* Early pottery at 20,000 years ago in Xianrendong Cave, China. *Science.* 2012; 336(6089): 1696–1700.
26. Braun DR *et al.* Early hominin diet included diverse terrestrial and aquatic animals 1.95 Ma in East Turkana, Kenya. *Proceedings of the National Academy of Sciences.* 2010; 107(22): 10002–10007.
27. Archer W *et al.* Early Pleistocene aquatic resource use in the Turkana Basin. *Journal of Human Evolution.* 2014; 77(2014): 74–87.
28. Marean CW *et al.* Early human use of marine resources and pigment in South Africa during the Middle Pleistocene. *Nature.* 2007; 449(7164): 905–908.
29. Koops K *et al.* Crab-fishing by chimpanzees in the Nimba Mountains, Guinea. *Journal of Human Evolution.* 2019; 133: 230–241.
30. Pollan M. *The Omnivore's Dilemma: A Natural History of Four Meals.* New York: Penguin Press, 2006.
31. Comme le dit Michael Pollan dans *The Omnivore's Dilemma*, si votre grand-mère ne le reconnaîtrait pas comme un aliment, ce n'est pas un aliment. Pour les femmes enceintes, cependant, il n'est pas aussi simple de manger de vrais aliments, car les fœtus sont également sensibles aux agents pathogènes provenant d'aliments que des adultes en bonne santé peuvent normalement consommer. Ainsi, hélas, la grossesse n'est pas le moment de manger du fromage de chèvre ou de brebis ou tout autre fromage cru ou affiné par la moisissure, ni du salami ou la plupart des charcuteries.
32. La collecte du miel sauvage est une activité hautement masculine dans toutes les cultures, comme le rapportent Murdock GP et Provost C. Factors in the division of labor by sex : A cross-cultural analysis. *Ethnology.* 1973; 12(2) : 203-225, ainsi que Marlowe *et al.* Honey, Hadza, hunter-gatherers.

→ Chapitre 6 – Le sommeil

1. Walker M. *Why We Sleep: Unlocking the Power of Sleep and Dreams.* New York: Scribner, 2017; 56–57.
2. Il est peu probable que les planètes verrouillées par les marées (dont la moitié est en permanence en plein jour et l'autre moitié en permanence dans la nuit parce qu'une seule moitié de la planète fait face au soleil) puissent accueillir la vie. Les différences entre les deux moitiés sont si extrêmes qu'il est peu probable qu'il existe une zone d'équilibre pour les planètes verrouillées.
3. Walker, *Why We Sleep*, 46–49. Les chercheurs ne catégorisent pas tous le sommeil de la même façon. Dans son livre, Walker utilise les termes « REM » et « non-REM », mais détaille également quatre stades du non-REM : les stades 3 et 4 correspondent au « sommeil à ondes lentes » ; les stades 1 et 2 sont peu profonds et légers en comparaison.
4. Shein-Idelson M *et al.* Slow waves, sharp waves, ripples, and REM in sleeping dragons. *Science.* 2016; 352(6285): 590–595.
5. Martin-Ordas G, Call J. Memory processing in great apes: The effect of time and sleep. *Biology Letters.* 2011; 7(6): 829–832.

6. Walker, *Why We Sleep*, 133.
7. Wright GA *et al.* Caffeine in floral nectar enhances a pollinator's memory of reward. Science. 2013; 339(6124): 1202–1204.
8. Phillips AJK *et al.* High sensitivity and interindividual variability in the response of the human circadian system to evening light. *Proceedings of the National Academy of Sciences.* 2019; 116(24): 12019–12024.
9. Voir par exemple Stevens RG *et al.* Adverse health effects of nighttime lighting: Comments on American Medical Association policy statement. *American Journal of Preventive Medicine.* 2013; 45(3): 343–346.
10. Hsiao HS. Flight paths of night-flying moths to light. *Journal of Insect Physiology.* 1973; 19(10): 1971–1976.
11. Le Tallec T, Perret M, Théry M. Light pollution modifies the expression of daily rhythms and behavior patterns in a nocturnal primate. *PloS One.* 2013; 8(11): e79250.
12. Gaston KJ *et al.* The ecological impacts of nighttime light pollution: A mechanistic appraisal. *Biological Reviews.* 2013; 88(4): 912–927.
13. Navara, KJ, Nelson RJ. The dark side of light at night: Physiological, epidemiological, and ecological consequences. *Journal of Pineal Research.* 2007; 43(3): 215–224.
14. Olini N, Kurth S, Huber R. The effects of caffeine on sleep and maturational markers in the rat. *PloS One.* 2013; 8(9): e72539.
15. Voir ce remarquable aperçu de ce que l'on savait déjà en 1975 sur les limites de la lumière artificielle pour maintenir les gens en bonne santé : Wurtman RJ. The effects of light on the human body. *Scientific American.* 1975; 233(1): 68–79.
16. Park YMM *et al.* Association of exposure to artificial light at night while sleeping with risk of obesity in women. *JAMA Internal Medicine.* 2019; 179(8): 1061–1071.
17. Kernbach ME *et al.* Dim light at night: Physiological effects and ecological consequences for infectious disease. *Integrative and Comparative Biology.* 2018; 58(5): 995–1007.

→ Chapitre 7 – Sexe et genre

1. Association of American Medical Colleges. *2019 Physician Specialty Data Report: Active Physicians by Sex and Specialty.* Washington, D.C.: AAMC, 2019. Disponible à l'adresse : https://www.aamc.org/data-reports/workforce/interactive-data/active-physicians-sex-and-specialty-2019.
2. Bureau of Labor Statistics, US Department of Labor. Labor Force Statistics from the Current Population Survey. 18. Employed persons by detailed industry, sex, race, and Hispanic or Latino ethnicity. [Consulté en octobre 2020]. Disponible à l'adresse : https://www.bls.gov/cps/cpsaat18.htm.
3. Bureau of Labor Statistics. Labor Force Statistics.
4. Eme L *et al.* On the age of eukaryotes: Evaluating evidence from fossils and molecular clocks. *Cold Spring Harbor Perspectives in Biology.* 2014; 6(8): a016139.
5. Il s'agit, bien sûr, d'une simplification excessive. Les organismes qui se reproduisent asexuellement peuvent en fait s'en sortir même en l'absence d'un environnement statique. Ils gèrent la stochasticité par la mutation et par des taux de reproduction plus élevés. Les organismes sexués s'appuient sur la recombinaison de gènes éprouvés pour maintenir un taux de changement adaptatif par rapport à leur environnement. La mutation reste (en fin de compte) la source de la nouveauté, mais le coût de la mutation est réparti sur l'ensemble d'une population, les bons gènes étant disséminés au lieu d'être limités à chaque lignée individuelle. Il s'agit de maintenir un taux de changement adaptatif par rapport à l'environnement. Si vous êtes simple, le clonage et la mutation fonctionnent. Si vous êtes complexe, le sexe est un meilleur choix. Les deux accomplissent la même chose, à savoir permettre suffisamment de changements pour correspondre à la stabilité historique de l'environnement.

6. Les exceptions notables sont les monotrèmes, les cinq espèces à la base de l'arbre des mammifères comprennent les échidnés et l'ornithorynque à bec de canard, qui ont neuf ou dix chromosomes sexuels (!). Voir par exemple Zhou Y *et al.* Platypus and echidna genomes reveal mammalian biology and evolution. *Nature.* 2021: 1–7.
7. Les oiseaux ont également une détermination génétique du sexe, mais leur système a évolué indépendamment et est inversé par rapport au paradigme des mammifères : les mâles sont ZZ (homogamétique), les femelles sont ZW (hétérogamétique).
8. Comme examiné dans Arnold AP. Sex Differences in the Age of Genetics. In : *Hormones, Brain and Behavior*, 3rd ed., Pfaff DW, Joels M, eds. Cambridge, UK: Academic Press, 2017; 33–48.
9. Ferretti MT *et al.* Sex differences in Alzheimer disease—the gateway to precision medicine. *Nature Reviews Neurology.* 2018; 14: 457–469.
10. Vetvik KG, MacGregor EA. Sex differences in the epidemiology, clinical features, and pathophysiology of migraine. *Lancet Neurology.* 2017; 16(1): 76–87.
11. Lynch WJ, Roth ME, Carroll ME. Biological basis of sex differences in drug abuse: Preclinical and clinical studies. *Psychopharmacology.* 2002; 164(2): 121–137.
12. Szewczyk-Krolikowski K *et al.* The influence of age and gender on motor and non-motor features of early Parkinson's disease: Initial findings from the Oxford Parkinson Disease Center (OPDC) discovery cohort. *Parkinsonism & Related Disorders.* 2014; 20(1): 99–105.
13. Voir par exemple Allen JS *et al.* Sexual dimorphism and asymmetries in the gray–white composition of the human cerebrum. *Neuroimage.* 2003; 18(4): 880–894 ; Ingalhalikar M *et al.* Sex differences in the structural connectome of the human brain. *Proceedings of the National Academy of Sciences.* 2014; 111(2): 823–828.
14. Kaiser T. Nature and evoked culture: Sex differences in personality are uniquely correlated with ecological stress. *Personality and Individual Differences.* 2019; 148: 67–72.
15. Chapman BP *et al.* Gender differences in Five Factor Model personality traits in an elderly cohort. *Personality and Individual Differences.* 2007; 43(6): 1594–1603.
16. Arnett AB *et al.* Sex differences in ADHD symptom severity. *Journal of Child Psychology and Psychiatry.* 2015; 56(6): 632–639.
17. Voir par exemple Altemus M, Sarvaiya N, Epperson CN. Sex differences in anxiety and depression clinical perspectives. *Frontiers in Neuroendocrinology.* 2014; 35(3): 320–330 ; McLean CP *et al.* Gender differences in anxiety disorders: Prevalence, course of illness, comorbidity and burden of illness. *Journal of Psychiatric Research.* 2011; 45(8): 1027–1035.
18. Su R, Rounds J, Armstrong PI. Men and things, women and people: A meta-analysis of sex differences in interests. *Psychological Bulletin.* 2009; 135(6): 859–884.
19. Brown D. *Human Universals.* New York: McGraw Hill, 1991; 133.
20. Examiné dans Neaves WB, Baumann P. Unisexual reproduction among vertebrates. *Trends in Genetics.* 2011; 27(3): 81–88.
21. Watts PC *et al.* Parthenogenesis in Komodo dragons. Nature. 2006; 444(7122):1021–1022.
22. Le labre flamme est un poisson de récif endémique de Hawaï, et non, comme l'un de nos lecteurs l'a imaginé et peut-être espéré, un bipède de la Terre du Milieu qui porte une robe et crache du feu. C'est bien dommage.
23. Sullivan BK *et al.* Natural hermaphroditic toad (*Bufo microscaphus* × *Bufo woodhousii*). Copeia. 1996(2): 470–472.
24. Grafe TU, Linsenmair KE. Protogynous sex change in the reed frog *Hyperolius viridiflavus.* Copeia. 1989(4): 1024–1029.
25. Endler JA, Endler LC, Doerr NR. Great bowerbirds create theaters with forced perspective when seen by their audience. *Current Biology.* 2010; 20(18): 1679–1684.
26. Alexander RD, Borgia G. On the Origin and Basis of the Male-Female Phenomenon. In : *Sexual Selection and Reproductive Competition in Insects.* Blum MS, Blum NA, eds. New York: Academic Press, 1979; 417–440.

27. Jenni DA, Betts BJ. Sex differences in nest construction, incubation, and parental behaviour in the polyandrous American jacana (*Jacana spinosa*). *Animal Behaviour.* 1978(26): 207–218.
28. Claus R, Hoppen HO, Karg H. The secret of truffles: A steroidal pheromone? *Experientia.* 1981; 37(11): 1178–1179.
29. Low BS. Sexual Selection and Human Ornamentation. In : *Evolutionary Biology and Human Social Behavior*, Chagnon N, Irons W, eds. Belmont, CA: Duxbury Press, 1979; 462–487.
30. Lancaster JB, Lancaster CS. Parental investment: The hominid adaptation. In : *How Humans Adapt: A Biocultural Odyssey*, Ortner DJ, ed. Washington, D.C.: Smithsonian Institution Press, 1983; 33–56.
31. Voir par exemple Buikstra JE, Konigsberg LW, Bullington J. Fertility and the development of agriculture in the prehistoric Midwest. *American Antiquity.* 1986; 51(3): 528–546.
32. Su, Rounds, Armstrong, *Men and things.*
33. Su, Rounds, Armstrong, *Men and things.*
34. Reilly D. Gender, culture, and sex-typed cognitive abilities. *PloS One.* 2012; 7(7): e39904.
35. Deary IJ *et al.* Population sex differences in IQ at age 11: The Scottish mental survey 1932. *Intelligence.* 2003; 31: 533–542.
36. Herrera AY, Wang J, Mather M. The gist and details of sex differences in cognition and the brain: How parallels in sex differences across domains are shaped by the locus coeruleus and catecholamine systems. *Progress in Neurobiology.* 2019; 176: 120–133.
37. Connellan J *et al.* Sex differences in human neonatal social perception. *Infant Behavior and Development.* 2000; 23(1): 113–118.
38. Lancy DF. *The Anthropology of Childhood: Cherubs, Chattel, Changelings.* Cambridge: Cambridge University Press, 2014; 258–259.
39. Murdock GP, Provost C. Factors in the division of labor by sex: A cross-cultural analysis. *Ethnology.* 1973; 12(2): 203–225.
40. Kantner J *et al.* Reconstructing sexual divisions of labor from fingerprints on Ancestral Puebloan pottery. *Proceedings of the National Academy of Sciences.* 2019; 116(25): 12220–12225.
41. Buss DM. Sex differences in human mate preferences: Evolutionary hypotheses tested in 37 cultures. *Behavioral and Brain Sciences.* 1989; 12(1): 1–14.
42. Schneider DM, Gough K. *Matrilineal Kinship.* Oakland: University of California Press, 1961. En particulier: Gough K. Nayar: Central Kerala, 298–384; Schneider DM. Introduction: The Distinctive Features of Matrilineal Descent Groups, 1–29.
43. Voir par exemple Trivers R. Parental Investment and Sexual Selection. In: *Sexual Selection and the Descent of Man*, Campbell B, New York: Aldine DeGruyter, 1972, 136–179.
44. Buss DM. *Sex differences in human mate preferences.*
45. Buss DM *et al.*Sex differences in jealousy: Evolution, physiology, and psychology. *Psychological Science.* 1992; 3(4): 251–256.
46. Brickman JR. Erotica: Sex Differences in Stimulus Preferences and Fantasy Content. Mémoire présenté en vue de satisfaire partiellement aux exigences du diplôme de docteur en philosophie, Département de psychologie, Université du Manitoba.
47. Trois articles qui établissent un lien entre l'essor du porno et la violence sexuelle à l'égard des femmes dans des interactions par ailleurs consensuelles: Julian K. The sex recession. *Atlantic.* Décembre 2018. Disponible à l'adresse: https://www.theatlantic.com/magazine/archive/2018/12/the-sex-recession/573949 ; Bonnar M. I thought he was going to tear chunks out of my skin. *BBC News.* 23 mars 2020. Disponible à l'adresse : https://www.bbc.com/news/uk-scotland-51967295 ; Harte A. A man tried to choke me during sex without warning. *BBC News.* 28 November 2019. Disponible à l'adresse: https://www.bbc.com/news/uk-50546184.
48. De nombreux textes soutiennent cette affirmation. En voici deux : Littman L. Rapid-onset gender dysphoria in adolescents and young adults: A study of parental reports. PloS One.

2018 ; 13(8): e0202330; Shrier A. *Irreversible Damage: The Transgender Craze Seducing our Daughters.* Washington, D.C.: Regnery Publishing, 2020.
49. Voir par exemple Hayes TB *et al.* Hermaphroditic, demasculinized frogs after exposure to the herbicide atrazine at low ecologically relevant doses. *Proceedings of the National Academy of Sciences.* 2002; 99(8): 5476–5480; Reeder AL *et al.* Forms and prevalence of intersexuality and effects of environmental contaminants on sexuality in cricket frogs (Acris crepitans). *Environmental Health Perspectives.* 1998; 106(5): 261–266.

→ Chapitre 8 – Parentalité et relation amoureuse

1. Par opposition à la précocité, qui est l'autosuffisance précoce des éclosions et des nouveau-nés, et qui est linguistiquement liée, mais non identique, à notre concept d'enfant « précoce ».
2. Cornwallis CK *et al.* Promiscuity and the evolutionary transition to complex societies. Nature. 2010; 466(7309): 969–972.
3. Pour l'article classique sur la façon dont la distribution des ressources dans l'espace et le temps affecte les systèmes de reproduction, voir Emlen ST, Oring LW. Ecology, sexual selection, and the evolution of mating systems. *Science.* 1977; 197(4300): 215–223.
4. Madge S, Burn H. *Waterfowl: An Identification Guide to the Ducks, Geese, and Swans of the World.* Boston: Houghton Mifflin, 1988.
5. Larsen CS. Equality for the sexes in human evolution? Early hominid sexual dimorphism and implications for mating systems and social behavior. *Proceedings of the National Academy of Sciences.* 2003; 100(16): 9103–9104.
6. Schillaci MA. Sexual selection and the evolution of brain size in primates. *PLoS One.* 2006; 1(1): e62.
7. von Bayern AM *et al.* The role of food- and object-sharing in the development of social bonds in juvenile jackdaws (*Corvus monedula*). *Behaviour.* 2007; 144(6): 711–733.
8. Holmes RT. Social behaviour of breeding western sandpipers *Calidris mauri. Ibis.* 1973; 115(1): 107–123.
9. Rogers W. Parental investment and division of labor in the Midas cichlid (*Cichlasoma citrinellum*). *Ethology.* 1988; 79(2): 126–142.
10. Eisenberg JF, Redford KH. *Mammals of the Neotropics, Volume 2: The Southern Cone: Chile, Argentina, Uruguay, Paraguay.* Chicago: University of Chicago Press, 1989.
11. Haig D. Genetic conflicts in human pregnancy. *Quarterly Review of Biology.* 1993; 68(4): 495–532.
12. Emlen, Oring. *Ecology, sexual selection, and the evolution of mating systems.*
13. Tertilt M. Polygyny, fertility, and savings. *Journal of Political Economy.* 2005; 113(6): 1341–1371.
14. Insel TR *et al.* Oxytocin, Vasopressin, and the Neuroendocrine Basis of Pair Bond Formation. In : *Vasopressin and Oxytocin*, Zingg HH *et al.* New York: Plenum Press, 1998; 215–224.
15. Ricklefs RE, Finch CE. *Aging: A Natural History.* New York: Scientific American Library, 1995.
16. Communication personnelle de George Estabrook, 1997. Voir également son article : Estabrook GF. Maintenance of fertility of shale soils in a traditional agricultural system in central interior Portugal. *Journal of Ethnobiology.* 1998; 18(1): 15–33.
17. Maiani G. Tsunami: Interview with a Moken of Andaman Sea. Janvier 2006. Disponible à l'adresse : http://www.maiani.eu/video/moken/moken.asp?lingua=en.
18. Une partie des preuves croissantes de la domestication précoce des chiens se trouve dans ces deux articles : Freedman AH *et al.* Genome sequencing highlights the dynamic early history of dogs. *PLoS Genetics.* 2014 ; 10(1): e1004016; Bergström A *et al.* Origins and genetic legacy of prehistoric dogs. *Science.* 2020; 370(6516): 557–564.

19. de Waal F. *Mama's Last Hug: Animal Emotions and What They Tell Us about Ourselves.* New York: W. W. Norton, 2019.
20. Palmer B. The influence of breastfeeding on the development of the oral cavity: A commentary. *Journal of Human Lactation.* 1998; 14(2): 93–98.
21. Crédit à notre étudiante Josie Jarvis pour avoir développé cette hypothèse.

→ Chapitre 9 – L'enfance

1. de Waal F. *Mama's Last Hug: Animal Emotions and What They Tell Us about Ourselves.* New York: W. W. Norton, 2019; 97.
2. Fraser ON, Bugnyar T. Ravens reconcile after aggressive conflicts with valuable partners. *PLoS One.* 2011; 6(3): e18118.
3. Kawai M. Newly-acquired pre-cultural behavior of the natural troop of Japanese monkeys on Koshima Islet. *Primates.* 1965; 6(1): 1–30.
4. "Les ardoises les plus vierges" est une phrase qui a été énoncée la première fois par un étudiant de Bret.
5. L'éléphant d'Asie et l'éléphant d'Afrique ont tous deux un âge de première reproduction similaire à celui de l'homme, mais leur âge d'indépendance – qui correspond, selon certaines mesures, à la fin de l'enfance – est beaucoup plus précoce : respectivement cinq et huit ans. Aucun autre animal, les grands singes, les dauphins ou les perroquets, ne s'en approche.
6. Il est également vrai qu'il est actuellement à la mode d'élever les enfants pour qu'ils soient multilingues, mais nous pouvons nous demander quels en sont les coûts. Les avantages sociaux sont clairs, mais forcer le cerveau à maintenir plus de compétences et de complexité linguistiques qu'il ne l'aurait fait historiquement doit s'accompagner d'un compromis.
7. Benoit-Bird KJ, Au WW. Cooperative prey herding by the pelagic dolphin, *Stenella longirostris. Journal of the Acoustical Society of America.* 2009; 125(1):125–137.
8. Rutz C *et al.* Automated mapping of social networks in wild birds. *Current Biology.* 2012; 22(17): R669–R671.
9. Goldenberg SZ, Wittemyer G. Elephant behavior toward the dead: A review and insights from field observations. *Primates.* 2020; 61(1): 119–128.
10. Sutherland WJ. Evidence for flexibility and constraint in migration systems. *Journal of Avian Biology.* 1998; 29(4): 441–446.
11. À cet égard, l'enfance est un peu comme la reproduction sexuelle. Tous deux sont des réponses adaptatives à un monde en mutation.
12. Lancy DF. *The Anthropology of Childhood: Cherubs, Chattel, Changelings.* Cambridge: Cambridge University Press, 2014; 209–212.
13. Gray P, Feldman J. Playing in the zone of proximal development: Qualities of self-directed age mixing between adolescents and young children at a democratic school. *American Journal of Education.* 2004;110(2): 108–146. Également, Peter Gray, communication personnelle, septembre 2020.
14. Voir par exemple le récit de jeunes enfants dans le Pacifique Sud par la chercheuse Mary Martini, tel que raconté dans Gray P. *Free to Learn: Why Unleashing the Instinct to Play Will Make Our Children Happier, More Self-reliant, and Better Students for Life.* New York: Basic Books, 2013; 208–209.
15. Ce manuscrit a été mis sous presse après plus d'un an de fermetures imposées par le Covid-19, ce qui signifie qu'il n'y a pas eu d'école, ni de récréation, pour de nombreux enfants pendant une très longue période. Comparé à cela, toute forme de jeu entre enfants serait une amélioration.

16. Contrairement à la plupart des livres sur l'art d'être parent qui font autorité, celui-ci est excellent : Skenazy L. *Free-Range Kids: How to Raise Safe, Self-Reliant Children (Without Going Nuts with Worry).* New York: John Wiley & Sons, 2009.
17. La fourchette des phénotypes possibles qui peuvent être produits par un seul génotype est appelée la norme de réaction.
18. West-Eberhard MJ. *Developmental Plasticity and Evolution.* New York: Oxford University Press, 2003; 41.
19. Lieberman D. *The Story of the Human Body: Evolution, Health, and Disease.* New York: Vintage, 2014; 163.
20. Voir par exemple Pfennig DW. Polyphenism in spadefoot toad tadpoles as a locally adjusted Evolutionarily Stable Strategy. *Evolution.* 1992; 46(5): 1408–1420, et tout ce qui est publié par le Pfennig Lab : https://www.davidpfenniglab.com/spadefoots.
21. Mariette MM, Buchanan KL. Prenatal acoustic communication programs offspring for high posthatching temperatures in a songbird. *Science.* 2016; 353(6301): 812–814.
22. West-Eberhard. *Developmental Plasticity and Evolution* 50–55.
23. La plasticité peut prendre de nombreuses formes. L'une d'entre elles est le découplage entre le développement morphologique et le développement reproductif – de nombreuses salamandres conservent des caractéristiques larvaires en tant qu'adultes reproducteurs, gardant des branchies et des pieds palmés si les conditions écologiques sont meilleures pour elles dans l'eau que sur terre. Les changements de timing reflètent un autre type de plasticité : les œufs de certaines grenouilles arboricoles tropicales éclosent avant l'heure et deviennent des têtards si leurs frères et sœurs leur signalent qu'un serpent est en train de les manger. Les crocodiles embryonnaires qui subissent des températures basses ou élevées dans leurs œufs deviennent des femelles ; à des températures intermédiaires, ils deviennent des mâles. L'hermaphrodisme séquentiel de nombreux poissons de récif, qui fait que de nombreux individus ont été aussi bien femelle que mâle à l'âge adulte, est une autre forme de plasticité. Les plantes ont des tropismes – elles poussent vers la lumière, contre la gravité ou en réponse au toucher – et elles fleurissent lorsque la longueur du jour, la température ou les précipitations les y incitent. Les tissus végétaux ont également tendance à conserver une plus grande plasticité que les animaux, faisant pousser des feuilles dans un trou de lumière ou des racines sur une plaque de magnésium. La contrainte force la création d'opportunités.
24. Karasik LB *et al.* The ties that bind: Cradling in Tajikistan. *PloS One.* 2018;13(10): e0204428.
25. Étude multicentrique de l'OMS sur la référence de croissance, et de Onis M. WHO Motor Development Study: Windows of achievement for six gross motor development milestones. *Acta paediatrica.* 2006; 95, supplement 450: 86–95.
26. Pour un excellent compte rendu de vulgarisation, voir Gupta S. Culture helps shape when babies learn to walk. *Science News.* 14 septembre 2019; 196(5).
27. Les mères kényanes enseignent activement à leurs bébés à s'asseoir, puis à marcher : Super CM. Environmental effects on motor development: The case of "African infant precocity." *Developmental Medicine & Child Neurology.* 1976; 18(5): 561–567.
28. Taleb NN. Antifragile: *How to Live in a World We Don't Understand*, vol. 3. London: Allen Lane, 2012.
29. Wilcox AJ *et al.* Incidence of early loss of pregnancy. *New England Journal of Medicine.* 1988; 319(4): 189–194 ; Rice WR. The high abortion cost of human reproduction. BioRxiv (preprint). 2018. Disponible à l'adresse : https://doi.org/10.1101/372193.
30. Il s'agit d'un récit fascinant de l'histoire de la théorie de l'attachement : Bretherton I. The origins of attachment theory: John Bowlby and Mary Ainsworth. *Developmental Psychology.* 1992; 28(5): 759–775.

31. Comme mentionné dans le chapitre précédent, en ce qui concerne l'empreinte génomique. Voir Haig D. Genetic conflicts in human pregnancy. *Quarterly Review of Biology.* 1993; 68(4): 495–532.
32. Trivers RL. Parent-offspring conflict. *Integrative and Comparative Biology.* 1974; 14(1): 249–264.
33. Spinka M, Newberry RC, Bekoff M. Mammalian play: Training for the unexpected. *Quarterly Review of Biology.* 2001; 76(2): 141–168.
34. De Oliveira CR *et al.* Play behavior in juvenile golden lion tamarins (Callitrichidae: Primates): Organization in relation to costs. *Ethology.* 2003; 109(7): 593–612.
35. Gray P. The special value of children's age-mixed play. *American Journal of Play.* 2011; 3(4): 500–522.
36. Voir la page Autism and Developmental Disabilities Monitoring (ADDM) du site CDC: https://www.cdc.gov/ncbddd/autism/addm.html.
37. Cheney DL, Seyfarth RM. *Baboon Metaphysics: The Evolution of a Social Mind.* Chicago: University of Chicago Press, 2007; 155, 176–177, 197.
38. Whitaker R. *Anatomy of an Epidemic: Magic Bullets, Psychiatric Drugs, and the Astonishing Rise of Mental Illness in America.* 2nd ed. New York: Broadway Books, 2015. Spécifiquement le chapitre 11 : The Epidemic Spreads to Children.
39. Voir par exemple cette fantastique analyse: Sommers CH. *The War against Boys: How Misguided Feminism Is Harming Our Young Men.* New York: Simon & Schuster, 2001.
40. Par exemple, les gauchers gagnent plus de combats que les droitiers: Richardson T, Gilman T. Left-handedness is associated with greater fighting success in humans. *Scientific Reports.* 2019; 9(1): 1–6.
41. Le psychologue du développement Jean Piaget a été le premier à démontrer que les enfants saisissent mieux les règles lorsqu'ils jouent seuls que lorsqu'ils sont activement dirigés par des adultes. Piaget J. *Le Jugement moral chez l'enfant.* PUF, 2000.
42. Frank MG, Issa NP, Stryker MP. Sleep enhances plasticity in the developing visual cortex. *Neuron.* 2001; 30(1): 275–287.

→ Chapitre 10 – L'école

1. Lancy DF. *The Anthropology of Childhood: Cherubs, Chattel, Changelings*, Cambridge: Cambridge University Press, 2015; 327–328.
2. Gatto JT. *A Different Kind of Teacher: Solving the Crisis of American Schooling.* Berkeley: Berkeley Hills Books, 2001.
3. D'après la carte en page 4 de Finer M *et al.* Ecuador's Yasuni Biosphere Reserve: A brief modern history and conservation challenges. *Environmental Research Letters.* 2009; 4(3): 034005.
4. Heying H. The Boat Accident. Auto-publié sur Medium, 2019. Disponible à cette adresse: https://medium.com/@heyingh.
5. Définition de l'enseignement: lorsqu'un individu A modifie son comportement uniquement en présence d'un individu naïf B, à un coût ou sans bénéfice immédiat pour A, de telle sorte que B acquiert des connaissances plus tôt, plus efficacement ou plus rapidement qu'il ne le ferait autrement. D'après Caro TM, Hauser MD. Is there teaching in nonhuman animals? *Quarterly Review of Biology.* 1992; 67(2): 151–174.
6. Leadbeater E, Chittka L. Social learning in insects–from miniature brains to consensus building. *Current Biology.* 2007; 17(16): R703–R713.
7. Franks NR, Richardson T. Teaching in tandem-running ants. *Nature.* 2006; 439(7073): 153.
8. Thornton A, McAuliffe K. Teaching in wild meerkats. Science. 2006; 313(5784): 227–229.
9. Bender CE, Herzing DL, Bjorklund DF. Evidence of teaching in Atlantic spotted dolphins

(*Stenella frontalis*) by mother dolphins foraging in the presence of their calves. *Animal Cognition.* 2009; 12(1): 43–53.
10. Un grand nombre de ces exemples (des chats aux primates) sont étudiés dans Hoppitt WJ *et al.* Lessons from animal teaching. *Trends in Ecology & Evolution.* 2008; 23(9): 486–493.
11. Hill JF, Plath DW. Moneyed Knowledge: How Women Become Commercial Shellfish Divers. In : *Learning in Likely Places: Varieties of Apprenticeship in Japan*, Singleton J, ed. Cambridge: Cambridge University Press, 1998; 211–225.
12. Lancy, *Anthropology of Childhood*, 209–212.
13. Voir par exemple Lake E. Beyond true and false: Buddhist philosophy is full of contradictions. Now modern logic is learning why that might be a good thing. *Aeon*, 5 mai 2014. Disponible à l'adresse : https://aeon.co/essays/the-logic-of-buddhist-philosophy-goes-beyond-simple-truth.
14. Borges J. *Funes the Memorious*, 1944. Réédité dans plusieurs collections, et notamment Borges JL. *Labyrinths: Selected Stories and Other Writings*. New York: New Directions, 1964.
15. Gatto JT. *Weapons of Mass Instruction: A Schoolteacher's Journey through the Dark World of Compulsory Schooling.* Gabriola Island: New Society Publishers, 2010.
16. Comme exposé par Derrick Jensen dans son livre *Walking on Water: Reading, Writing, and Revolution.* White River Junction, VT: Chelsea Green Publishing, 2004 ; 41.
17. Un bref résumé de la métaphore des paysages adaptatifs se trouve en note 19 du chapitre 3.
18. Pour l'analyse classique du changement de paradigme, voir Kuhn TS. *The Structure of Scientific Revolutions.* Chicago: University of Chicago Press, 1962.
19. Müller JZ. *The Tyranny of Metrics.* Princeton, NJ: Princeton University Press, 2018. Voir spécifiquement le chapitre 7, Colleges and Universities, 67–88, et le chapitre 8, School, 89–102.
20. Voir notre co-essai : Heying HE, Weinstein B. Don't Look It Up. *Proceedings of the 2015 Symposium on Field Studies at Colorado College.* 2015; 47–49. Disponible à l'adresse : https://www.academia.edu/35652813/Dont_Look_It_Up.
21. Citation tirée du profil de Teller dans Lahey J. Teaching: Just like performing magic. *Atlantic*, 21 janvier 2016. Disponible à l'adresse : https://www.theatlantic.com/education/archive/2016/01/what-classrooms-can-learn-from-magic/425100.
22. La métaphore du paysage adaptatif s'applique également à l'apprentissage : une fois que l'on a atteint un certain sommet adaptatif, il est pratiquement impossible, dans l'espace analytique ou social, de descendre de ce sommet vers une forme moins adaptée, même si l'on peut voir un sommet plus élevé à proximité. Ceux qui pénètrent dans le paysage pour la première fois s'élèveront jusqu'à un sommet qui se trouve à proximité, sans la contrainte d'être déjà à un sommet local. Ceux qui sont déjà sur la carte sont déjà stables.
23. Heying H. On college presidents. *Academic Questions.* 2019; 32(1): 19–28.
24. Haidt J. How two incompatible sacred values are driving conflict and confusion in American universities. Conférence, Duke University, Durham, NC, 6 octobre 2016.
25. Heying H Orthodoxy and heterodoxy: A conflict at the core of education. Conférence invitée, Academic Freedom Under Threat: What's to Be Done?, Pembroke College, Oxford University, 9 et 10 mai 2019.

→ Chapitre 11 – Devenir adultes

1. Comme raconté dans McWhorter LV. *Yellow Wolf, His Own Story.* Caldwell, ID: Caxton Press, 2008 ; 297–300. Publié pour la première fois en 1940.
2. Markstrom CA, Iborra A. Adolescent identity formation and rites of passage: The Navajo Kinaalda ceremony for girls. *Journal of Research on Adolescence.* 2003; 13(4): 399–425.

3. Becker AE. Television, disordered eating, and young women in Fiji: Negotiating body image and identity during rapid social change. *Culture, Medicine and Psychiatry.* 2004; 28(4): 533–559.
4. Pour deux excellentes descriptions de la manière dont le post-modernisme, et ses descendants intellectuels tels que le post-structuralisme et la Critical Race Theory, ont envahi le monde universitaire, voir Pluckrose H, Lindsay J, Boghossian P. Academic grievance studies and the corruption of scholarship. *Areo*, 10 février 2018; et Pluckrose H, Lindsay J. *Cynical Theories: How Activist Scholarship Made Everything about Race, Gender, and Identity–and Why This Harms Everybody.* Durham, NC: Pitchstone Publishing, 2020.
5. Il existe de nombreux témoignages sur la façon dont l'activisme d'inspiration postmoderne a abîmé de bons systèmes. En voici quelques-uns : Murray D. *The Madness of Crowds: Gender, Race and Identity.* London: Bloomsbury Publishing, 2019 ; Daum M. *The Problem with Everything: My Journey through the New Culture Wars.* New York: Gallery Books, 2019 ; Asher L. How Ed schools became a menace. *The Chronicle of Higher Education.* Avril 2018.
6. Dawkins R. Postmodernism disrobed. *Nature.* 1998; 394(6689): 141–143.
7. Des percées sont cependant réalisées dans le sport, par le biais de l'intimidation et des attentes de conformité sociale, sous la forme d'activistes des droits des trans (à ne pas confondre avec les personnes trans réelles), qui ont effectué des changements dans plusieurs sports pour permettre aux hommes natifs de concourir dans les sports féminins, ce qui est clairement injuste et antisportif. Voir Hilton EN, Lundberg TR. Transgender women in the female category of sport: Perspectives on testosterone suppression and performance advantage. *Sports Medicine.* 2021; 51(2021): 199–214.
8. Crawford MB. *The World Beyond Your Head: On Becoming an Individual in an Age of Distraction.* New York: Farrar, Straus and Giroux, 2015; 48–49.
9. Heying H. Nature Is Risky. That's Why Students Need It. *New York Times*, 30 avril 2018. Disponible à l'adresse : https://www.nytimes.com/2018/04/30/opinion/nature-students-risk.html.
10. Lukianoff G, Haidt J. *The Coddling of the American Mind: How Good Intentions and Bad Ideas Are Setting Up a Generation for Failure.* New York: Penguin Books, 2019.
11. Estabrook GF. Choice of fuel for bagaco stills helps maintain biological diversity in a traditional Portuguese agricultural system. *Journal of Ethnobiology.* 1994; 14(1): 43–57.
12. À nouveau : Heying H. The Boat Accident. Auto-publié sur Medium. Disponible à l'adresse https://medium.com/@heyingh.
13. Pour une compréhension plus complète de la question, nous vous conseillons notre article du 12 décembre 2017 dans le *Washington Examiner* (Bonfire of the Academies: Two Professors on How Leftist Intolerance Is Killing Higher Education); et sur YouTube, le document en trois parties de Mike Nayna ainsi que la série complète de Benjamin Boyce sur le dérapage à Evergreen.
14. D'abord décrite par Richard D. Alexander dans son livre *The Biology of Moral Systems.* Hawthorne, NY: Aldine de Gruyter, 1987.
15. Lahti DC, Weinstein BS. The better angels of our nature: Group stability and the evolution of moral tension. *Evolution and Human Behavior.* 2005; 26(1): 47–63.
16. Cheney DL, Seyfarth RM. *Baboon Metaphysics: The Evolution of a Social Mind.* Chicago: University of Chicago Press, 2007.
17. 17. Brosnan SF, de Waal FB. Monkeys reject unequal pay. *Nature.* 2003; 425(6955): 297–299.
18. Adams J *et al.* National household survey on drug abuse data collection. Rapport final, comme cité dans Green T, Gehrke B, Bardo M. Environmental enrichment decreases intravenous amphetamine self-administration in rats: Doseresponse functions for fixed- and progressive-ratio schedules. *Psychopharmacology.* 1999; 162(4): 373–378.

19. Bardo M *et al.* Environmental enrichment decreases intravenous self-administration of amphetamine in female and male rats. *Psychopharmacology*. 2001; 155(3): 278–284.
20. Tristan Harris tire la sonnette d'alarme depuis des années. Voici un compte-rendu de 2016 : Bosker B. The binge breaker: Tristan Harris believes Silicon Valley is addicting us to our phones: He's determined to make it stop. *Atlantic*. Novembre 2016. Disponible à l'adresse : https://www.theatlantic.com/magazine/archive/2016/11/the-binge-breaker/501122. Également, écoutez la conversation entre Tristant et Bret sur le podcast DarkHorse du 25 février 2021.

→ Chapitre 12 – Culture et conscience

1. Dans son article de 1974, What is it like to be a bat? *Philosophical Review*. 83(4): 435–450, Thomas Nagel suggère que le signe d'un esprit conscient est un esprit qui peut se considérer lui-même. Notre formulation prolonge cette idée sans la contredire. Nous ajoutons : l'esprit conscient, s'étant considéré lui-même, peut communiquer cette considération à d'autres personnes de sa propre espèce.
2. Cheney DL, Seyfarth RM. *Baboon Metaphysics: The Evolution of a Social Mind.* Chicago: University of Chicago Press, 2007.
3. En fait, il existe des preuves d'au moins deux origines, peut-être plus, indépendantes de l'agriculture en Chine uniquement – le riz dans le sud humide, et le millet dans le nord plus froid et aride. Voir Barton L *et al.* Agricultural origins and the isotopic identity of domestication in northern China. *Proceedings of the National Academy of Sciences.* 2009; 106(14): 5523–5528.
4. Il s'agit d'un aperçu accessible des expériences de conformité originales d'Asch et des travaux connexes : Asch SE. Opinions and social pressure. *Scientific American.* 1955; 193(5): 31–35.
5. Mori K, Arai M. No need to fake it: Reproduction of the Asch experiment without confederates. *International Journal of Psychology.* 2010; 45(5): 390–397.
6. Morales H, Perfecto I. Traditional knowledge and pest management in the Guatemalan highlands. *Agriculture and Human Values.* 2000; 17(1): 49–63.
7. Estabrook GF. Choice of fuel for bagaco stills helps maintain biological diversity in a traditional Portuguese agricultural system. *Journal of Ethnobiology.* 1994; 14(1): 43–57.
8. Boland,MR *et al.* Birth month affects lifetime disease risk: A phenomewide method. *Journal of the American Medical Informatics Association.* 2015; 22(5): 1042–1053. Il existe de nombreuses autres études sur les effets du mois de naissance sur la santé et la physiologie, dont une qui établit un lien clair entre mois de naissance et myopie : Mandel Y *et al.*. Season of birth, natural light, and myopia. Ophthalmology. 2008; 115(4): 686–692.
9. Smith NJH. *Man, Fishes, and the Amazon.* New York: Columbia UniversityPress, 1981; 87.
10. Ruud J. *Taboo: A Study of Malagasy Customs and Beliefs.* Oslo: Oslo University Press, 1960; 109. Ruud l'appelle « l'ombrette à touffes », mais cette espèce est plus souvent appelée « hamerkop ».
11. Ruud. *Taboo.* Mouton, 85; hérisson, 239; citrouille, 242; construction d'habitations, 120.
12. Cité de manière détournée dans Ruud, *Taboo*, 1.
13. Ruud. *Taboo*. Éboulement, 115; rage, 87; divorce, 246.
14. Campbell J. *The Hero's Journey: Joseph Campbell on His Life and Work.* Novato, CA: New World Library, 90.
15. Ehrenreich B. *Dancing in the Streets: A History of Collective Joy.* New York: Metropolitan Books, 2007.
16. Chen Y, VanderWeele TJ. Associations of religious upbringing with subsequent health and well-being from adolescence to young adulthood: An outcome-wide analysis. *American Journal of Epidemiology.* 2018; 187(11): 2355–2364.

17. Whitehouse H *et al.*. Complex societies precede moralizing gods through-out world history. Nature. 2019; 568(7751): 226–299.
18. Hammerschlag CA. The Huichol offering: A shamanic healing journey. *Journal of Religion and Health.* 2009; 48(2): 246–258.
19. Bye RA Jr. Hallucinogenic plants of the Tarahumara. *Journal of Ethnopharmacology.* 1.1979; 23–48.

→ Chapitre 13 – La Quatrième Frontière

1. Mann CC. 1491: *New Revelations of the Americas before Columbus.* New York: Alfred A. Knopf, 2005.
2. Cabodevilla MÁ. Los Huaorani en la historia de los pueblos del Oriente. Cicame; cité par Finer M *et al.* Ecuador's Yasuní Biosphere Reserve: A brief modern history and conservation challenges. *Environmental Research Letters.* 2009; 4(2009): 1–15.
3. Williams GC. Pleiotropy, natural selection, and the evolution of senescence. *Evolution.* 1957; 11(4): 398–411; Weinstein BS, Ciszek D. The reserve-capacity hypothesis: Evolutionary origins and modern implications of the trade-off between tumor-suppression and tissue-repair. *Experimental Gerontology.* 2002; 37(5): 615–627.
4. Dunning NP, Beach TP, Luzzadder-Beach S. Kax and kol: Collapse and resilience in lowland Maya civilization. *Proceedings of the National Academy of Sciences.* 2012; 109(10): 3652–3657.
5. Beach T *et al.* Impacts of the ancient Maya on soils and soil erosion in the central Maya Lowlands. *Catena.* 2006; 65(2): 166–178.
6. Wright R. *Nonzero: The Logic of Human Destiny.* New York: Vintage, 2001.
7. Blake JG, Loiselle BA. Long-term changes in composition of bird communities at an "undisturbed" site in eastern Ecuador. *Wilson Journal of Ornithology.* 2016; 128(2): 255–267.
8. Boyd JP *et al.*. *The Papers of Thomas Jefferson*, 33 vols. Princeton, NJ: Princeton University Press, 1950.
9. Alexander RD. *How Did Humans Evolve? Reflections on the Uniquely Unique Species.* Ann Arbor, MI: Museum of Zoology, University of Michigan, 1990; Special Publication No. 1.

→ Glossaire

1. Wright S. The roles of mutation, inbreeding, crossbreeding and selection in evolution. *Proceedings of the Sixth International Congress of Genetics.* 1932; 1: 356–366.
2. Taleb NN. *Antifragile: How to Live in a World We Don't Understand* (vol. 3). London: Allen Lane, 2012.
3. Chesterton GK. The Drift from Domesticity. In : *The Thing.* Aeterna Press, 1929.